U0582876

中国体育保险发展路径研究

Research on the Development Path of
Sports Insurance in China

关 晶◎著

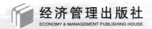

经济管理出版社
ECONOMY & MANAGEMENT PUBLISHING HOUSE

图书在版编目（CIP）数据

中国体育保险发展路径研究/关晶著.—北京：经济管理出版社，2021.5
ISBN 978 - 7 - 5096 - 7991 - 3

Ⅰ.①中…　Ⅱ.①关…　Ⅲ.①体育—健康保险—研究—中国　Ⅳ.①F842.62

中国版本图书馆 CIP 数据核字（2021）第 088813 号

组稿编辑：胡　茜
责任编辑：胡　茜　詹　静
责任印制：黄章平
责任校对：王淑卿

出版发行：经济管理出版社
　　　　　（北京市海淀区北蜂窝 8 号中雅大厦 A 座 11 层　100038）
网　　　址：www. E - mp. com. cn
电　　　话：(010) 51915602
印　　　刷：唐山玺诚印务有限公司
经　　　销：新华书店
开　　　本：720mm×1000mm/16
印　　　张：15
字　　　数：286 千字
版　　　次：2021 年 5 月第 1 版　　2021 年 5 月第 1 次印刷
书　　　号：ISBN 978 - 7 - 5096 - 7991 - 3
定　　　价：78.00 元

前　言

　　随着全民健身和健康管理理念的不断深入，体育保险参与健康管理和保障的作用将进一步体现。构建多层次的体育保险体系，明确切实可行的发展路径具有重要意义。本书运用文献检索法、实证研究法、比较研究法等多种研究方法，更新体育保险的相关概念，对比总结国内外体育保险的主要内容和发展现状，检验社会经济效益，并提出发展路径和相关建议。本书涵盖了体育保险的基本知识、原理和丰富的统计学分析方法，适合保险学和相关专业的学者使用，也适合对体育保险实务感兴趣的读者阅读。

摘　要

　　广义的体育保险由社会体育保险、商业体育保险以及残疾人福利保障组成。20 世纪初，商业体育保险在发达国家相继出现，重点保障运动员的意外伤害风险。随着经济水平和体育产业的发展，发达国家的体育保险在多个方面取得了突破，且在防范体育风险、促进体育事业发展等方面作用显著。在我国社会保险已基本实现了全覆盖，保障普通运动参与者面临的体育受伤风险，并为职业运动员提供医疗、养老、工伤和失业等方面的保障。2000 年初，在我国商业保险市场上也陆续出现了保障体育意外伤害事故的体育保险产品。2016 年初，我国实施了困难残疾人生活补贴和重度残疾人护理补贴。然而，我国社会体育保险保障水平偏低，商业体育保险的发展尚不成熟，且残疾人福利保障起步较晚，保障群体有限，体育保险在整体上与发达国家水平存在一定的差距。

　　本书从社会体育保险、商业体育保险和残疾人福利保障三个角度入手，详细介绍了我国体育保险的发展契机、现状和瓶颈。并且发现我国体育保险存在法律制度基础薄弱、基层组织分散、保险市场环境有待改善、体育保险精算技术有待完善以及社会发展水平有待提高等方面的瓶颈，制约了我国体育保险的发展。

　　为了进一步阐明发展体育保险的必要性，本书从体育保险的社会经济价值入手分析。具体来说，本书以我国未成年人群体为研究对象，利用中国家庭追踪调查数据和中国教育追踪调查数据，分析了社会体育健康保险和商业体育健康保险对青少年群体健康水平的影响，分析该影响在不同群体中的异质性，以及影响机制。为了解决实证研究中可能面临的内生性问题，并保证结果的稳健性，本书采用了多种实证方法，其分别为固定效应模型、工具变量法、倾向得分匹配法、多层回归模型和结构方程模型。本书得出了社会体育健康保险和统一的商业健康保险对未成年人群体健康提升作用有限，而定制化的商业体育健康保险可以显著提高未成年人的健康水平。这在一定层面上说明我国商业体育健康保险对个人健康水平提升有较大的发展潜力，需要进一步加强产品设计和普及，发挥商业体育保险补充作用以及残疾人福利保障对极端体育风险的保障作用。

　　为了给我国体育保险发展提供可行性建议，本书进一步参考借鉴英国和美国这两个典型国家体育保险的发展经验，同样从社会体育保险、商业体育保险和残疾人福利保障三个角度入手，详细介绍英国和美国体育保险的发展契机、主要内容、发展趋势以及经验借鉴。英国和美国体育保险体系具有发展完善、体育保险公司和体育保险中介公司相互配合、重视体育教育与体育运动普及、体育类数据公开度高以及商业体育保险产品丰富等特点。据此，本书提出了我国体育保险的发展建议。

首先，体育保险发展依赖于完善的体育保险法律法规制度建设。对此，本书提出了制定《体育保险条例》《体育保险实务手册》《体育风险预防制度》和《体育伤害监测数据登记规章制度》的必要性，详述了《体育保险条例》和《体育保险实务手册》的制定方法与主要内容，并进一步以校园足球为例，详述了《体育风险预防制度》和《体育伤害监测数据登记规章制度》的制定细节。为了保证体育保险法律法规的落实，本书提出了多部门协调配合推进体育保险和健全的社团组织的重要性。

其次，体育保险的发展需要考虑需求侧和供给侧协同并进的发展思路。针对需求侧，本书提出了鼓励和推广全民参与体育运动的重要性。具体包括提高学生体育教育质量、建立体育运动联赛制度和树立体育偶像明星效应。针对供给侧，由于商业体育保险是我国体育保险的重要组成部分，因此本书提出了发展商业体育保险市场全面且细致的建议方案和落实办法。具体包括：设置专业的体育保险公司与中介公司；培养多层次复合型人才；开发高质量的体育保险产品；产品科学定价；开展科学服务外包工作；加大体育保险的科学宣传；提高保险业服务水平等几个方面的内容，并针对每一点建议，逐一展开，以期建议切实可行。

最后，体育保险的发展应该有明确的阶段目标。对此，本书提出了建设我国体育保险"三步走"方案。具体来说，第一步是将现存的碎片化体育保险加以整合，建立体育保险框架的雏形。第二步是补充完善阶段。针对不同群体没有被满足的体育风险保障需求，不断丰富和拓展初级体育保险的内容，使之逐步成熟和完善。第三步是全面推进阶段。完备的体育保险应该探索纳入长期护理费用和心理疾病保障，并广泛借助社会各界力量，全面推进体育保险安全网构建。

目　录

第一章　绪论

第一节　问题的提出

发达国家形成了以社会保险为基础，商业保险作为有利补充，残疾人保障作为极端体育风险事故补偿的体育保险制度模式，并成立了专业体育保险公司，形成了高效率的体育保险经纪人制度。然而，我国体育保险制度起步较晚，社会体育保险主要保障职业运动员的生老病残风险以及普通运动参与者的医疗费用支出。由于社会保险广覆盖、低保障的特征，使其在保障体育运动风险上能力有限。我国商业体育保险起步较晚，在发展初期，主要是以公益性的"捐赠保障"为主。1994年，洪祖杭向国家体委捐资5000万港元，发起组织了中华全国体育基金会，随后在1996年建立了"祖杭体育保险基金"，推进了我国国家队运动员伤残保险的发展，但是这种"捐赠保障"的保障能力也十分有限，整个体育保险制度缺乏市场化的商业运作机制。由于1998年美国友好运动会上的桑兰事故，商业体育保险才开始受到关注。2004年，中体保险经纪有限公司（以下简称中体）的成立是我国体育保险发展的转折点，中体不仅提供体育风险咨询业务，还推出了多种专项体育保险。积极填补我国体育保险领域的空白。综合性的保险公司——中国太平洋保险公司也积极涉足体育保险。在我国体育保险市场上也开始有了新的尝试。2016年1月，我国开始对困难残疾人和重度残疾人分别提供生活和护理补贴，然而，该制度覆盖人群十分有限，且补贴金额较低，较难满足极端运动风险的保障需求。

自改革开放以来，我国的体育保险随着体育事业和保险市场的发展也取得了一定的成绩，但却远未跟上体育产业发展的步伐，尚处于发展的初级阶段。体育保险仍未能形成完整的体系，产品保障内容主要集中在意外伤害保险、财产保险和旅行意外伤害保险等，对体育事业的促进作用有限。与发达国家相比，体育事业的发展缺少来自保险业的强大助力。

中国体育保险发展路径研究

近年来，我国政府致力于体育产业的发展，相继颁布了《中华人民共和国体育法》（1995）、《进一步加强和改进新时期体育工作的意见》（2003）、《公共文化体育设施条例》（2004）、《中共中央　国务院关于加强青少年体育增强青少年体质的意见》（2007）、《关于进一步加强残疾人体育工作的意见》（2007）、《国家体育锻炼标准实施办法》（2008）、《全民健身条例》（2009）、《全民健身计划（2011—2015年）》（2011）、《"十二五"公共体育设施建设规划》（2012）、《关于加快发展体育产业促进体育消费的若干意见》（2014）、《"健康中国2030"规划纲要》（2016）等法律制度。相关法律法规的提出极大地促进了我国体育行业的发展，在体育活动参与人数、体育设施数量、体育产值等方面都取得了显著的进步。截至2014年底，全国经常参加体育锻炼的人数比例达到33.9%，人均体育场地面积达到1.5平方米，体育产业总规模达到1.7万亿元。2020年，经常参加锻炼的人数约达到4.35亿人，人均体育场地面积达到1.8平方米，全国体育产业总规模超过3万亿元（国家体育总局，2016）。我国青少年体育也已经进入飞速发展时期。例如，为了振兴足球事业，我国自2009年开始推广校园足球运动。2015年2月27日，中央全面深化改革领导小组第十次会议审议并通过了《中国足球改革总体方案》，为校园足球的发展注入了"最强执行力"。

我国体育产业的快速发展与体育保险行业的滞后形成了巨大的反差，其主要特点是职业运动员体育风险保障薄弱，极端体育风险事故（如运动风险致残）保障不足，商业体育保险产品有限、专业性不足。体育活动参与人数的增加，必然会带来体育风险的增加；体育设施的增加也会带来由于设备损坏带来的经济损失和第三者责任风险的增加；体育赛事的增加更需要同时关注多方利益，降低体育风险的发生；体育产值的提高则依赖于整个体育行业的安全稳定。可见，体育产业得以蓬勃发展的重要基础就是体育保险制度。

在此背景下，笔者将中国体育保险发展路径研究作为论题，以期为促进我国体育保险制度的完善和发展提供建议。

第二节　研究的意义

2015年10月26日，党的十八届五中全会明确提出推进健康中国建设。2016年8月26日，中共中央政治局召开会议，审议"健康中国2030"规划纲要。2016年10月25日，中共中央国务院印发《"健康中国2030"规划纲要》，在党的十九大报告中，将"实施健康中国战略"作为国家发展基本方略中的重要内容，把国民健康作为"民族昌盛和国家富强的重要标注"并置于优先发展的战

·2·

略地位。2019年7月，国务院办公厅成立了"健康中国行动推进委员会"，统筹推进《健康中国行动（2019—2030年）》组织实施、监测和考核相关工作。健康中国战略不仅关乎民生福祉，而且关乎国家全局与长远发展、社会稳定和经济可持续发展，其具有重要的战略意义。

健康中国建设是一个系统的工程，它涉及公共卫生、医疗服务、医疗保障、生态环境、安全生产、食品药品安全、科技创新、全民健身、国民教育等多个领域、部门和行业。

当前在具体"健康中国"落实时，需要明确提出抓住带动全局的关键点，即强调"预防"优先。这种"预防"体现在长度、广度和深度三个方面：首先，长度上的预防是年轻时做好健康资本储备，预防年老不健康。其次，广度上的预防是在健康时，提前预防，而非等到不健康时候，才开始关注健康问题。最后，在深度方面的预防是关注各个维度的预防，如推广全民运动的事前预防，以及关注事前、事中、事后的风险管理。通过长度、深度、广度三位一体的构建模式，全面推动"健康中国"战略。

"健康中国"战略是一个宏大的观点，应按照需求最为迫切、影响深远、相对容易落实的要点加强推进。自党的十八大以来，以习近平同志为核心的党中央高度重视体育运动。习近平总书记强调，"体育是提高人民健康水平的重要手段，也是实现中国梦的重要内容，能为中华民族伟大复兴提供凝心聚气的强大精神力量。"2019年9月，国务院办公厅印发的《体育强国建设纲要》明确提出，到2035年，全民健身更亲民、更便利、更普及，经常参加体育锻炼人数比例达到45%以上，人均体育场地面积达到2.5平方米。对此，推广体育运动成为推进"健康中国"战略的重要着手点，其落实和推广也紧紧围绕了前述推广"健康中国"三位一体的思路，即在长度上鼓励运动习惯养成；在广度上推广运动普及；在深度上加强学校运动风险预防和处理。

随着竞技体育和大众体育的发展，国家将全民运动提高到战略层面，体育相关风险是否能得到有效的识别和防范与国民的生活息息相关。我国体育保险制度仍处在初级发展阶段，但是随着国家的重视以及体育运动在群众中的普及，更加科学和系统的体育保险体系亟待建立和落实，因此本书希望能够通过对我国、英国、美国体育运动员以及体育运动参与者的社会体育保险、残疾人福利制度以及商业体育保险进行横向对比系统研究，分析我国体育保险制度与典型国家存在的差异，并通过实证研究分析体育健康保险的社会经济效益，进而分析我国体育保险发展的必要性。具体来说，我国体育保险发展路径研究的理论意义，主要从以下几个方面来概括：①清晰地梳理体育风险管理与体育保险的相关概念。我国体育保险尚处于初级发展阶段，相关制度缺乏统一的定义和概念，概念的统一是一个领域发展的基础。②剖析英国、美国体育保险发展经验，合理构建我国体育保险框架。③按照人群划分，详细梳理不同群体所对应的体育保险内容。人群细分为职业运动员、学生和普通群体。④利用实证分析方法，研究体育保险社会经济价值。⑤将我国现存的社会体育保险、残疾人福利以及商业体育保险相结合，构建我国体育保险安全网，推动健康体育和安全运动。

第三节　研究思路和研究方法

一、主要内容和研究思路

本书共分为十一章。第一章"绪论"，陈述了本书论题提出的研究背景，对研究该论题的理论价值和现实意义进行了概述。本章对全书起到引领作用，并提出了本书的意义、思路、方法和主要创新点。第二章"国内外研究现状和评述"对本书的相关研究基础进行了综述。第三章"体育保险研究的理论基础"，对本书的基本概念进行了界定，概述了保险学中与体育保险密切相关的基本理论。第四章"我国体育保险的演变与发展瓶颈"，对我国体育保险制度发展历程和现状进行了详细的阐述。总结了我国体育保险制度发展的瓶颈。第五章"社会体育保险社会经济价值的实证分析——以健康保险为例"，实证研究了社会体育健康保险对个体健康的影响，及该影响在不同分组中的异质性。第六章"社会体育保险对医疗资源利用的影响机制研究——以健康保险为例"，实证研究了社会体育健康保险对个人健康的影响机制，及其影响机制的异质性分析。第七章"商业体育保险社会经济价值的实证分析——以健康保险为例"，实证研究商业体育健康保险对青少年群体健康的影响，及该影响在不同分组中的异质性。第八章"商业体育保险对个体健康水平的影响机制研究——以健康保险为例"，在第七章的基础上，进一步分析商业体育健康保险对未成年人健康水平的影响机制及其在不同分组中的异质性。第九章"典型国家体育保险的演变及其经验借鉴"，介绍了英国和美国体育保险发展的历史、契机以及体育保险现状，总结了发达国家体育保险的发展特点和趋势以及对我国体育保险发展的启示。第十章"发展我国体育保险的路径与相关建议"，提出了我国体育保险发展的相关建议。第十一章"结论与进一步的研究方向"，概述了本书的主要结论和今后研究有待于拓展的方面。

二、研究方法

（1）资料检索法。本书通过大量文献检索和资料搜集，全面系统地梳理了中国、英国、美国体育保险的发展契机及其现状。

（2）比较研究法。本书通过从多方面对比国内以及英、美两国体育保险差异，总结国际体育保险发展特点，以及我国体育保险发展中存在的主要问题。探索我国体育保险发展的思路。

（3）实证研究法。本书通过研究体育健康保险的社会经济效益及影响机制，尝试利用分析微观数据解答上述问题，然而微观数据分析经常面临内生性问题从而导致参数估计偏误。例如，不可观测的个人特征导致的遗漏变量偏误、被解释变量和解释变量之间的双向因果等。为了解决内生性问题同时保证实证结果的稳健性，本书利用多种实证方法对微观数据进行研究。

（一）固定效应模型

固定效应模型（Fixed Effect Model，FE）是处理面板数据的常用办法，可以消除不随时间变化的遗漏变量带来的参数估计偏差。假设 μ_{it} 是不随时间变化的不可观测个人特征，由于是不可观测的，因此我们无法将其纳入为控制变量。但是，我们可以利用面板数据特征，控制不随时间变化的个体效应。具体思路如下：

$$Y_{it} = \alpha_0 + \alpha_1 Exercise_{it} + \alpha_2 X_{it} + T_t + \mu_{it} + \varepsilon_{it} \qquad (1-1)$$

对式（1-1）中的每个变量按照时间取均值，得到式（1-2）：

$$\overline{Y_i} = a'_0 + \alpha_1 \overline{Exercise_i} + \alpha_2 \overline{X_i} + \overline{T} + \overline{\mu_i} + \overline{\varepsilon_i} \qquad (1-2)$$

式（1-1）减去式（1-2）得式（1-3）：

$$Y_{it} - \overline{Y_i} = (\alpha_0 - a'_0) + \alpha_1 (Exercise_{it} - \overline{Exercise_i}) + \alpha_2 (X_{it} - \overline{X_i}) + (\varepsilon_{it} - \overline{\varepsilon_i})$$

$$(1-3)$$

由于 μ_{it} 不随时间变化，因此 $\mu_{it} = \overline{\mu_i}$，故消除了不随时间变化的个人异质性。

（二）工具变量法

固定效应模型虽然能控制不随时间变化的个人异质性，但参与保险的个体与未参与保险的个体可能不是随机分布的，可能会面临由于联立性偏误（Simultaneity Bias）而导致的参数估计偏差。解决这个问题的常用方法是工具变量方法（Instrument Variable Method，IV）。工具变量方法是指找到一个与潜在内生解释变量显著相关，而与被解释变量不相关的变量作为工具。鉴于本书潜在的内生变量参保情况都是虚拟变量，两阶段残差引入法（Two Stage Residual Inclusion）比两阶段最小二乘法（Two Stage Least Square）的估计更加准确（Terza et al.，2008）。两阶段残差引入法的具体做法为：

在第一步中，我们将潜在内生变量作为被解释变量，将控制变量和工具变量作为解释变量，并使用 Logit 模型来估计第一步的回归，得出残差值。回归模型如式（1-4）所示：

$$Endo_i = \rho_0 + \rho_1 X_i + \gamma Z_i + e_i \qquad (1-4)$$

在式（1-4）中，$Endo_i$ 代表潜在的内生变量，取值为 0 或 1。X_i 代表控制变量。Z_i 代表工具变量。

在第二步中，我们在式（1-4）获得的残差值作为额外的控制变量，引入下列回归模型式（1-5）：

$$Y_i = \alpha_1 Endo_i + \alpha_2 X_i + \alpha_3 \hat{e}_i + \varepsilon_i \qquad (1-5)$$

在式（1-5）中，Y_i 为被解释变量，$\hat{e}_i$ 代表在第一步回归中获得的估计残差值，α_1 是我们关注的回归参数。

（三）倾向得分匹配法

另一个解决实验组与控制组非随机分配问题的方法是倾向得分匹配法（Propensity Score Matching，PSM）。PSM 背后的逻辑可以用公式进行更清晰的表达。假设 Y_0 表示控制组的结果，Y_1 表示实验组的结果。所以，对于实验组的平均影响（Average Effect of the Treatment on the Treated，ATT）如式（1-6）所示：

$$ATT = E(Y_1 - Y_0 \mid Treated = 1)$$
$$= E(Y_1 \mid Treated = 1) - E(Y_0 \mid Treated = 1) \qquad (1-6)$$

式（1-6）中，$Treated$ 表示个人是否属于实验组。需要注意的是 $E(Y_0 \mid Treated = 1)$ 是一个反事实存在。因此，若想要估计 ATT，我们需要选择一个合适的方法估计 $E(Y_0 \mid Treated = 1)$。

通常来说，如果我们直接通过对比实验组和控制组的结果来计算 ATT，可能会存在偏差，式（1-7）给出了相应的证明：

$$E(Y^{obs} \mid Treated = 1) - E(Y^{obs} \mid Treated = 0) = E(Y_1 \mid Treated = 1) -$$
$$E(Y_0 \mid Treated = 0) = E(Y_1 \mid Treated = 1) - E(Y_0 \mid Treated = 1) +$$
$$E(Y_0 \mid Treated = 1) - E(Y_0 \mid Treated = 0) = ATT + Bias \qquad (1-7)$$

只有在 $E(Y_0 \mid Treated = 1) - E(Y_0 \mid Treated = 0) = 0$，ATT 的估计才是准确的。也就是说，实验组和控制组的结果在没有干预的情况下，被解释变量没有差异。Rosenbaum 等（1983）提出倾向得分匹配可以解决这个估计偏差。

倾向得分匹配法的基本思想是将实验组与相似的控制组结果进行对比。倾向分的定义是在控制可观测变量的基础上，个人被分配到实验组中的概率。倾向得分匹配法第一步是计算倾向分（Propensity Score）。具体来说，计算倾向分是基于所有可以观测的控制变量，但是对于倾向分值极端的变量会在回归分析中删除，即对于无法找到相似的控制组的实验组样本应从样本中剔除，以满足共同支持检验（Common Support）。随后，在实验组和控制组选择具有相似倾向分的个人进行匹配。匹配方法有多种，包括近邻法、半径法和核匹配等。近邻法和半径法等匹配方法仅能利用部分控制组样本信息，核匹配方法能够利用更全面的样本信息。因为核匹配并非选择一个或几个相似的控制组样本，而是给予所有控制组样本不同的权重，尽可能地利用控制组样本信息，生成一个虚拟的个体，用于与实验组样本进行匹配（Mensah et al.，2010）。最后，我们可以通过对比实验组和控制组之间被解释变量的差异，计算平均处理效应（Average Treated Effect）。

（四）多层回归模型

当变量之间存在明显的层级关系时，如学校和学生的关系存在明显层级关系，应采用多层回归模型捕捉这一层级关系。具体来说，采用二层随机截距模型，将学校因素和个人因素纳入模型，探索学校层面特征因素对学生健康的影响。具体如式（1 - 8）所示：

$$Y_{it} = \alpha_1 School\_key_{pt} + \alpha_2 School_{pt} + \alpha_3 X_{it} + \varepsilon_{it} \qquad (1 - 8)$$

在式（1 - 8）中，Y_{it} 是被解释变量，指个人 i 在时间 t 时的结果。$school\_key_{pt}$ 是关键解释变量，表示学校 p 层面的关键特征描述。$School_{pt}$ 是学校级别控制变量。X_{it} 是个人控制变量。ε_{it} 是残差项。α_j（$j = 1，2，3$）是待估参数。

（五）结构方程模型

与传统回归模型相比，结构回归模型可以估计一个方程系统。不仅可以根据观测变量提取潜变量，而且可以纳入中介变量，分析影响机制。此外，结构方程模型可以有效解决测量误差导致的内生性问题。

第四节　研究的创新之处

一、创新点一

已有研究多关注于国内外商业体育保险的发展。本书进一步扩大了体育保险的研究范围，既分析了中国、英国和美国商业体育保险的主要内容，也详细介绍了三个国家社会体育保险和残疾人福利的发展情况。本书立足于整个社会保障视角内，分析体育风险防范策略。

二、创新点二

已有研究尚没有利用实证方法分析体育保险对未成年人群体的健康和医疗利用率的影响。本书通过探究大型未成年人微观面板数据，发现社会体育保险和标准统一的商业体育健康保险对未成年人群体健康的提升作用并不显著，而个性化定制的体育健康保险可以显著提高健康水平。因此，须积极引入商业体育保险对其进行补充。在此基础上，本书对影响的异质性和影响的机制进行深入探讨，为我国商业体育保险制度的发展和推进建立多层次体育保险保障体系提供了理论支持。

三、创新点三

本书为我国体育保险发展提供了清晰的三步走发展战略，并从法律制度落实、推广全民运动、商业体育保险发展和构建体育保险体系等方面提出了发展我国体育保险的政策建议。最主要的创新点为：每一条政策建议提出后，都进一步基于我国现实情况附加细致的建议落实方法，以期实现政策建议的切实可行。

本章小结

本章对本书的研究背景和意义、主要研究内容、研究思路和方法进行了详细的介绍，提出了本书的主要创新点。

本书的研究背景是基于我国体育产业飞速发展，人们运动热情与运动风险同步增加，而国内体育保险保障力度不足的现状背景下展开分析。已有研究不仅缺乏对广义体育保险制度框架的梳理，更缺乏体育保险的相关实证研究。本书所采用的研究方法主要包括资料检索法、比较研究法和实证研究法。为了解决实证研究中可能存在的内生性问题，如样本选择问题、遗漏变量问题、联立性偏误问题等，本书采用了多种实证研究方法，具体包括工具变量法、固定效应模型、倾向分匹配法、多层回归模型等。为了研究影响机制，本书进一步采用了结构方程模型，同时对全样本进行分组研究。丰富的实证研究方法为本书结论的获得提供了有力的基础保障。

通过本书的研究，可以梳理国内外体育保险发展历程和现状，探讨多层次体育保险的社会经济效应及影响机制和长期影响等方面问题，从而致力于推进体育产业发展。

第二章　国内外研究现状和评述

第一节　体育风险识别与统计研究

科学的受伤定义和分类是体育风险统计和分析的基础。两个常用的国际伤害分类标准是：国际疾病分类标准 10 - 澳大利亚版（International Classification of Diseases 10 - Australian Modification，ICD - 10 - AM）和奥查德运动受伤分类系统（Orchard Sports Injury Classification System，OSICS - 8）。Rae 等（2005）对两个国际标准的适用性进行对比，发现 OSICS - 8 在使用的方便性和协调性上更胜一筹，然而，两个标准都需要进一步完善以满足体育医疗研究的需要。显然，不同的体育运动风险不同。例如，Fuller 等（2007）提出为了研究英式橄榄球运动风险，需要建立统一英式橄榄球运动受伤定义以及数据收集程序。

国外学者对体育风险数据进行了系统的统计和分析。统计对象主要集中在体育赛事、体育活动以及医疗机构中发生的体育受伤案例。在体育赛事统计上，Engebretsen 等（2013）得出 2012 年伦敦夏季奥运会共有 11% 的运动员受伤，7% 运动员生病。不同运动项目的受伤率差别较大，跆拳道、足球、自行车越野赛等是高危体育项目，因此笔者提出，针对不同体育项目，应提出不同的风险预防方法。类似的学术研究十分丰富，Ruedl 等（2012）研究了 2012 年因斯布鲁克冬季青年奥林匹克的运动受伤情况。Torbjorn Soligard（2015）统计了 2014 年索契冬季奥运会运动受伤情况。Soligard 等（2015）进一步统计了该届运动会上英国国家队运动受伤情况。Palmer - Green 等（2015）和 Ruedl 等（2016）对欧洲青少年奥林匹克运动会运动受伤情况和疾病情况进行了统计。Hagglund 等（2006）对两个赛季的足球比赛进行分析，得出旧伤是足球运动员面临的重要风险因素。这些体育风险数据统计为各国进行奥运会等大型赛事体育风险预防提供了重要的理论基础。也有学者对医疗诊所的体育受伤率进行调查。Sandelin 等（1985）通过对急救科室内由于运动受伤的 2493 名病人进行调查，计算出足球、垒球和冰球运动的受伤率分别为24%、23%和14%，位居前三；田径运动受伤率较低，为2%。Devereaux等（1983）对1981~1982年运动创伤诊疗所1186个样本进行分析，总结出了高危体育项目以及易受伤部位，同时也概括出受伤群体的年龄特征和性别特征。

在体育风险统计分析层面，我国学者也进行了丰富的流行病学研究。国内学者的样本多来自小范围内的问卷统计。有一些研究关注特定的体育项目，而另一些研究则关注特定的身体部位。例如，在职业运动员受伤流行病学研究中，田径运动中短跑和跨栏组的运动员受伤率最高，达到94.7%，受伤部位主要发生在足/踝/小腿，达到39.42%（张梅等，2015）；在体操训练过程的受伤率达到57.72%，受伤部分为腕关节、肘关节、踝关节、膝关节和腰部的占比情况分别为33.33%、23.19%、21.01%、16.67%和5.80%（贺毅，2012）；射箭运动员的运动受伤率为73.3%，受伤部位以肩部、腰部、颈部为主（范凯斌，2009），慢性损伤率高达85.7%，急性损伤率为14.3%，受伤部位主要是肩、背、颈和手指（许实德，1996）；排球运动员患病率为68.5%，常见病为髌骨末端病、髌腱腱围炎、髌骨软骨软化症和膝半月板损伤（于长隆等，2000）；篮球运动员运动损伤的患病率为36.40%，常见病为关节囊及韧带损伤、髌骨劳损和膝关节半月板损伤等，损伤多发生在膝、踝、腰部等部位（姚鸿恩等，1996）；男子篮球运动员受伤率从高到低排序为前锋、中锋和后卫队员。前锋队员受伤主要发生在膝关节和踝关节两个部位，中锋队员集中在腰背肌和膝关节，后卫队员集中在踝关节和指关节（丁丽萍，2005）；柔道运动员患病率为70.67%，损伤易发部位依次为膝关节（发病率35.1%）、腰（22.67%）、肩（13.78%）、踝（11.56%）、肘（10.22%）（于长隆等，2000）；冰球运动中男运动员的创伤发病率为88.5%，女运动员为65.5%（于长隆等，2000）。

国内学者也对我国学生体育受伤情况进行了流行病学研究。例如，山西省高等院校体育教育专业学生体育受伤率高达82.4%，运动训练专业学生受伤率高达87.9%（刘晓莉等，2002）；大学生足球运动足踝部受伤率最高（42.0%），常见的损伤类型包括扭伤（43.4%）、擦伤（24.3%）、挫伤（13.7%）和拉伤（13.7%）（杜光宁等，2002）；大学生标枪运动员损伤率居首位的是肘部，其次为膝、腰、肩和踝关节，损伤发生主要在标枪专项技术训练过程中（李登光，2003）；曲淑华等（2006）通过对进入北京体育大学82名投掷专项本科生的运动损伤调查分析得出，投掷运动员的运动损伤率是100%。对于业余体育流行病学的研究较少，如1992~2007年，上海市常住居民自行车伤害死亡率增加79.6%（李延红等，2012）。

第二节　体育风险管理与体育保险研究

Fuller 等（2004）提出体育风险管理是降低体育风险的有效手段，包括风险识别、评估、分析与应对的几个方面。Leopkey 等（2009）站在大型赛事组织委员会和利益相关者角度分析大型体育赛事风险管理的作用，提出风险管理涉及范围十分广泛，研究者与赛事主办方都不应局限思路，应该全面识别大型赛事体育运动风险。比利时皇家足球协会通过引入国际联合足球协会风险预防（Fédération Internationale de Football Association，FIFA）体系，有效降低了 21.1% 的足球受伤率（Bollars 等，2014）。国外学者进一步对受伤的社会成本进行分析。在体育受伤社会成本计算中，疾病成本评价（Cost – of – Illness）被广泛使用，即通过计算受伤率以及受伤导致的直接成本与间接成本计算总成本（Leigh et al.，2001；Nilsen et al.，2006；Schuster et al.，1995）。体育保险数据也为测量体育受伤社会成本提供了重要支持。Cumps 等（2008）利用 2003 年佛兰德斯保险数据，计算出受伤率与受伤部位，然后利用这些数据估计医疗费用直接成本（1502.7 万欧元，占健康服务总预算的 0.07% 左右）与间接成本（11142.1 万欧元，占离职总成本的 3.4%）。间接成本指日工资乘以离职时间。Aman 等（2016）利用 2008～2011 年瑞典的保险公司数据监测运动受伤情况。这些研究为我们评估体育受伤所带来的社会成本提供了方法。

国内学者对于体育风险管理的研究主要集中在两个方面：一是大型体育赛事风险管理，二是学校体育风险管理。在前者中，2008 年北京奥运会备受关注，学者通过对奥运风险进行总结，提出应通过保险覆盖奥运体育风险，并加强风险预防，关注突发事件（郭明方等，2003；潘书波，2006）。风险管理的思路还被应用在学校体育中，在进行人群细化后，进一步被应用于小学生体育活动、中学生体育活动、高校体育教学的风险管理中（佟刚等，2015；郑柏香等，2009）。

保险是最常用的风险转移方式，是有效的事前风险预防机制，也是体育风险管理的重要组成部分。因此，体育保险在体育风险转移上起到了重要的作用。不仅如此，体育保险还可以反作用于体育风险监测与管理。澳大利亚制定的《澳大利亚运动受伤数据手册》（Australia Sports Injury Data Dictionary，ASIDD），是运动受伤数据搜集和分类的标准。ASIDD 将受伤收集指标分为三大类，分别是核心指标（应该包含在所有的运动受伤数据的搜集中）、强建议指标（应该包含在运动受伤数据的搜集中，为受伤信息提供具体的信息）、建议指标（提供其他的关于受伤环境的指标）（关晶等，2017）。Finch（2003）发现保险公司的理赔数据涵盖了该手册中提出的 92% 的内容，是一个收集体育受伤数据很好的标准。Aman 等（2014）也提出高质量的体育受伤数据可以从瑞典保险公司获得，保险公司数据库是研究不同体育运动风险管理的重要基础支持。

体育保险在我国虽属新兴事物，但已有学者对其进行了比较丰富的研究。已有文献的研究重点主要集中在两个方面：一是从不同维度对比国外体育保险的发展模式及其功能作用（刘淑华等，2007；毛伟民，2008；周爱光等，2003）；二是从不同视角分析国内体育保险的发展。包括从社会保险和商业保险角度（关晶等，2017）、从体育保险产品需求和供给主体角度、从制度发展历程角度（关晶等，2018），以及从竞技、学校和群众体育保险角度，来讨论如何发展和优化体育保险的问题（陈进良，2010；颜秉峰，2010；杨晓生等，2007）。

第三节　社会体育健康保险社会经济价值的实证研究

受体育保险数据所限，我国尚没有针对体育保险的实证研究。为了尽可能的衡量体育保险可能潜在的社会价值，我们主要做了以下几个方面的考虑：首先，以健康保险数据衡量体育保险的潜在效果。这种替代是合理的，因为健康保险是体育保险的重要组成部分。其次，以未成年人为研究对象。校园体育以及校园体育保险是我们国家重点关注和推广的领域，孩子的发展关系到国家的希望和未来，同时其也是十分脆弱的社会弱势群体，具有较大的研究价值。更重要的是，人们未成年时期的健康状况会与成年后的健康状况密切相关，这进一步凸显了研究未成年群体的重要性（Smith et al.，2012）。与成人相比，对未成年人健康投资的效果更为持久。例如，Moav（2001）提出了缺乏对未成年人群体的投资是导致持久贫困的重要原因。尤其对于发展中国家来说，对未成年的投资显得尤为重要（Galor，2005）。然而，较少有学者关注保险政策对未成年人群体健康的因果影响，特别是对发展中国家而言，相关研究更加稀缺。最后，我们进一步将健康保险缩小为社会医疗保险。做这一步限制的原因是，商业健康保险在学生群体中的覆盖有限，研究基本的社会医疗保险对未成年的福利影响更具有代表性。社会医疗保险作为体育保险中的一个分支，对职业运动员以及体育活动参与者的运动风险具有一定的保障能力。综上所述，我们将体育保险的福利效果研究用社会医疗保险对未成年人的福利效果研究代替，在体育保险数据受限的情况下，探究体育保险的潜在社会价值。

一些关于社会保险对未成年人群体健康情况的最相关研究主要集中在美国。研究表明，在未成年群体中推广医疗保险（Medicaid）可以方便人们获得医疗资源（Currie et al.，1996；Dafny et al.，2000；Miller，2012）、改善基础医疗服务（Kaestner et al.，2001；Miller，2012）、提高未成年人群的自评健康水平（Miller，2012）、降低未成年群体的死亡率（Currie et al.，1996）。可见，美国 Medicaid 在未成年人群体中的推广对未成年人群体的健康水平有积极影响。

然而，几乎没有以中国为研究背景的类似文献。在已有相关研究中，只有Chen 等（2012）的研究与未成年人群体有关。他们使用 2006 年中国农业普查数据研究了新型农村合作医疗（新农合）对未成年人群体死亡率、孕产妇死亡率和 6～16 岁学生入学率的影响。然而，受到横截面数据的限制，其无法控制个人异质性等不可观测变量的影响。

基于中国背景的其他相关研究主要集中在对总人口的研究。Liu 等（2002）研究表明，参保城镇职工基本医疗保险可以显著提高门诊访问数量，尤其对于低收入和低社会地位群体影响显著。Lei 等（2009）的研究表明，参加新农合可以提高农村地区人们对预防性医疗服务的使用率。Li 等（2013）通过研究不同类型的医疗保险制度对浙江和甘肃省老年人健康状况的影响，得出参保城镇职工基本医疗保险和城镇居民基本医疗保险的人倾向于使用更多的医疗服务，而参保新农合的人并没有增加门诊和住院服务的使用率。

第四节 商业体育健康保险社会经济价值的实证研究

商业健康保险单主要是指保险公司与个人或其担保人（如雇主或社区组织）之间的合同，该合同可以是可续签的或终身的。商业健康保险不同于社会健康保险，因为后者通常是政府主导的健康计划（Savedoff et al.，2008）。随着人们健康需求的不断提高，以及政府财政资金压力的不断增大，许多国家鼓励利用商业健康保险作为社会健康保险的补充，用以改善人们的健康状况（Dormont，2019）。例如，一些经济合作与发展组织（OECD）国家，包括美国、法国、德国等发达国家（Colombo et al.，2004）和中国、印度等发展中国家（Bhattacharjya et al.，2008）。2009 年，《中共中央　国务院关于深化医药卫生体制改革的意见》明确阐明了商业医疗保险的重要性，并鼓励企业和个人积极参与。

未成年群体的健康保护至关重要。其健康状况会随着时间累积，关系到家庭和谐、社会稳定和国民经济发展（Smith et al.，2012）。因此，融合商业和社会健康保险的多种健康保护形式是较为普遍的。在 2015 年前，我国学生学平险的保费通常与学费一起收取。在美国，参加国家大学体育协会（National Collegiate Athletic Association，NCAA）的学生运动员必须参加私人健康保险，并必须达到最低保额要求,然后才能参加日常训练和比赛(Wood,2012;National Collegiate Athletic Association,2019)。

"学平险"最早起源于20世纪80年代,可以保障学生面临的意外伤害事故风险,是我国商业保险市场上最为常见的针对学生群体的保险产品(熊鹰,2005)。其价格低廉,保费一般介于50~100元/年,保障较为全面,深受学校、学生和家长欢迎。为了降低学生意外风险、促动学校举办体育活动、鼓励学生参与体育运动、提高学生健康水平,2002年3月,教育部发布了《学生伤害事故处理办法》,提倡学生自愿参加意外伤害保险,该保险常被称为"学生平安保险"(简称"学平险")。学生可以获得由学校"包办"的学平险,囊括学生身故、伤残、意外医疗费用补偿及疾病类医疗费用补偿等商业保险保障。

2015年6月3日,教育部等五部门《关于2015年规范教育收费治理教育乱收费工作的实施意见》第六条提出:"严禁各级各类学校代收商业保险费,不得允许保险公司进校设点推销、销售商业保险。"学校"包办""学平险"的行为被叫停(关晶等,2017),学生和家长只能在商业保险市场中自行购买投保。规范教育收费和治理教育乱收费本身是一件好事,但由于我国公民保险意识较为薄弱、保险的社会认可度不高,禁止学校包办后,家长或者学生购买学平险比例逐年走低,目前基本处于停滞状态,学生的安全保障因此而留下更大的空白。

国内学者对"学平险"的研究极为少见,仅有的几篇文献介绍"学平险"的经营风险(武建平等,2000)、监管(罗忠敏等,2003)与争议处理(王艳红,2009),尚没有一篇文章对"学平险"的社会经济价值进行实证分析检验。我国青少年群体占总人口比重较高(周萍,2015),"学平险"是我国校园风险保障的重要力量,但其运行效果有待检验,片面停止学校"包办""学平险"的科学性亦有待探讨。

关于商业健康保险的相关研究,前人主要集中在对商业健康保险的需求分析(Nguyen et al.,2010)、商业健康保险对国家健康保险体系的作用(Stabile et al.,2014)、商业健康保险的医疗服务效果(Breyer et al.,2011)、福利改善效果(Danzon,2002;Hansen et al.,2002)、医疗服务的获得(Brindis et al.,1995)以及健康改善作用。Hullegie等(2010)研究了商业健康保险对健康状况的影响,他们使用了德国社会经济(German Social Economic)1995~2006年的调查数据。通过断点回归(Regression Discontinuity Analysis),他们发现商业健康保险显著提高德国25~55岁成年人自评健康水平。

Baker等(2002)从美国健康与退休研究数据库(Health and Retirement Study)中调查了51~61岁在1992年拥有商业健康保险的个人,研究发现取消健康保险对自评健康有负向影响。Dor等(2006)应用了与Baker等(2002)相同的数据库并进行了后续研究，通过使用工具变量法处理内生性问题。他们发现，将商业健康保险覆盖范围扩大到工作年龄的成年人可能会改善他们的健康状况。除了整个成年人口，商业健康保险对特定人群的健康状况也会产生影响，如美国 18 岁以上的 HIV 患者（Bhattacharya et al.，2003）、澳大利亚的终末期肾脏疾病成年患者（Sriravindrarajah et al.，2019）以及新泽西州 35 ~ 64 岁患有乳腺癌的女性（Ayanian et al.，1993）。研究发现，商业健康保险在预防艾滋病毒相关死亡方面比公共保险更有效（Bhattacharya et al.，2003），并且与患者健康状况的改善相关（Ayanian et al.，1993；Sriravindrarajah et al.，2019）。

但是，很少有研究关注商业健康保险对未成年人健康的影响。Todd 等（2006）对 1995 ~ 2003 年在科罗拉多州以及 2000 年在美国的 18 岁以下人群的住院情况进行了回顾性比较（Retrospective Comparison Study），发现与有商业健康保险的个人相比，拥有社会健康保险或没有保险的个人的健康状况就会明显较差。然而，在回顾性比较研究中容易产生估计偏误（Cox et al.，2009）。

与发达国家相比，发展中国家的商业健康保险发展滞后，相关文献主要基于个人经验总结，或者针对其他发达国家的商业健康保险制度的案例研究（Choi et al.，2018）。私人健康保险的价值取决于一个国家或地区的经济、社会和体制环境（Drechsler et al.，2007），因此基于发达国家成年人的有关商业健康保险对健康状况影响的相关结论不能外推到发展中国家的未成年（Popkin et al.，2004）。在发展中国家，尤其是对未成年群体而言，商业健康保险是否是社会健康保险中针对改善健康状况的重要补充，已有研究缺乏探究因果关系影响的实证研究。因此，通过商业健康保险计划改善健康状况的政策效果有待检验，其也是非常重要的研究领域。

逆向选择问题在健康保险中很难避免，这对于探究商业健康保险对健康的因果关系提出了挑战（Doiron et al.，2008）。具体而言，健康状况较差的个体更有可能购买商业健康保险产品，如 Rutten 等（2001）所述，强制性社会健康保险可以有效解决逆向选择的问题。但是，自愿购买的商业健康保险难以实现强制性，且很难追踪一大批拥有类似私人健康保险计划的个人，因为个人可以自愿从不同的保险公司选择产品，这些原因为识别商业健康保险对健康因果影响的实证研究提出挑战。

利用中国学生样本分析商业健康保险对未成年健康的影响，是解决上述逆向选择问题和追踪问题的有效工具。这是由于，在 2015 年 6 月之前，同一所学校学生的商业健康保险状况基本相同（关晶等，2017）。这可以解决逆向选择问题，因为商业健康保险费是与学费一起收取的，而且学生和父母没有购买和选择保险产品的权力（关晶等，2017）。此外，本书中使用的数据库是面板数据库，可以跟踪不同观测年中的同一学生。

本章小结

综上所述，虽然我国学者对于体育风险的识别和统计进行了较为细致的研究，但由于缺乏统一的受伤定义标准、统计样本和持续的观察序列，这些研究成果缺乏可对比性和持续性，因此难以用于控制和解决体育风险，且体育数据统计、分析与应用存在着一定程度的脱节。此外，对比国外相关研究成果可以发现，国内对于体育赛事风险的相关统计以及对于医疗机构受伤数据的统计和应用程度明显不足。

虽然我国学者也已经对体育风险管理进行了较为全面的分析，其主要存在以下问题：第一，就风险论风险，缺乏对于风险产生原因的探讨，如果不知道体育风险的作用机制，那么体育风险管理便无从下手。第二，忽视体育风险管理中关键问题的探讨，如怎样定义体育风险与体育风险程度。低风险、中风险与高风险这种描述性指标在现实生活中缺乏可操作性，而且会随着不同主体风险承受程度的不同而不同。第三，缺乏对不同时期的风险管理方法的探讨，如运动员赛前、赛中和赛后面临的体育风险并不一样，在比赛进行中，运动员心理压力是造成风险的原因之一，因此相应的应对风险管理方法也有较大不同。关于体育保险，尚未有学者将体育社会保险、体育商业保险和残疾人福利保障相结合进行系统研究，体育保险的相关实证分析也十分欠缺。

已有的关于体育健康保险的社会价值实证研究主要集中在成年人群体，然而对成年人样本的研究结论无法推广到未成年人样本。首先，未成年人通常不具备照顾自己的能力，他们更容易受到特定未成年人疾病的影响。一般来说，他们的健康状况在很大程度上取决于他们的遗传特征和父母提供的直接护理。本书试图以中国未成年人为样本，研究体育运动和体育健康保险的社会经济价值，以期填补相关文献中的空白。

第三章　体育保险研究的理论基础

体育保险的研究基础是科学统一的相关概念界定，因此本章提出了体育保险的相关概念和理论基础。

第一节　基本概念界定

一、体育风险与体育风险管理

体育风险管理体系主要包括风险识别、风险评估、风险分析与应对三个步骤。

（一）风险识别

体育风险识别是体育风险管理的第一步，它是指对体育活动参与主体面临的和潜在的风险因素加以判断、归类和鉴别风险性质的过程。

体育风险因素是导致潜在运动受伤发生的可能性，也会导致受伤后果的严重程度提高，一般分为外在风险因素和内在风险因素。外在风险因素是由于外界条件引起的，如运动规则、保护设备和措施、运动场环境、教练水平和训练水平等；内在风险因素仅和运动参与者的自身情况有关，包括运动员个人年龄、性别、身体状况等。年龄和性别属于不可改变的内在风险因素，然而一些内在的风险因素是可以通过风险预防机制进行控制的。例如，可以通过提高个人身体健康水平、增强肌肉力量、关节的稳定性、平衡协调能力等多方面来降低运动风险。

体育风险还可以按照主要来源划分为三个方面：首先是运动相关设施风险，如运动场、公共道路和公共水路等。其次是体育相关器材风险，如门柱、球杆、跨栏等。最后就是运动自身的风险，如跑步、骑行、游泳等。这些风险可以被分为环境风险和事件风险。环境风险主要是由于设施风险和器材风险造成的，这一类风险是永久存在的风险，而事件风险只在某一个特定时期存在，如两个运动员相撞。

（二）风险评估

风险评估是体育风险管理的第二步，是指在风险识别的基础上，通过对所收集的大量详细体育损失资料加以分析，通过运动概率理论和数理统计分析方法，估计和预测体育风险发生的概率和损失程度。需要注意的是，风险评估需要针对利益相关人的显著特征进行分组，并评估风险对于不同组别的利益相关人的影响。体育活动利益相关人包括体育运动参与人、组织者、官员、监管者、媒体和社会公众。不同利益相关人可能会面临不同种类的体育风险。

风险评估的过程可以分为定性评估和定量评估。定性评估可以十分简单，如"低风险""中等风险"或"高风险"；损失程度"大"或"小"。定量评估可以是由体育风险导致的事故发生概率或发生次数，如每1000个竞赛小时内，运动员因受伤无法参赛的小时数。无论是定性评估还是定量评估，都需要考虑到不同群体，即不同利益相关人对于风险的忍耐能力和接受能力。需要注意的是，即使是同样的风险，由于研究群体不同，也会有较大差异，如男性运动员和女性运动员、无残疾运动员和残疾运动员等。此外，存在一定风险并不代表要终止体育活动，应该将以上风险与标准可接受风险进行对比，如果低于可接受风险，则仍可以开展体育活动。

不同组织可能对可接受风险的定义存在差异。例如，英国某大学风险管理办法规定，在举办学生活动时，必须填写风险评估表，具体包括：风险因素、风险主体、已有的风险控制安排、风险评级、可以进行的进一步风险控制安排，以及负责人信息。在风险评级部分分为严重程度（1~6等级）以及概率（1~6等级），风险便是严重程度与概率的乘积（见表3-1）。

表3-1　英国某大学风险管理矩阵

风险＝严重程度×概率			严重程度（1~6等级）					
			多人死亡	单人死亡	多人严重受伤	单人严重受伤	轻伤	微伤
			(6)	(5)	(4)	(3)	(2)	(1)
发生概率（1~6等级）	几乎一定	(6)	36	30	24	18	12	6
	十分容易	(5)	30	25	20	15	10	5
	容易	(4)	24	20	16	12	8	4
	可能	(3)	18	15	12	9	6	3
	不容易	(2)	12	10	8	6	4	2
	几乎不	(1)	6	5	4	3	2	1

如表 3－1 所示，通过制定风险矩阵图，学校将校园活动风险分为三个等级：低风险（风险得分 1～5）、中等风险（风险得分 6～12）和高风险（风险得分 15～36）。低风险指该项活动的风险低于可接受风险，此处规定为风险得分低于 5 的情况。在这种情况下，开展此活动虽然会面临风险，然而这种风险是可以接受的。对于中等风险活动（6～12），活动主办方应该引入或更新风险控制办法，对于高风险活动（25～36），活动主办方需要考虑停止活动或者引入十分有效的风险控制方法来切实降低风险。

（三）体育风险分析与应对

体育风险分析与应对为体育风险管理的最后一步。体育风险分析与应对是指根据风险评估的结果，为实现风险管理目标，选择最佳风险管理技术并实施风险管理的过程。风险技术的选择主要基于风险发生的频率与损失程度。如表 3－2 所示，对于损失频率与损失程度双低的情况，最佳的风险管理技术是自留风险；对于损失频率高、损失程度小的情况，可以采取加强损失管理，并辅之以自担风险和超额损失保险的风险管理技术；对于损失频率低、损失程度大的情况，可以采用保险同时结合自留风险的风险管理技术；对于损失频率高、损失程度也大的情况，应该选择风险规避。体育风险主要属于以下两类：损失频率高且损失程度小（如常见的运动损伤）；损失频率低且损失程度大（如极端运动风险事故）。因此，应对体育风险的主要风险管理技术是在加强损失管理的情况下，鼓励部分风险自担，并结合保险产品进行全面的体育风险保障。

表 3－2　损失频率、损失程度与风险管理技术的选择

损失频率	损失程度	风险管理技术
低	小	自留风险
高	小	加强损失管理（风险抑制），自留风险，超额损失保险（风险转嫁）
低	大	保险（风险转嫁），自留风险
高	大	风险规避

需要注意的是，体育风险管理需要在不断的重复实践中发展完善。因此，在完成一轮体育风险管理的基础上，对该轮风险管理的成效进行评估与改进，不断提高体育风险管理能力。

二、体育保险

体育保险包括体育社会保险和体育商业保险。体育社会保险是指国家为了预

防和分担职业运动员的年老、失业、疾病、死亡等社会风险，以及普通运动参与者的疾病以及死亡等社会风险，而强制职业运动员和普通运动参与者参加的社会保险制度。体育商业保险是指通过订立体育保险合同，由专门的体育保险企业或者综合性商业保险企业经营。投保人根据合同约定，向体育保险人支付保险费，保险人对于合同约定的可能发生的体育事故或相关事故因其发生所造成的意外伤害、财产损失和第三者责任承担赔偿保险金责任，对于合同约定的可能发生的小概率体育事件承担保险金激励责任的商业保险行为（王国军等，2017）。

体育运动致残是十分极端的体育事故，但是也时常发生，残疾人体育保险目前或被归属于社会保险，或被归属于社会救济。为了更加全面地分析体育保险制度，本书在体育社会保险和体育商业保险的基础上，进一步探索体育伤残人津贴。分析更广泛的体育风险保障。

三、体育保险公司

体育保险公司是指依《中华人民共和国保险法》和《中华人民共和国公司法》设立的公司法人。体育保险公司收取保费，将保费所得资本投资于债券、股票、贷款等资产，运用这些资产所得收入支付保单所确定的保险赔偿。体育保险公司通过上述业务，能够在投资中获得高额回报并以较低的保费向客户提供适当的保险服务，从而盈利。

四、体育保险代理人和经纪人

《中华人民共和国保险法》（2015年修正）（以下简称《保险法》）第一百一十七条规定：保险代理人是根据保险人的委托，向保险人收取佣金，并在保险人授权的范围内代为办理保险业务的机构或者个人。保险代理机构包括专门从事保险代理业务的保险专业代理机构和兼营保险代理业务的保险兼业代理机构。体育保险代理人也属于保险代理人，适用于一般保险代理人定义。具体来说，体育保险代理人，是指根据保险人的委托授权，代理其经营体育保险业务，并收取代理费用的人。体育保险代理人在保险人授权的范围内以保险人的名义进行业务活动，包括招揽业务的宣传推销活动、接受投保、出立暂保单或保险单、代收保险费、代理查勘理赔等。代理费用通常根据业务量比例支付。根据业务范围不同，体育保险代理人可分为总代理人、地方代理人与兼业代理人等。代理的方式有只为一家保险公司代理业务的专用代理，独立经营且可同时为多家保险公司代理业务的独立代理等。

《保险法》第一百一十八条规定：保险经纪人是基于投保人的利益，为投保人与保险人订立保险合同提供中介服务，并依法收取佣金的机构，包括保险经纪公司及其分支机构。保险经纪人代表着投保人的利益，他们所从事的保险中介业务都要求他们必须具备必要的保险专业知识和良好的职业道德。体育保险经纪人也适用于保险经纪人的一般定义，是基于投保人的利益，为体育保险投保人与保险人订立体育保险合同提供中介服务，并依法收取佣金的机构。

五、体育保险投保人和被保险人

《保险法》第十条规定：投保人是指与保险人订立保险合同，并按照合同约定负有支付保险费义务的人。第十二条规定：被保险人是指其财产或者人身受保险合同保障，享有保险金请求权的人。投保人可以为被保险人。体育保险的被保险人和投保人同样适用于上述定义，只是与保险公司签订的保险合同主要为体育保险合同。

六、体育保险的职能

体育保险是保险在体育领域的应用，因此体育保险职能主要来自于保险的职能，如经济补偿和保险金给付两个基本职能；以及防灾防损和投融资等派生职能（王绪瑾，2017）。

（一）经济补偿职能

经济补偿的职能是指在特定的体育风险发生时，且在发生体育保险事故造成损失时，根据体育保险合同，按照所保标的实际损失数额，在体育保险合同有效期内，在保险金额范围内予以赔偿。这种赔付是对社会已有财富进行再分配。体育保险是集合全体投保人保费来分担个别遭受体育风险损害的被保险人的损失。

（二）保险金给付职能

体育保险包含对体育参与人员人身的保险及体育相关财产的保险，其中人的价值是很难用货币来衡量的，所以体育人身保险是经过保险人和投保人双方约定进行给付的保险，对应的是保险金给付职能。

（三）防灾防损职能

体育风险管理一个很重要的内容就是防止损害及意外的发生，体育保险经营的是体育风险，体育保险是体育风险的重要管理措施之一。体育保险从业公司在承保之前，会对风险进行分析、预测和评估，而人为原因产生的风险可预测其概率性，进而也可以事先预防事故的发生。这不仅可以减少保险事故，也可以增加体育保险的经营收入。因此，体育保险拥有防灾防损职能。

（四）投融资职能

体育保险的投融资职能指的是体育保险的资金运用职能。体育保险可以分散危险，包括从空间上和时间上，操作方式就是需要投保人预交保费。从时间上分散危险意味着保险的补偿与给付发生有一定的时差，所以保险金就会有一定的积存，保险人就有了运用资金的基本条件。保险公司也需要运用这些留存的资金进行增值投资，以应对更多的保险金赔付，保险融资的来源有资本金、公积金、保险准备金，以及未分配的盈余。

第二节　理论基础

一、资源配置效率理论

资源配置效率（Allocative Efficiency of Resources）是指各种资源，如资金、技术、土地和人力资源通过政府、市场或者企业管理者之手在不同行业、企业和企业内部进行配置的情况，资源配置效率反映稀缺资源配置到效率最高的行业、企业或企业部门的有效程度。资源配置效率理论认为，资源应按照边际效率最高的原则在不同行业、企业和企业部门之间配置，因此衡量资源配置效率的标准就是观察资源是否流向经营效率最好的行业、企业和企业部门（王国军，2014）。

如果既定的资源配置状态的改变使至少有一个人状态变好，而没有使任何人状况变坏，这在经济学上称为帕累托改进。相反，如果所有的帕累托改进均不存在，则这种资源配置状态为帕累托最优状态（高鸿业，2005）。具体到保险市场为：如果签订保险合同使得双方的状态都得到改善，则整个社会的状况也会得到改善。例如，某一方（个人或者组织）不喜欢不确定性，他可以找到另一方（个人或组织）愿意承担这种不确定性，而且可以以比前者更小的成本来承担这种不确定性，两方即可以完成交易，即另一方承担风险，前者支付固定保费，这样双方的状况都得到了改善（乔治斯·迪翁等，2005）。值得关注的是，保险对社会效率的提高不仅体现在风险的交易，更进一步体现在由于风险转移的可实现性而允许更高风险活动的开展。对未知进行探索永远是充满挑战的，风险转移可以降低成本，尤其对于整个社会来说，意义更大。

根据保险业资源循环流向图3-1可知，保险市场的资源配置方式主要有"政府"和"市场"两个方面。此处的市场可以具体到保险市场。政府配置资源一般追求社会总效益最大化，而市场配置资源一般追求利润最大化。在我国，政府和市场都是配置保险市场资源的重要力量。与市场资源配置不同，政府在进行保险资源配置时还需要兼顾效率与公平。政府在保险市场中起决定性资源配置的情况一般体现在政策性保险产品上，如出口信用保险、农业保险和巨灾保险。

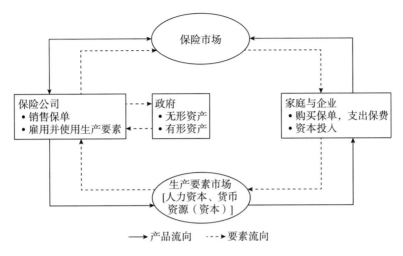

——→ 产品流向 ----→ 要素流向

图 3 – 1 保险业资源循环流向

资料来源：王国军. 高级保险经济学教程 ［M］. 北京：对外经济贸易大学出版社，2014：50.

二、期望效用函数理论

期望效用函数理论（Expected Utility Theory）是 20 世纪 50 年代，冯·诺依曼和摩根斯坦建立的不确定条件下对理性人（Rational Actor）选择进行分析的框架。理性人假设指每一个从事经济活动的人所采取的经济行为都是力图以自己最小经济代价去获得最大的经济利益。例如，在保险领域，个人一定认为支付少的保险金而获得高的保险赔付是好的。期望效用函数可以同时考虑风险以及个人风险偏好，即个人对风险的主观态度。例如，一个人购买了一套高尔夫球具，针对是否对该球具投保保险，不同风险偏好的人可能会做出不同的决策。具体来说，风险厌恶者可能会愿意接受一定数目的保费，而寻求对球具的保障；对于风险偏好者来说，他觉得没有必要购买保险；那么对于风险中性的人来说，购买保险和不购买保险并没有差异，图 3 – 2 为其几何描述。

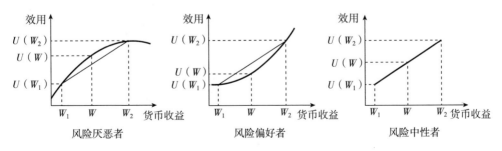

图 3 – 2 个人对风险主观态度描述

期望效用理论也为保险市场中的保费确定方法提供了基础。以足额保险为例，如果某人拥有两种资产，价值分别为 L 和 A，因此他的总资产为 $L+A$。在不考虑资产可以带来收益的情况下，考虑资产 L 在给定期间内完全灭失的概率为 π，完全没有损害的概率为 $1-\pi$。如果这个人购买保险，假设其愿意支付的保费为 p。因此，如果个人不买保险，其最终财富为 A 的概率为 π，最终财富为 $(A+L)$ 的概率为 $(1-\pi)$，因此其期望效用为 $\pi U(A)+(1-\pi)U(A+L)$，如果此人购买保险，则其最终财富为 $A+L-p$，对应效用为 $U(A+L-p)$，图 3-3 为其几何描述。此人愿意支付的最大保费由式（3-1）决定：

$$\pi U(A)+(1-\pi)U(A+L)=U(A+L-p) \qquad (3-1)$$

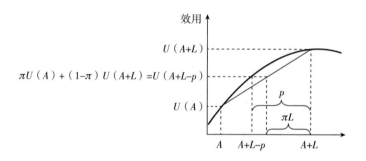

图 3-3　足额保险最大可接受保费几何描述

资料来源：乔治斯·迪翁，斯科特·E. 哈林顿. 保险经济学 ［M］. 北京：中国人民大学出版社，2005：125.

三、价格均衡与供求定理

假设有一个消费者，在无事故发生情况下财富为 W，有事故发生其财富变为 $W-d$。消费者可以选择交付保费 a_1，并在发生事故时候获得 $\hat{a}_2$ 的补偿。因此，此人在没有投保的情况下，在有事故发生和无事故发生情况下的财富为 $(W, W-d)$；如果此人购买保险，则在有事故发生和无事故发生情况下的财富为 $(W-a_1, W-d-a_1+\hat{a}_2)$。事故发生概率为 p。为了简化分析，令 $a_2=\hat{a}_2-a_1$，假设市场上只有保险消费者和保险公司，则根据期望效用理论，消费者会在有无保险的情况下争取效用最大化。其收入偏好可以用如式（3-2）所示：

$$\hat{V}(p, W-a_1, W-d+a_2)=(1-p)U(W-a_1)+pU(W-d+a_2) \qquad (3-2)$$

消费者会选择使其效用函数 $\hat{V}(p, a)$ 最大化的保险合约。

假设保险公司是追求利润最大化的，则其获得的利润如式（3-3）所示：

$$\pi(p, a) = (1-p)a_1 - pa_2 \qquad (3-3)$$

图3-4描述了竞争性保险市场下的同质消费者均衡情况。横纵坐标分别描述了个人在未发生事故和发生事故情况下的收入,等期望利润线描述了在完全竞争市场下,保险公司零期望利润的情况。均衡点 a^* 为等期望利润曲线和消费者无差异曲线的切点,且在该点上,消费者效用达到最大。

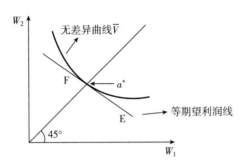

图3-4 同质消费者竞争性保险市场均衡

可见,无论是在式(3-2)还是式(3-3)中,发生事故的概率 p 都是非常重要的指标。然而,并不是所有的消费者都是同质的,即不可能所有消费者的事故发生率 p 都是一样的。假设市场上存在两种类型的事故风险发生率:高风险事故发生率 p^H 和低风险事故发生率 p^L,且 $p^H > p^L$。逆向选择是指高风险事故发生的群体更倾向于购买体育保险产品,而低风险事故发生群体可能选择不进入保险市场。道德风险是指个人因存在保险保障而改变其防损动机的一种倾向,这会影响保险人的费用支出,最终会影响到个人的投保成本(乔治斯·迪翁等,2005)。

本章小结

体育风险管理包含体育风险识别、体育风险评估和体育风险分析应对三个方面。体育保险是重要的体育风险应对方法。体育保险主要分为体育社会保险、残疾人保障和体育商业保险。体育社会保险和残疾人保障依赖于一个国家的社会保险制度或者社会保障制度,保障体育活动参与者基本的体育风险和极端体育风险事故造成的损失。体育商业保险是体育社会保险和残疾人保障的重要补充,依赖于一个国家的商业保险市场发达程度。根据资源配置效率理论,只有体育保险市场的效率不断提高,才有可能获得更多的社会资源,提高其发展质量和水平。作为理性人的体育保险投保者，会按照个人效用最大化的标准配备其体育保险产品。但是，由于体育保险供给方和需求方之间存在信息不对称，可能会存在投保人或者被保险人参保前的逆向选择行为以及参保后的道德风险行为，从而影响体育保险市场效率。

第四章　我国体育保险的
演变与发展瓶颈

体育保险在我国已经有 20 多年的发展历程，了解我国体育保险的演变历程以及发展现状，有利于厘清我国体育保险的内容，总结其发展瓶颈。

第一节　发展历程

我国体育保险起源于 1994 年，初期的发展模式为"捐赠保障"和"社会保险"。1994 年，洪祖杭通过向国家体委捐资 5000 万港元发起组织了中华全国体育基金会，随后在 1996 年建立"祖杭体育保险基金"。"祖杭体育保险基金"的设立促进了我国推进国家队运动员伤残保险的发展，而且 1998 年美国友好运动会上的桑兰事故也让体育保险开始受到关注。随后，我国优秀运动员伤残互助保险于 2004 年正式实施。

我国商业体育保险的发展起步较晚。2004 年中体保险经纪有限公司（以下简称中体）的成立是发展中的转折点，中体提供体育风险咨询业务，并推出了多种专项体育保险。例如，2005 年推出游泳池馆公众责任专项保险和跆拳道运动专项保险、2006 年推出登山户外运动专项保险、2007 年推出综合健身场馆保险等，积极填补我国体育保险领域的空白。经过 15 年的发展，中体的体育保险业务范围也在不断扩大，截至 2019 年 2 月，其业务已经包括：为国内和国际大型综合运动会、大型社会体育活动、国内各类体育赛事、各体育运动协会、体育院校、职业体育俱乐部等提供专业风险管理咨询、保险方案设计和保险服务安排。中体的业务还包括为职业运动员提供综合体育保险服务。保险险种也在原来的基础上增加了搏击类运动保险、马拉松、网球、冰雪运动和业余足球专项保险，以及体育运动执教人员责任保险。中体还提供了保险经纪人服务，如出境保险、外籍运动员保险、外籍教练员保险、职工补充医疗保险、健康保险、养老金保险、单位福利保险、财产保险、车辆保险、工作场所公众责任保险、运输保险等（中体保险经济有限公司，2019）。可见，中体的承保人群和赛事已经跨出国门，保险险种和承保内容也在不断丰富。

综合性的保险公司也积极涉足体育保险。例如，2008年，中国太平洋保险公司为"网球大师杯赛"提供了赛场公众责任险、赛事取消险及志愿者的人身意外险等一切险。大众保险股份有限公司提供登山户外专项保险。中意财险保险有限公司提供跆拳道运动保险。中国太平洋保险公司提供赛场公众责任险、赛事取消险及志愿者的人身意外伤害保险。史带财险提供"赛事安心"综合运动会计划保险等保险产品。中国人民保险公司为100余项体育运动提供涵盖专业及业余比赛赛事的体育保险产品。

此外，2016年，国内首家提供全面专业体育运动保险的互联网保险平台：小雨伞保险成立，它推出体育运动保险品牌"敢保险"，围绕极限运动、专业赛事运动、户外休闲运动提供专业保障服务（中国新闻网，2016）。莱茵体育也携手都邦保险，共同布局体育保险，双方拟联合发起设立具有专业保险资质的"都邦莱茵体育保险公司"（关晶等，2018）。可见，我国多家保险公司开始涉足体育保险领域，而且更多企业和机构开始探索体育保险发展道路。

第二节　我国体育保险现状

一、社会保险

（一）编制内运动员

国家体育总局发布的《关于进一步加强运动员社会保障工作的通知》（体人字〔2006〕478号）提出我国编制内的运动员可以享受基本养老保险、基本医疗保险、失业保险和工伤保险等社会保险内容。但其并未提及运动员生育保险的保障情况（国家体育总局等，2006）。

1. 基本养老保险

编制内运动员养老保险的参保根据运动员所在地养老保险政策决定。对于已经开展机关事业单位养老保险改革试点地区，运动员享有养老保险福利。运动员缴纳养老保险的缴费基数按照国家和当地有关政策规定执行。缴费基数低于当地职工平均工资水平60%的，按当地职工平均工资水平的60%缴费，超过当地职工平均工资300%的，按当地职工月平均工资的300%缴费。针对符合连续工龄的情况，应按照规定作为运动员的视同缴费年限。

2. 城镇职工基本医疗保险

编制内运动员可以参加城镇职工基本医疗保险。城镇职工医疗保险是按照运动员工资总额的一定缴费比例，并由单位统一缴纳。单位需要承担运动员工资总额的7%，运动员本人承担缴费工资基数的2%，由单位代扣代缴。国家也考虑为运动员就近诊疗提供便利，鼓励具备条件的体育医疗机构申请成为城镇职工基本医疗保险定点医疗机构（国家体育总局等，2006）。

3. 失业保险

编制内运动员可以享受失业保险待遇，前提是其所在单位按照《失业保险条例》规定缴纳失业保险费，且在规定时间内到当地劳动保障部门办理备案（在运动员与所在单位终止或解除劳动（聘用）关系之日起的7日内）（国家体育总局等，2006）。我国现行的《失业保险条例》发布于1999年1月22日。规定用人单位及其职工分别按照本单位工资总额和本人工资的2%和1%缴纳失业保险费。失业保险基金用于下列支出：失业保险金、领取失业保险金期间的医疗补助金、领取失业保险金期间死亡的丧葬补助金及其供养的配偶、直系亲属的抚恤金、领取失业保险金期间的职业培训和职业介绍补贴。近年来，我国失业保险缴费比例有所调整。例如，2017年11月发布的《失业保险条例（修订草案征求意见稿）》提出用人单位和职工的失业保险缴费比例之和不得超过2%（法规司，2017）。

4. 工伤保险

符合条件的编制内运动员可以享受工伤保险待遇。《工伤保险条例》规定，失业保险费由用人单位缴纳，运动员个人不缴纳工伤保险费。对于符合领取工伤保险金的工伤运动员，可以安装假肢、矫形器、假眼、假牙和配置轮椅等辅助器具，获得工资补贴、伤残津贴、供养亲属抚恤金、生活护理费方面的补助（国务院，2010）。体育部门曾经负责运动员伤残等级的评定，为了实行工伤保险的统一管理，改为由工伤鉴定专家统一鉴定。但是，为了保障体育工伤鉴定的专业性，政府鼓励在工伤鉴定专家库中适当增加运动医学专家。

（二）试训运动员

试训运动员与编制内运动员参保社会保险的情况有所不同。例如，试训运动员在试训期内不可参加基本养老保险，但是可以参保基本医疗保险和工伤保险，且基本医疗保险的保费由试训运动员所在单位缴纳，个人不缴费。因此，试训运动员并不具有基本医疗保险个人账户，但这并不影响其缴费当期享受相关社会保险待遇。若试训运动员试训期结束后未能转为编制内运动员，则其单位停止为其缴纳基本医疗保险和工伤保险保费。若试训运动员试训期结束转为编制内运动员，可以获得编制内运动员的社会保险福利。转为编制内运动员后，个人需要一次性补缴其计算工龄的试训期内的养老保险费。试训运动员转为编制内运动员的，原连续试训时间可计算为连续工龄；否则，原试训时间不计算为连续工龄（国家体育总局等，2006）。

（三）运动参与者

运动参与者指参与体育运动的普通民众。普通民众根据个人或者所在单位投保情况选择不同种类的社会保险。社会保险包括五种：养老保险、医疗保险、工伤保险、失业保险和生育保险。多地已经将生育保险和医疗保险合并实施，但是与保障体育运动伤害最为相关的社会保险是医疗保险。

我国的社会医疗保险计划主要分为三种：城镇职工基本医疗保险、城镇居民基本医疗保险计划和新农合。多地已经完成后两者合并，建立城乡居民基本医疗保险，但还有小部分机构尚未完成社会医疗保险制度改革，仍执行公费医疗保险制度。虽然我国社会医疗保险已经基本实现全覆盖，但是不同地区和个人的参保项目、保障内容、缴费标准、待遇给付标准差异较大。现以大学生群体为例，简述社会医疗保险的保障内容，以及其在体育伤害保障方面的作用。我国大学生群体目前可以获得的社会医疗保险主要为公费医疗保险[①]或者城镇居民基本医疗保险[②]或城乡居民基本医疗保险，这与大学生所在高校是否进行医疗保险制度改革密切相关。

对于公费医疗保险制度，高校的校医院是公费医疗的载体。医疗费用政府承担80%，直接划拨给学校；学校和学生负担医疗费用的20%，学校视自身经济情况决定对该部分进行全额或部分报销。学校公费医疗保障内容如表4-1所示。

表4-1　某高校学生公费医疗实施细则

就医类型	医疗类型	报销金额上限/比例	自付金额上限/比例
门诊医疗			
校医院就医	甲类	95%	5%
	乙类	80%	20%

---

① 《公费医疗管理办法》（卫计字〔89〕第138号）第二章第九、第十条明确规定：享受公费医疗待遇的范围包括国家正式核准设置的普通高等学校（不含军事院校）计划内招收的普通本专科在校学生、研究生（不含委托培养、自费、干部专修科学生）和经批准因病休学一年保留学籍的学生，以及高等学校应届毕业生因病不能分配工作在一年以内者，享受公费医疗的科研单位招收的研究生。

② 随着我国公费医疗制度改革的推进，国务院办公厅发布《关于将大学生纳入城镇居民基本医疗保险试点范围的指导意见》（国办发〔2008〕119号）。规定各类全日制普通高等学校（包括民办高校）、科研院所中接受普通高等学历教育的全日制本专科生、全日制研究生（统称大学生）应加入城镇居民基本医疗保险制度。

续表

就医类型	医疗类型	报销金额上限/比例	自付金额上限/比例
指定专科医院	甲类	90%	10%
	乙类	80%	20%
经校医院批准转诊校外就医（非合同医院）	甲类	80%	20%
	乙类	70%	30%
开药	急性/慢性病	3/7 日量	超过自付
住院医疗			
校医院隔离观察*			100 元押金
经校医院批准转诊校外就医的住院医疗费用（合同医院及指定专科医院）	甲类	95%	5%
	乙类	90%	10%
经校医院批准转诊校外就医的床位费（合同医院及指定专科医院）		规定范围内	超过自付
异地急诊就医			
异地急诊就医——寒暑假期间	甲类	80%**	20%**
	乙类	70%**	30%**
异地急诊就医——非寒暑假期间			100%
休学期间就医			
门诊		300 元/年	超过自付

注：适用于该校计划内招收的本科在校生、研究生（不含委托培养及自筹经费学生）。＊针对学生患有传染性疾病，需要在校医院隔离观察者；＊＊报销金额最高不得超过公费医疗每人每月标准费的 5 倍即 50 元，超过部分个人自理。

资料来源：北京理工大学. 北京理工大学学生公费医疗实施细则［EB/OL］.［2017－03－06］. ht-tp：//i. bit. edu. cn/dxcz/xsglyx/xssc/103609. htm.

由表 4－1 的内容可知，虽然公费医疗能缓解学生部分经济压力，但是以保障内容为基础的甲类和乙类医疗服务，保障范围有限。校医院仅有常用药，品种较少，相对复杂的病症虽然可以转院，但要经校医院开具转诊单，同意转院（中国网，2011）。而且，随着物价的上涨，医疗费用的不断提高，公费医疗制度的保障能力和涵盖人群均十分有限。例如，一些地方性办学如职业大学的学生不能享受公费医疗，不同地区、不同高校的公费医疗发展情况也存在差异。大学生、研究生公费医疗实行属地管理，经费由当地财政部门统筹拨付。部署高校、省属高校的政府补贴并不相同，民办高校、独立学院、扩招的学生，甚至面临国家没有拨款的窘境。例如，北京在 1995 年 1 月 1 日起将大专院校的定额由原来的每人 42 元/年调为 72 元/年，目前执行 90 元/年的标准。但一般来说，部属高校每人 60 元/年，省属高校每人 40 元/年。对于民办高校、独立学院、扩招的学生，国家则没有拨款。现行的公费医疗经费拨付标准还是扩招前的 1998 年制定的，这个拨付标准至今未变，随着近年来医疗费用不断上涨，拨款数额离大学生的实际医疗需求差距越来越远（李鸿，2015）。

针对已经实行城镇居民基本医疗保险的高校，大学生按照当地规定缴纳保险费并享受相应待遇。大学生个人缴费标准和政府补助标准，按照当地中小学生参加城镇居民基本医疗保险相应标准执行。个人缴费原则上由大学生本人和家庭负担，有条件的高校可对其缴费给予补助。大学生参保所需政府补助资金，按照高校隶属关系，由同级财政负责安排。中央财政对地方所属高校学生按照城镇居民基本医疗保险补助办法给予补助。大学生日常医疗所需资金，继续按照高校隶属关系，由同级财政予以补助。但是针对这一政策，各地的推行标准并不统一。

表 4 - 2 虽然提出了城镇居民基本医疗保险可以报销门诊大病和住院费用，但并未明确是否报销由于意外伤害导致的医疗费用损失。鉴于意外伤害不同于一般疾病，对于意外伤害是否应该纳入基本医疗保险的报销范围，始终无法得到一致的解答（田艳，2013）。更有学者明确提出，基本医疗保险不应该涉足意外伤害保险的保障内容（申曙光，2011）。也有高校明确提出不报销因外伤而导致的住院治疗（山东农业大学，2015）。体育运动受伤是十分常见的高校风险，然而社会保险却保障有限。

表 4 - 2　某高校学生参保城镇居民基本医疗保险实施细则

保障项目	学生缴费金额	起付线（元）		基金支付限额/比例	年度支付限额
普通门诊统筹	15 元/年			30 元/人/年	
门诊大病*和住院统筹	10 元/年	门诊大病（人/年）	600	70%	3 万元
		高校定点医院住院	100		
		一级定点医疗机构住院	200		
		二级定点医疗机构住院	400		
		三级定点医疗机构住院	600		
		异地住院	600	65%	
大额补充医疗保险	15 元/年	本地住院		90%	7 万元
		异地住院	600	85%	

注：低保或重度残疾（残疾等级限一、二级）在校大学生的基本医疗保险缴费，由财政全部负担，大额补充医疗保险缴费由个人负担，标准为每人每年 15 元。

*五种门诊大病即：恶性肿瘤、白血病、尿毒症、器官移植（限肾移植）和再生障碍性贫血。

资料来源：东北大学秦皇岛分校管理学院. 大学生城镇居民医疗保险政策指南［EB/OL］.［2016 - 07 - 04］. http：//glxy. neuq. edu. cn/info/1132/1401. htm.

二、残疾人保障

运动致残是十分极端的运动风险，会给运动参与者个人及其家庭成员带来沉重的经济负担和精神负担。为了保障残疾人权利，我国相继出台了一系列法律法规。例如，《中共中央国务院关于打赢脱贫攻坚战的决定》《国务院关于加快推进残疾人小康进程的意见》（国发〔2015〕7号）以及中国残联、国家卫生计生委、国务院扶贫办发布的《关于印发〈残疾人精准康复服务行动实施方案〉的通知》（残联发〔2016〕27号）。该通知提出残疾人接受医疗康复服务按有关规定由城乡居民和城镇职工基本医疗保险、大病保险、医疗救助等支付。残疾人接受《残疾人基本康复服务目录》中尚未纳入基本医疗保险支付范围的服务，由残疾人康复专项经费或其他经费支付。

国务院常务会议于2015年9月研究通过的《关于全面建立困难残疾人生活补贴和重度残疾人护理补贴制度的意见》。提出于2016年1月1日起，全面实施困难残疾人生活补贴和重度残疾人护理补贴制度（后称残疾人两项补贴）。困难残疾人生活补贴的补贴对象仅针对低保家庭，主要补助残疾人因残疾产生的额外生活支出。重度残疾人护理补贴主要补助残疾人因残疾产生的额外长期照护支出，对象为残疾等级被评定为一级、二级且需要长期照护的重度残疾人。我国部分地区将其扩大到了非重度智力、精神残疾人或其他残疾人。重度残疾人护理补贴制度的最终目标是建立面向所有需要长期照护残疾人的护理补贴制度。长期照护是指因残疾产生的特殊护理消费品和照护服务支出持续6个月以上。残疾人两项补贴采取现金形式按月发放（国务院，2015）。

根据2018年我国各省市残疾人两项补贴标准可知，除了北京、天津、上海、浙江和广州等地区的补贴标准相对较高之外（500元以下），各地区的每人每月补贴约为50～100元（才子，2018）。各地区的详细补贴标准如附表A1所示。

三、职业运动员互助保险和保障

（一）伤残互助保险

我国优秀运动员伤残互助保险起源于2004年，并在2017年进行了调整。《优秀运动员伤残互助保险试行办法》（体人字〔2004〕525号）（后称2004互助办法）提出运动员可以自愿参保，参保需要个人缴费并以团体投保的形式。互助保险保障对象是全国正式在编、享受体育津贴奖金制并从事奥运会和全运会项目的运动员，在发生伤残事故时给予0.1万～30万元人民币不等的十二个等级的保险补偿。缴费标准分为三档，分别为每年40元、80元、100元，具体如表4-3所示。

表 4 - 3　2004 互助办法缴费标准

类别	运动项目	缴费（元/年）
一	拳击、摔跤、柔道、跆拳道、武术散打、体操、蹦床、跳水、马术、自行车、现代五项、铁人三项、足球、篮球、曲棍球、手球、棒球、垒球、冰球、高山滑雪、自由式滑雪、短道速滑、军事五项	100
二	田径、游泳、水球、武术、击剑、羽毛球、排球、沙滩排球、网球、速度滑冰、花样滑冰、越野滑雪、冬季两项、艺术体操、赛艇、皮划艇、帆船（板）、激流皮艇	80
三	射击、射箭、花样游泳、乒乓球	40
保额	按伤残程度分为 0.1、0.3、0.5、1、2、4、6、8、10、15、20、30 万元 12 个等级	

资料来源：中华全国体育基金会。

为进一步加大运动员保障水平，体育基金会对 2004 互助办法进行了修订，并发布了《优秀运动员伤残互助保险办法（试行）》（体人字〔2017〕597 号）（以下简称 2017 互助办法）。2017 互助办法进一步明确规定了伤残互助保险的参保范围，即全国各省、自治区、直辖市、计划单列市、解放军及前卫体协、火车头体协高水平运动队中从事奥运会和全运会项目正式在编、享受体育津贴奖金制的运动员以及集训和试训运动员，解放军军事五项队运动员；各地市级运动队中承担省级高水平运动队训练、比赛任务并从事奥运会和全运会项目正式在编、享受体育津贴奖金制的运动员；各省、自治区、直辖市、解放军体育运动学校和各地高等院校中作为国家队、省区市高水平运动队后备力量培养的并从事奥运会和全运会项目的学生。

2017 互助办法设置三类缴费标准，缴费水平与 2004 互助办法相比略微提高。分别为每年 50 元、110 元、190 元（见表 4 - 4）。

表 4 - 4　2017 互助办法缴费标准

类别	运动项目	缴费标准
一	摔跤、柔道、跆拳道、武术散打、体操、艺术体操、蹦床、自行车、铁人三项、曲棍球、手球、垒球、排球、沙滩排球、军事五项、赛艇、皮划艇、田径、高山滑雪、跳台滑雪、北欧两项、单板滑雪、雪车、钢架雪车、雪橇、攀岩、冲浪、空手道	190 元/年

类别	运动项目	缴费标准
二	拳击、跳水、马术、举重、游泳、现代五项、足球、篮球、棒球、冰球、橄榄球、滑板、短道速滑、速度滑冰、花样滑冰、自由式滑雪	110
三	射击、射箭、花样游泳、乒乓球、冰壶、高尔夫、水球、武术套路、击剑、羽毛球、网球、越野滑雪、冬季两项、帆船（板）、激流回旋	50

资料来源：中华全国体育基金会.关于印发《优秀运动员伤残互助保险办法（试行）》的通知［EB/OL］.［2018－01－13］. http：//tyjjh. sports. cn/gyxm/schzbx/zcwj/2018/0103/226587. html.

表4－5通过对比两个互助办法发现，2017互助办法比2004互助办法新增了15项体育运动项目。具体来说，一类运动新增了9个，二类和三类运动各新增了3个。此外，体育基金会也对相应的体育运动风险分类进行了调整。将2004互助办法中的10个一类风险运动降级为2017互助办法中的二类风险运动，将9类二级风险运动降级为三类风险运动。也对6项运动进行了风险升级，从原来的二类风险运动调整为一类风险运动。可见，2017互助办法改革对一类风险运动有了很大的调整。改革的主要方向为：更加重视冰雪运动，且更加重视最近几年发展起来的小众运动。

表4－5　2004互助办法与2017互助办法缴费调整

等级变化	具体变化	运动项目
等级降级	一类降为二类	拳击、跳水、马术、现代五项、足球、篮球、棒球、冰球、自由式滑雪、短道速滑
	二类降为三类	水球、武术（套路）、击剑、羽毛球、网球、越野滑雪、冬季两项、帆船（板）、激流皮艇（激流回旋）
等级升级	三类升为二类	—
	二类升为一类	艺术体操、排球、沙滩排球、赛艇、田径、皮划艇
新增运动	一类	跳台滑雪、北欧两项、单板滑雪、雪车、钢架雪车、雪橇、攀岩、冲浪、空手道
	二类	举重、橄榄球、滑板
	三类	冰壶、高尔夫、击剑

资料来源：作者根据2004互助办法与2017互助办法具体规定制作而成。

2017互助办法的补助标准主要依据《职工工伤与职业病致残程度鉴定》，并结合国家优秀运动队的实际情况和受伤程度，分为特级（50万元）至第十级

（3500 元）的十一类补助标准。十一个伤残级别的认定标准如表 4 – 6 所示，具体内容如附表 B1 所示。优秀运动员伤残互助保险致残分级判定基准如附表 B2 所示。

表 4 – 6 2017 互助办法伤残认定标准及保险金补助标准

等级	认定标准	补助标准（万元）
特级	死亡或者成为植物人	50
一级	器官缺失或功能完全丧失，其他器官不能代偿，存在特殊医疗依赖，生活完全或大部分不能自理	30
二级	器官严重缺损或畸形，有严重功能障碍或并发症，存在特殊医疗依赖，或生活大部分不能自理	25
三级	器官严重缺损或畸形，有严重功能障碍或并发症，存在特殊医疗依赖，或生活部分不能自理	15
四级	器官严重缺损或畸形，有严重功能障碍或并发症，存在特殊医疗依赖，生活可以自理者	10
五级	器官大部分缺损或明显畸形，有较重功能障碍或并发症，存在一般医疗依赖，生活能自理者	8
六级	器官大部缺损或明显畸形，有中等功能障碍或并发症，存在一般医疗依赖，生活能自理者	5
七级	器官大部分缺损或畸形，有轻度功能障碍或并发症，存在一般医疗依赖，生活能自理者	3
八级	器官部分缺损，形态异常，轻度功能障碍，有医疗依赖，生活能自理者	1.5
九级	器官部分缺失，形态异常，轻度功能障碍，无医疗依赖，生活能自理者	0.6
十级	器官部分缺损，形态异常，无功能障碍，无医疗依赖，生活能自理者	0.35

资料来源：中华全国体育基金会（http：//tyjjh. sports. cn/gyxm/schzbx/zcwj/2018/0103/226587. html）。

与伤残互助保险低缴费标准相对应的就是其相对较低的赔付金额，虽然互助保险对发生特大运动伤害的运动员给予最高 30 万元或者 50 万元的赔偿，然而，特大运动伤害在职业运动员中较为罕见。从互助保险制度成立至今仅发生了五例。因此，大部分的互助保险赔付情况都集中在十级和十一级（见图 4 – 1 (a)）。在 2017 年之前，这两个等级的赔付金额仅为 1000 元和 3000 元，直到 2017 年，才提升到 3500 元和 6000 元。据统计，大部分运动员获得的赔付金额都在 5000 元以下（见图 4 – 1 (b)）。

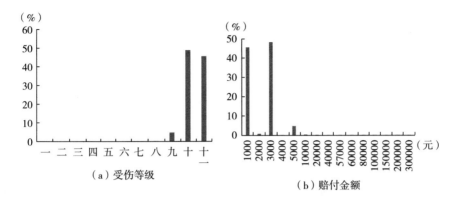

（a）受伤等级　　　　　　　　　　（b）赔付金额

图 4 - 1　优秀运动员伤残互助保险赔率频率

表 4 - 7 列出了 2007～2017 年，优秀运动员伤残互助保险针对不同体育运动项目的赔付次数。总体来说，10 年间，伤残互助保险赔付次数达 14000 余次，其中，赔付对象为女性的占比约为 42.5%。赔付的体育项目也较为集中，赔付次数最多的运动是摔跤，占所有运动赔付次数的 20.57%，其次是柔道、跆拳道和武术散打，分别占所有运动赔付次数的 11.82%、6.71% 和 5.28%。这几项运动都属于缴纳保险费最高的体育运动。保费高不仅是因为这几类体育运动肢体冲突大、体育风险高，也是因为这几类体育运动的出险率高。常见的篮球、足球项目，赔付率也较高，分别为 4.31% 和 2.64%，排名在第 6 名和第 14 名。

表 4 - 7　2007～2017 年按照运动种类划分的互助保险赔付次数

排名	运动	频数	百分比	排名	运动	频数	百分比
1	摔跤	2955	20.57%	12	曲棍球	418	2.91%
2	柔道	1698	11.82%	13	自行车	384	2.67%
3	跆拳道	964	6.71%	14	足球	379	2.64%
4	武术散打	758	5.28%	15	蹦床	258	1.80%
5	手球	704	4.90%	16	跳水	220	1.53%
6	篮球	619	4.31%	17	武术	204	1.42%
7	田径	569	3.96%	18	赛艇	183	1.27%
8	体操	537	3.74%	19	击剑	166	1.16%
9	拳击	531	3.70%	20	射击	153	1.06%
10	排球	514	3.58%	21	羽毛球	140	0.97%
11	举重	502	3.49%	22	垒球	138	0.96%

续表

排名	运动	频数	百分比	排名	运动	频数	百分比
23	棒球	119	0.83%	41	花样游泳	22	0.15%
24	皮划艇	117	0.81%	42	激流皮艇	22	0.15%
25	短道速滑	77	0.54%	43	帆板	20	0.14%
26	沙滩排球	77	0.54%	44	冰球	20	0.14%
27	现代五项	75	0.52%	45	帆船	19	0.13%
28	艺术体操	69	0.48%	46	自由式滑雪	19	0.13%
29	橄榄球	66	0.46%	47	花样滑冰	15	0.10%
30	游泳	65	0.45%	48	小轮车	14	0.10%
31	乒乓球	56	0.39%	49	自由式摔跤	12	0.08%
32	铁人三项	49	0.34%	50	冬季两项	10	0.07%
33	水球	47	0.33%	51	滑雪	8	0.06%
34	射箭	44	0.31%	52	古典式摔跤	6	0.04%
35	网球	40	0.28%	53	划艇	4	0.03%
36	速度滑冰	37	0.26%	54	冰壶	2	0.01%
37	散打	34	0.24%	55	单板滑雪	2	0.01%
38	马术	33	0.23%	56	步枪	1	0.01%
39	军事五项	31	0.22%	57	标枪	1	0.01%
40	高山滑雪	22	0.15%	58	跳高	1	0.01%
					缺失值	119	0.83%

资料来源：作者根据体育基金会官网公开的受伤数据制作而成。

　　值得注意的是，表4-7的统计结果具有一定的局限性。例如，2017互助办法新增体育运动赔付率低，这可能是由于这些运动保险推出时间晚，并不能说明其出险率低。此外，也有很多运动员发生了体育事故，但由于各种原因无法获得互助保险金赔付。具体来说，2004~2017年，在体育基金会官网公布的申请保险理赔但未获得赔付的优秀运动员人数达到1350人。未赔付的原因集中在多个不同的方面。例如，运动员在理赔时无法提供医院加盖公章的诊断证明书；互助保险不对运动员的同一受伤部位进行重复赔付；运动员不符合赔付评定标准或者在规定的申报时间内未及时提交申报材料等（关晶等，2017；中华全国体育基金会，2013）。值得关注的是，旧伤是最常见的体育运动风险因素，在所有受伤情况中，身患旧伤的运动员再次复发的概率十分高，然而互助保险对同一受伤部位并不进行重复保障。

伤残互助保险理赔数据的公开，为我们分析职业体育运动受伤特点提供了新思路。由于伤残互助保险在理赔时需要统计运动员个人信息和受伤部位、严重程度、参与体育项目等信息，而且互助保险在持续理赔的前提下就需要持续追踪该项目运动员。通过长期的数据积累，就会获得不同运动的理赔数据池，为分析该运动风险特点积累经验。

以互助保险中赔付率最高的摔跤运动为例，膝部、腰部、肘部、肩部和颈部的受伤理赔次数最多，分别为 592 例、425 例、171 例、142 例和 138 例。其他可能发生受伤的部位还包括足、眼、手、眉、面部、鼻、背、腕、睾丸、头皮和脊柱等①。类似地，我们可以总结出职业足球、篮球、排球和乒乓球等运动的常见风险特点，在一定程度上发现各类运动的受伤规律。因此，互助保险的推出不仅可以为运动员提供一定程度的基础保障，也有助于积累体育受伤数据，发现运动受伤规律，为科学推进职业运动受伤防范奠定基础。

（二）运动员保障专项资金

为了帮助运动员解决因重大伤残和特殊生活困难所面临的工作和生活问题，国家财政设立的运动员保障专项资金（专项资金），主要用于发放运动员重大伤残医疗补助金、运动员特殊困难生活补助金、运动员教育资助金以及组织开展运动员职业辅导、就业服务等职业发展项目。

《运动员保障专项资金实施细则》（体人字〔2011〕412 号）规定，经国家体育总局认定的各级优秀运动队中符合申请规定的运动员可以获得重大伤残医疗补助金和特殊困难生活补助金。重大伤残医疗补助金包括：保障运动员住院治疗和康复期间的自付费用部分的 50%。每人每年不超过 5 万元（接受国内治疗）或 50 万元（接受为期一年以内的国外治疗）的医疗补助。特殊困难生活补助金为年平均工资低于当地城镇职工年平均工资的优秀运动员，一次性提供 4000 元～5 万元不等的生活补助。

（三）关爱基金

2003 年，国家体育总局印发了《国家队老运动员、老教练员关怀基金实施暂行办法》（体人字〔2003〕425 号）（以下简称《办法》），对中华人民共和国成立以来为我国体育事业做出突出贡献，并在重大赛事中取得优异成绩，目前生活困难的老运动员、老教练员给予资助。

《办法》对符合资助条件的老运动员和老教练员制定了严格的规定。首先，老运动员和老教练员必须是我国体坛的佼佼者。例如，老运动员是指已办理退役

---

① 伤残互助保险赔付的最严重的摔跤事故发生在 2007 年。来自重庆市运动技术学院的一名摔跤运动员在运动过程中受伤导致截瘫，肩峰以下无感觉，运动反射消失。伤残互助保险基金赔付了 20 万元。

手续、曾代表国家队参加比赛取得过以下成绩之一的运动员；老教练员是指已办理离退休手续、在执教国家队期间连续培养两年以上的运动员取得过以下成绩之一的教练员：①1978 年 12 月以前，取得过世界冠军、打破（超过）世界纪录（非奥运项目首次打破世界纪录）或首次珠峰登顶；②1979 年 1 月以后，取得过奥运会、奥运项目世界锦标赛（世界杯）亚运会前三名，非奥运会项目的世界锦标赛（世界杯）冠军；③为中国体育事业做出突出贡献且在国内外有较大影响（中华全国体育基金会，2003）。

其次，要求老运动员和老教练员只有患有严重的身体残疾时，才可能获得关爱基金补助。例如，《办法》规定，因长期训练比赛对老运动员、老教练员造成身体伤害，并导致下列情况之一发生的，才可以申请关怀基金：①英年早逝，给家庭生活带来较大困难者；②被评定为二等乙级以上伤残且生活有较大困难者；③退役后影响就业和生活，医疗负担较重，有较大困难者。针对上述三种情况，运动员可以获得 2 万元、3 万元、5 万元三个等级的资助。一般情况下，已获得过关怀基金资助的运动员不会获得第二次资助。

2003~2015 年，关爱基金累计为我国 618 名老运动员、老教练员发放 1646 万元关怀基金（中华全国体育基金会，2003），在一定程度上保障了我国老运动员和老教练员的老年生活。但是，关爱基金仍然面临要求严苛和补助水平低等问题。随着我国人民收入水平、医疗服务费用和生活费用的不断增长，5 万元以下的关爱补助可能无法显著提高老运动员、老教练员的生活水平，更何况这些老运动员、老教练员在很大程度上存在健康问题和较大的经济负担。

（四）医疗照护

2004 年，财政部等部门与国家体育总局联合下发了《关于对部分老运动员、老教练员给予医疗照顾的通知》，对十一届三中全会以前获得世界冠军的运动员以及教练员、打破（超过）世界纪录和珠峰登顶成功的运动员给予医疗补助。截至 2009 年初，享受医疗照顾政策的老运动员、老教练员共有 196 人。2007 年享受医疗保健政策的有 152 人，支付金额 43.80 万元，其中医疗保健补贴 41.28 万元，住院医疗补助 2.5 万元（中华全国体育基金会，2009）。

四、商业体育保险

（一）职业体育保险

中体为职业运动员、教练员、职业体育俱乐部提供多项体育保险服务。具体包括：为职业运动员提供保险咨询服务、保险方案设计、保险单审核与调整建议、保险安排等综合保险服务。旨在为部分高风险体育运动项目执教人员提供职业责任保险保障计划。该计划能转移体育运动执教人员在工作时间因过失或失误造成培训班学员、队员等人员的人身意外伤害风险，为受伤人员提供一定的经济补偿。此外，中体为职业体育俱乐部提供专业体育风险管理咨询、保险方案设计及保险安排服务（中体保险经济有限公司，2019）。

（二）学校体育保险

中体为我国部分学校提供体育风险管理和咨询服务，遗憾的是，这些服务目前只针对体育类院校（中体保险经济有限公司，2019）。

1. 学生平安保险

2002 年 3 月，教育部发布了《学生伤害事故处理办法》，提倡学生自愿参加意外伤害保险（常被称为学生平安保险，即学平险）。学平险保障学生发生的意外伤害事故，是我国商业保险市场上最为常见的针对学生群体的保险，其起源于20 世纪 80 年代，涵盖学生死亡、伤残、意外医疗费用赔偿和疾病医疗费用赔偿，价格较低，每年 100 元左右（熊鹰，2005）。市场上的学平险主要面向中小学生，针对大学生群体设计的保险产品较少，大学生可以从成人的商业保险产品中选择。

学平险有三个发展阶段。2003 年以前，学生在上学时获得学平险，保费与学费一起收取。商业保险公司通过与学校领导签订协议，通过团体保险向学生销售保险。通常，提供学平险的同一所学校的所有学生都必须购买相同的保险产品，因此保险单并不是针对学生的具体需求进行个性化的设计。此外，为了扩大业务规模，有报道称保险公司承诺向学校领导提供保费回扣或其他贿赂（罗忠敏等，2003）。

由表 4 - 8 可知，学平险价格低廉，保障能力较强。2015 年之前，学生可以获得由校园"包办"的学平险提供的学生身故、伤残、意外医疗费用补偿及疾病类医疗费用补偿等商业保险保障。中国有关部门认为学平险的销售模式是一种不成功的做法（关晶等，2017）。2015 年 6 月 3 日，教育部等五部门《关于 2015年规范教育收费治理教育乱收费工作的实施意见》（以下简称《意见》）第六条明确规定："严禁各级各类学校代收商业保险费，不得允许保险公司进校设点推销、销售商业保险。"校园"包办"学平险的现象告一段落（关晶等，2017）。图 4 - 2 显示了中国最大的保险公司之一学平险的年度保费，其表明 2015 年《意见》发布后，总保费大幅下降。学生只能进入商业保险市场自行投保。需要说明的是，2015 年的《意见》并非针对商业保险产品，而是针对其在学生中的销售模式。学生家长也开始认为这种销售模式是学校和保险公司腐败的根源。2015年《意见》在一定程度上规范了保险公司行为，但可能与促进商业保险发展的思路相抵触。

表4-8　某少儿/成年人综合意外保险保费保额一览

保障内容	少儿款	成人基本款	成人白银款	成人黄金款
年龄（岁）	3~18	10~60	10~60	10~60
意外身故/残疾（万元）	5	10	20	30
门急诊、住院费用（万元）	5	1	2	3
意外住院补贴（元/日）	—	50	100	100
重大疾病保险金（万元）	1	—	—	—
保费（元/年）	100	58	120	170

资料来源：由新一站报价系统制作而成（http：//www.xyz.cn/mall/detail-pp4whqmx.html；http：//www.xyz.cn/mall/detail-j7uwt2mu.html?timeRange=1｜6｜1｜6）。

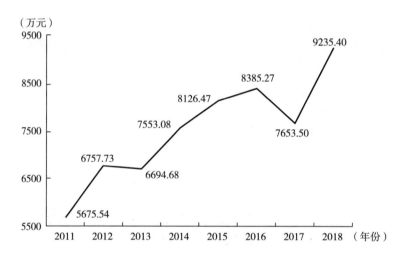

图4-2　某保险公司学平险保费趋势

学平险校园"包办"的现象受到不少社会诟病，在我国公民保险意识较为薄弱、保险市场声誉有待加强的今天，家长或者学生是否会主动购买学平险仍然是一个大大的问号。因此，终止高校包办"学平险"，可能会为校园体育安全保障留下更大的空白。此外，虽然学平险是我国学生最主要的保险产品，但是与美国学生健康保险计划相比仍有较大差距。例如，美国高校的学生健康保险计划对大学生疾病预防与治疗、身体与心理治疗、女学生生产和分娩等方面都提供了全面的保障（关晶等，2017），而学平险仅提供学生意外伤害等方面的保障。

2. 校方责任险

学平险是人身意外伤害保险的一种，其保险标的是学生，而校方责任险的保险标的则是学校对学生依法应承担的侵权损害赔偿责任。《学生伤害事故处理办法》提出有条件的学校应该参加学校责任保险。2008 年发布的《关于推行校方责任保险完善校园伤害事故风险管理机制的通知》和《学校体育运动风险防控暂行办法》，进一步指出应在全国各中小学校中推行由政府购买意外伤害校方责任保险的制度。

校方责任险保障在保险期间内，被保险人在校园活动中由于疏忽或者过失而造成的应由被保险人承担的经济赔偿责任。自 2008 年起，全国各中小学校、幼儿园依照有关规定普遍投保了校方责任险（张骥等，2011）。2015 年，我国校方责任险签单保费近 15 亿元，签单数量约 24 万个，为学校提供风险保障约 20 万亿元，基本实现了义务教育阶段全覆盖。然而，在很长时间内，校方责任险的保障对象仅限于中小学校（方志平，2010），只在近几年才有个别省市尝试将大学生纳入校方责任险承保范围。例如，青海省在 2013 年实现了校方责任保险从幼儿园到大学的全覆盖。2014 年，海南省、陕西省、上海市也进行了相同的尝试。

我国商业保险市场上的校方责任保险产品一般保障学生的伤亡和法律诉讼费用。例如，中国平安财产保险股份有限公司提供的校方责任险（中国保险行业协会，2019）；中国人寿财产保险股份有限公司的一款相似产品保障学生人身伤亡、财产损失、仲裁诉讼费用和被保险人为缩小损失的必要支出（中国人寿，2018）。虽然两款产品在保障内容上略有不同，但是免赔责任几乎相同，除了不保障自然灾害、战争、行政行为等，除外责任主要包括四个方面：第一，被保险人故意/过失行为。例如，被保险人明知校园设施不安全，仍继续使用；默许或放任其教职员工殴打、体罚学生。第二，被保险人无过错。例如，学生过失行为（自伤、自杀、打架、斗殴、吸毒）；学生体质特异，被保险人事先不知情；学生突发疾病，被保险人采取的救护措施并无不当的。第三，脱离被保险人管理。例如，被保险人统一组织或安排的活动宣布结束；学生实习期间风险。第四，其他除外责任。包括学生精神损害和间接损失赔偿；被保险人或其雇员的人身伤亡及其所有或管理的财产的损失。

3. 学校体育运动伤害专项保障基金

校方责任保险仅保障由于校方责任所造成的损失，这就涉及学校和学生的责任认定问题。责任认定过程十分复杂，也很可能产生纠纷而影响理赔进度，进而损害被保险人或者保险人的利益。2016 年 1 月，上海市教委与中国人寿共同设立了"学校体育运动专项保障基金"（董少校，2016）。这也是我国首个针对学校体育的运动保障基金（李娜，2016）。与校方责任险不同的是，专项保障基金理赔时不需要进行校方和学生之间的责任认定，保障学校组织的各种形式的体育运动。

专项保障基金属于公益性基金，筹集资金的标准为学校每生每年 2 元，由学校自愿选择参加①。专项基金保障范围包括意外身故、猝死、伤残、医疗费用等各项内容，对于学生在参加学校组织的体育运动（体育课、体育比赛、体育活动、体育训练）期间发生的身故、伤残和医疗费用分别赔偿 20 万、50 万和 10 万元，并含医保外 5 万元（李娜，2016）。

由表 4 - 9 可知，我国学校体育保险体系的优势为保费低廉，劣势为保障范围有限，商业体育保险产品形式单一，且无政府强制性体育保险安排。公益性体育保险基金在全国范围内尚未普及，且起步较晚，尚不能完全满足学校体育风险保障的需求。

表 4 - 9　我国学校体育保险保障对比一览

	公费医疗	城镇居民基本医疗保险	学平险	校方责任险	伤害保障专项基金
保险性质	社会保险	社会保险	商业保险	商业保险	公益性基金
保障体育意外伤害	非第三者责任意外伤害	大部分地区不保	保障	校方责任导致意外伤害	保障
学生缴纳保费*	无	100 元/年	50 元/年	无	无
高校缴纳保费*	无	无	无	5 元/人	2 元/人
校园覆盖程度	中	高	中	中	低

注：* 表示保费金额有所浮动。

（三）业余体育保险

我国商业保险市场上出现了承保大型赛事、业余比赛、大众体育、潮流运动以及日常训练的商业体育保险产品。例如，中国人民保险公司为 100 余项体育运动提供涵盖专业及业余比赛赛事的保险产品。保险期限和承保人数都具有较大的灵活性。例如，可供选择的保险期限为 1 天、2 ~ 3 天、4 ~ 7 天、8 ~ 10 天、11 ~ 15 天、1 个月、3 个月、6 个月和 1 年。单次投保人数为 3 ~ 500 人。保险责任包括意外身故伤残、意外医疗、住院津贴、运动意外猝死、紧急救援和附加救护车费用。被保险人的年龄区间为 10 ~ 65 周岁。表 4 - 10 列出了中国人民保险公司提供的部分体育保险产品的保费。与我国职业运动员伤残互助保险和英美商业体育保险保障的体育项目相比，该保险产品具有以下几个方面的特点：第一，承保的体育项目极具中国特色，如承保健身秧歌、毽球、龙舟等中国特色体育运动，这为推动我国传统体育运动发展起到了一定的促进作用。第二，细化承保体育项

---

① 已经参加中国人寿校园意外险的学校不需要缴纳该费用。

目，承保内容更加合理，如承保的体育项目中，将骑马细分为景区内骑马和马场内骑马；将游泳分为室内游泳以及公开水域游泳，并规定了不同的保费，体现出我国体育保险正向差异化、专业化方向发展。但是，该产品的细化程度与英国、美国相比仍有一定差距。例如，英美的体育保险公司可能进一步按照骑马的距离不同或者骑马者专业程度不同，收取不同的保费。第三，该体育保险产品承保项目趋向趣味性和群众性，如无线电测向运动是群众体育项目之一，它类似于众所周知的捉迷藏游戏。第四，价格低廉，灵活性较强。

表4-10　中国人民保险公司保额10万元意外身故伤残体育保险产品保费一览

单位：元/3 人/天

等级	运动项目	保费
1级	冰壶、拔河、保龄球、壁球、大力士、电子竞技、钓鱼、定向越野、帆板、帆船、飞镖、风筝、高尔夫球、国际象棋、花样游泳、击剑（花剑、重剑、佩剑）、技巧、健美、健美操、健身秧歌、毽球、街舞、景区内骑马、卡丁车、龙舟、轮滑项目、马术（盛装舞步）、门球、模型（航空模型、航天模型、车辆模型、航海模型、建筑模型）、排球、皮划艇（静水、激流回旋）、乒乓球、平衡车、蹼泳、桥牌、赛艇、沙滩排球、射击（步枪、手枪、飞碟）、射箭、水球、台球、体育舞蹈、网球、围棋、无线电测向、象棋、信鸽、艺术体操、游泳、羽毛球、足球高尔夫	1.92
2级	板球、棒球、蹦床、场地自行车、公路自行车、举重、垒球、马场内骑马、潜水（18米以下）、曲棍球、柔道、手球、摔跤、跳水、武术套路、休闲登山（海拔3500米以下）、越野跑	2.4
3级	冰球、搏击、冬季两项滑雪、橄榄球、公开水域游泳、空手道、滑水、马术（三日赛、障碍赛、绕桶赛）、攀冰、潜水（18米以上）、柔术、山地自行车、速度赛马、跆拳道、铁人三项（跑步、公路骑行、游泳）、武术散打、小轮车竞速、越野滑雪	4.8
4级	BMX 小轮车、北欧两项滑雪、飞艇、热气球、跳台滑雪、直升机、自由式滑雪	14.4
5级	动力伞、动力悬挂滑翔机、滑翔机、滑翔伞、牵引伞、轻型和超轻型飞机、跳伞、悬挂滑翔	28.8

注：产品承保人数为3人，保险期限为1天，保额为10万元。

资料来源：作者由官网报价制作而成（http://rc.sports.baozhunniu.com/sports/calculation/customade/index？channelCode=010300002168&pk_campaign=SEM&pk_kwd=tiyupc）。

　　然而，上述保险产品也具有一定的不足，以篮球体育保险为例，表4-11列出了该保险产品的承保内容和保费。可见，该保险产品并未涵盖第三者责任险。第三者责任险是体育运动中的常见伤害，应该给予一定的关注。此外，该产品设计仍趋向于业余化，缺乏保障大型体育赛事的保险计划。此外，体育保险产品定价的科学性仍需要进一步提高。经官网报价显示，该产品的保费并不随季节变化，也不随个人职业变化。显而易见，个别体育运动受季节影响很大，如冰雪运动，在不同季节，这类运动所面临的体育风险不尽相同。工作性质为久坐的个人与经常活动的个人相比，可能面临更高的运动风险。因此，设计保费更加灵活科学的体育保险产品仍然是我国体育保险发展的重点。

表 4 - 11　中国人民保险公司篮球体育保险产品保费一览

单位：元/3 人/天

承保内容	保费
意外身故伤残（10 万 ~ 50 万）	2. 4 ~ 12
意外医疗（1 万 ~ 2 万）	10. 8 ~ 50. 40
住院津贴（50 元/100 元）	13. 44 ~ 57. 12
运动意外猝死（10 万 ~ 30 万）	15. 84 ~ 64. 32
紧急救援（10 万 ~ 30 万）	23. 52 ~ 87. 36
附加救护车费用（400 元）	24. 48 ~ 88. 32

资料来源：作者由中国人民保险公司官网报价制作而成（http：//rc. sports. baozhunniu. com/sports/cal-culation/customade/index？channelCode = 010300002168&pk_ campaign = SEM&pk_ kwd = tiyupc）。

第三节　我国体育保险发展的瓶颈

上述核心问题的存在表明我国体育保险仍处于发展的初级阶段，其进一步的发展受到顶层设计、法律制度、组织结构、市场环境、技术支持和社会发展等几个方面的制约。

一、法律制度瓶颈

我国体育保险的发展基本上处于无法可依的状态，目前仅有少数关于职业运动员意外伤害保障的文件。1995 年颁布的《中华人民共和国体育法》（以下简称《体育法》），几乎未涉及体育保险的内容。《体育法》只在总则第五条中提出：国家对青年、少年、儿童的体育活动给予特别保障，增进青年、少年、儿童的身心健康。但后来一直没有具体的实施政策出台，目前体育保险发展缺乏法律依据。《优秀运动员伤残互助保险试行办法》只针对全国正式在编、享受体育津贴奖金制并从事奥运会和全运会项目的运动员；《运动员保障专项资金实施细则》则仅提供经国家体育总局认定的各级优秀运动队的重大伤残医疗补助金和特殊困难生活补助金。而且，无论是互助保险还是运动员保障专项资金，保障金额都普遍偏低而且审核严格。

《体育法》和《学校体育工作条例》规定学校必须开设体育课，并将体育课列为考核学生学业成绩的科目，对学生在校期间每天用于体育活动的时间给予保证，提高学生的运动竞技水平。但现实的情况是，体育活动时间甚至是法律规定的体育课程被文化课程占用的现象在全国范围内十分普遍。不仅如此，由于社会对体育活动的偏见，也导致学校体育设施年久失修，体育风险难以防控，缺乏处理体育事故的机制，这进一步降低了学校开展体育活动的热情。体育产业后备军——学生体育，发展较慢，力量薄弱。

虽然国家已经认识到校园体育的重要性，并开始通过提高校园体育安全性来提高学校开展体育活动、学生参与体育活动的热情。2002 年 3 月，教育部发布了《学生伤害事故处理办法》（以下简称《办法》），成为了保险业与教育业携手的开端。《办法》中提出，学校有条件的，应该参加意外伤害保险。2008 年，教育部、财政局、保监会联合下发了《关于推进校方责任保险完善校方伤害事故风险管理机制的通知》，指出在全国各中小学中由政府购买意外伤害校方责任保险的制度。2016 年《国务院办公厅关于强化学校体育促进学生身心健康全面发展的意见》也明确指出，"完善校方责任险，探索建立涵盖体育意外伤害的学生综合保险机制"。可见，相关部门越来越重视保险在校园体育中的重要意义。

然而遗憾的是，对于校方责任险是强制推行还是引导推行，国家并没有给出明确的实施方案，而政府如何补贴校方责任险的政策也未明确（关晶等，2017）。

二、组织制度瓶颈

我国体育保险的发展遇到了组织制度两级化的挑战。首先是管理组织集中化。我国运动员、裁判、体育场馆多属于国家统一管理，民营企业与政府、国有企业之间的合作始终处于劣势地位。在国有体育场馆投资主体中，国有经济成分的场馆占总数的 30.6%，集体经济成分占总数的 25.5%，企业（私营）占 23%，私人占 12.8%，另外有 8.1% 为外商独资、中外合资和港澳台投资，其中国有体育场馆的比例最大。截至目前，所有的赛事主办仍然是处于政府主导、事业管理、国有企业操盘、民营企业化缘的状况（阮伟等，2014）。我国体育产业行政管制介入严重，致使体育风险管理模式也难逃管制框架，不善于利用市场分散体育风险，容易形成如互助保险这种计划经济特征的保险形式。

可供对照的是美国，美国在 1997 年制定的《业余体育法》，以法律的形式阐明了政府不介入竞技体育的管理，联邦政府的体育与健身总统委员会只是一个咨询机构。美国的各家俱乐部都可以自行选择合作的保险公司，这更好的促进了保险公司之间的竞争，提高产品设计能力和服务水平。

其次是基层组织统筹低。我国社会体育运动开展不足，联赛根基不厚，缺少稳定的长期战略规划，不利于体育风险基础数据的收集和整理。对比来看，英国的俱乐部体育管理模式为体育保险的发展创造基础。早在 1750 年，纽马克特（英格兰东南部城市）贵族成立了赛马俱乐部（Jockey Club），标准的比赛规则和常规的季度竞赛成为世界体育管理实务的模板。标准化体育活动的开展为统计体育数据创造了便利，也为体育保险行业健康发展提供了技术支持（关晶等，2017）。

三、保险市场瓶颈

2015 年，我国保费收入 2.4 万亿元，占世界 6.87%，居世界第三位，保险业总资产 12.4 万亿元，保险业净资产 1.6 万亿元，但保险业总体指标靠前并不能掩盖我国保险业仍处于初级发展阶段的事实。截至 2014 年底，全国保险密度为 1479 元/人，保险深度为 3.18%，都远低于发达国家的水平（Hartwig，2016）。

体育保险市场作为保险市场的组成部分，服从于保险市场的整体发展水平，目前保险市场上的 200 多家保险公司没有一家是以体育保险为主，虽然有保险公司开发了体育赛事和体育活动的保险产品，但大多以人身意外伤害和财产损失为主，产品雷同，保障体育数量有限，且对不同体育项目或者同一体育项目在不同情况下的体育风险特征掌握不足。目前，中体是我国保险市场上唯一的一家专业的体育保险中介公司，为消费者提供专业的体育风险咨询服务，并与保险公司合作开发了一些适合市场需要的体育保险产品（关晶等，2017）。但是中体缺乏长期合作的体育协会和高校协会，其体育保险经纪人职能的落实仍有待提高。此外，大型保险公司开始尝试为大型体育赛事提供综合保险服务。但是其保障还是主要停留在公众责任险和意外伤害险领域，少有公司涉足董责险等高端体育保险产品。

我国商业体育保险市场主要存在以下问题：第一，我国体育保险制度碎片化，缺乏完善的体育保险体系及其发展思路；第二，体育保险市场化不足，缺乏竞争机制，缺乏创造性；第三，体育保险宣传有限，人民普遍缺乏保险意识；第四，营销理念重销售，忽视风险管理服务，营销模式不完善，保险产品单一，市场竞争机制不足；第五，我国目前保险行业人才现状堪忧（许飞琼，2010）。虽然保险行业队伍壮大[①]，但是工作人员普遍存在素质低、增速快、产能低、离职率低、收入低等方面的问题（马向东，2016）[②]。

四、技术支持瓶颈

在保障体育活动种类方面，我国伤残互助保险只保障 60 项体育运动，商业保险公司也只承保 100 多项体育运动，而英国、美国体育保险公司承保的体育项目达到 500 多项；保障风险范围方面，我国体育保险主要保障意外伤害风险，而英、美保险产品包括责任保险、意外伤害保险、收入中断保险、设备保险等；保费保额弹性方面，虽然我国互助保险和商业体育保险承保的体育项目不断增多，也开始关注了保费细节的设计，但是与发达国家相比仍有差距。体育运动规则复杂，因此体育保险产品应该进一步关注保险产品细节的设计。

英美之所以可以提供更加科学、性价比更高、市场化更强的体育保险产品，风险数据统计与公开起到了重要的作用。我国体育保险业缺乏统计数据作为支撑，相关数据缺乏公开性，精算基础薄弱（关晶等，2017）。

不同保险种类的定价略有不同，如体育保险中常见的健康保险或者意外伤害保险，其保费厘定受到多种因素的影响。例如，受伤率（发病率）、利率、费用率、保单失效率、职业、性别、工作环境、试保期间、免责期、自付额、保险公司营销方法、核保理念、理赔方针、整体理念和目标、国家的社会保险制度、医院的管理和义务水平、医疗费用、法律和经济状况等。在健康保险的保费确定中，关键是确定受伤率（发病率）（修波，2014）。

2016 年 12 月 28 日，保监会发布了第三套生命表《中国人身保险业经验生命表（2010—2013）》，并于 2017 年 1 月 1 日正式投入使用（苍鹭，2017；中国保险会计研究中心，2017）[③]。虽然生命表在保险定价和责任准备金评估方面起到了重要的作用，然而对于体育健康保险或者体育意外伤害保险来说，生命表的内容是不够的。因为死亡即使在职业运动员中都属于极端事件，鲜有发生。因此，

---

① 2017 年，我国保险系统职工人数为 118.18 万人。加上约 800 万的保险营销人员，我国保险行业队伍人数已经超过 900 万。

② 截至 2018 年 4 月底，中国仅有 978 名精算师、1123 名准精算师，精算从业人员共 3843 人（赵宇龙，2018）。约 80% 的从业人员具备大专及以下学历（相修勤，2018）。整体保险行业人才现状问题也决定了体育保险人才问题。

③ 该生命表分为三个部分：养老金业务表＋非养老金业务一表（保障型）＋非养老金业务二表（储蓄型）。养老金业务表包括保险期间内（不含满期）生存责任较高的两全保险和长寿风险较高的年金保险；非养老金业务一表包括定期寿险、终身寿险、健康保险；非养老金业务二表包括保险期间内（不含满期）没有生存金给付责任的两全保险或含有生存金给付责任但生存责任较低的两全保险、长寿风险较低的年金保险。

在体育人身保险定价中，亟须建立的是残疾表或者是受伤表，而非是死亡表。

我国有机构发布报告研究，统计了各年龄段参加体育运动的人数百分比，如表4-12显示，我国参与运动最多的年龄群体集中在20~29岁，70岁以上的群体参与体育活动的人群较小。该统计数据为我们了解运动人群分布提供了有意义的参考，然而统计的数据也存在一定局限性。例如，起始年龄为20岁，这导致我们无法得知20岁以下群体运动参与情况，这无疑是我们十分感兴趣的内容。另外，这类数据并不能成为保险公司定价的有力支撑，因为其并未包含保险公司所关注的大部分风险因素指标。例如，性别、从事体育运动的类别等。

表4-12　年龄组人群参加体育锻炼的人数百分比

年龄段（岁）	参与体育运动人数百分比（%）
20~29	48.2
30~39	41.7
40~49	41.1
50~59	40.0
60~69	36.2
70及以上	26.0

资料来源：2017~2022年中国体育市场深度评估及未来发展趋势报告［M］. 北京：智研咨询集团，2016.

五、社会发展瓶颈

我国人口众多，不同地区经济发展水平、社会发展水平、体育运动普及程度、基础设施和公共设施发展水平差异巨大。2017年我国人均GDP为0.88万美元，相比于美国（5.9万美元）和英国（4万美元）差异悬殊。经济发展水平直接影响了国家基础设施投入、医疗保障投入以及体育产业投入。这都在很大程度上影响了体育运动的普及程度、运动风险防范能力和运动伤害处置能力。整体社会发展水平也影响了社会福利水平，如社会保险是一个国家最基本的保障，我国社会保险经过近些年的发展，基本实现了全民覆盖，然而在保障能力上仍有待提升。具体体现在：我国社会保险的整体保障水平偏低，养老保险虽然可以保障职业运动员或体育爱好者一定的退休金，但是并不提供伤残费用和遗孀福利；医疗保险保障职业运动员或体育爱好者基础的医疗费用，但并不提供专业机构护理费用和私人健康保险计划费用；失业保险制度没有给予特殊情况失业者额外补助。总体而言，我国的社会保险制度在为运动员或体育爱好者提供诸如遗孀补助、机构护理等中长期的保障上能力不足（王国军等，2017）。此外，在残疾人福利补助上，我国在近年来不断提高残疾人补助水平，但由于起步较晚，仍处于初级发展阶段。目前仅倾向于重度残疾人且补贴金额偏低，地区发展不平衡，缺乏对社会整体残疾人福利的保障。一旦体育事故发生，受伤个人一般需要较长的治疗时间才会康复。但是目前我国长期护理保险制度欠缺，人们的长期伤残护理需求无法被满足。我国在进行基本医疗保障以及残疾人补助上面临了经济发展上的掣肘。国家虽然不断加大投入提高人民福利水平，可是大规模的低收入人口数和残疾人口数限制了个人补助水平。社会经济发展水平也影响了体育文化教育的开展以及体育风险预防知识和保险知识的普及。非系统、不连贯、不科学的体育运动开展现状进一步导致了体育事故高发。

本章小结

1994 年，中华全国体育基金会建立，标志着我国体育保险的开始。2004 年，优秀运动员伤残互助保险开始实施，同年，中体保险经纪有限公司成立。我国体育保险在职业运动员保障和商业体育保险发展上均取得了飞跃性发展。目前，我国职业运动员和普通运动参与者可以获得社会体育保险的保障。此外，国家对于家庭困难的残疾人和重度残疾人给予一定的经济补贴。商业体育保险市场也越来越活跃，保险公司从开发承保个别运动到承保 100 多项体育运动，在推动校园体育风险防范上起到了重要的作用。然而，我国社会体育保险保障水平仍然有限，具体体现在补助水平偏低、缺乏长期护理保障。互助保险作为职业运动员的主要体育保险产品，其保障能力有限，且大量的非编制内运动员被排除在外。他们可能缺乏科学的体育训练环境和必要的保险保障，其所处的协会或团体或者缺乏承保意识，或者缺乏承保能力，这导致他们可能暴露在较高的体育风险之下。学校在体育保险发展上也面临了类似的窘境，学平险和校方责任险主要保障学生的伤残和死亡风险，但在推广实施过程中缺乏强制执行力。我国商业保险市场上提供的体育保险产品的保障内容仍较为单一，可供学生、学校、家长、运动员和公众选择的体育保险产品有限。这些现象产生的主要原因是由于我国在体育保险法律制度落实、组织制度发展、保险市场发展、技术支持水平和社会发展水平等方面存在发展瓶颈。

第五章　社会体育保险社会
经济价值的实证分析

——以健康保险为例

社会医疗保险是我国体育保险体系的重要组成部分。目前，我国商业体育保险和残疾人福利尚处于初级发展阶段，覆盖面和保障程度偏低，因此社会医疗保险能够在一定程度上反映我国体育保险，尤其是体育健康保险的发展现状。因此，利用社会医疗保险衡量体育健康保险具有一定的代表性。未成年人的健康水平关系到国家的希望和未来，以未成年人为研究对象具有较大的现实意义。然而，研究社会医疗保险对未成年人群体医疗使用情况和健康状况影响的文献较少。由于我国尚无系统的体育健康保险微观数据，现以体育健康保险的分支：社会医疗保险为例，说明社会体育健康保险对未成年人群体医疗资源利用情况和健康水平的影响。

第一节　数据的选取和说明

本章采用的数据为中国家庭追踪调查数据（China Family Panel Studies，CF-PS）。CFPS 由北京大学中国社会科学调查中心（ISSS）开展实施，样本覆盖 25 个省/市/自治区，并于 2010 年正式开展访问，后续每隔两年追访一次。CFPS 包含个体、家庭、社区三个层次的数据，包含衡量社会、经济、人口、教育和健康方面的指标。本章研究社会医疗保险对未成年人群体的医疗资源利用情况以及健康状况的影响，采用的样本是 16 岁以下未成年人群体。更详细的关于 CFPS 数据库的介绍可以参考 Xie 等（2014）的研究。

本章使用的四个被解释变量分别是：个人去年去医院的次数、上个月去医院次数、去年生病次数和自评健康水平。去年和上个月去医院的次数是指因病导致的去医院就医次数，排除由于注射疫苗和常规体检导致的就医，可以用来描述未成年人群体的医疗资源使用情况。每个月的生病次数和自评健康水平是衡量个人健康水平的指标。个人自评健康是衡量个人主观健康水平，取值从 1 到 5，表示个人认为自己非常健康、一般健康、健康、一般、不健康。值得注意的是，当我们的被解释变量为自评健康水平时，我们并未考虑 2010 年的数据，即仅利用了 2012 年、2014 年和 2016 年的数据。这是由于 2010 年的自评健康衡量标准与后续三期数据不一致。本章的四个变量都不服从正态分布。就医次数和生病次数取非零的整数，自评健康水平取值从 1 至 5。因此，传统线性回归得到的分析结果可能存在偏误。

　　本章的关键解释变量是个人是否参保社会医疗保险，取值 0 和 1。针对未成年人群体的社会医疗保险一共有两种：一是针对城镇地区未成年人群体的城镇居民基本医疗保险；二是针对农村地区的新农合。2010～2016 年，我国未成年人群体社会医疗保险覆盖率呈现上升趋势。根据 CFPS 数据统计，2012 年，50.9% 的未成年人参保社会医疗保险；2016 年，参保率上涨到 85.3%。6 年来的平均参保率为 65.7%。

　　控制变量主要分为两类：第一类控制变量是体现个体偏好的控制变量。例如，有些人比其他人更倾向于使用医疗设施。该组变量包括年龄、年龄的平方、性别、民族、学历、身高和体重。引入年龄是因为不同年龄的未成年人群体身体免疫力可能不同，一般情况下，年龄越小免疫力越差。因此，这可能导致医疗使用情况的差异。此外，在不同的年龄阶段，家长可能会为其孩子购买不同的保险产品。我们控制了年龄的平方，来捕捉年龄与被解释变量之间可能存在的非线性影响关系。控制性别变量是因为男性一般情况下喜欢从事更危险的体育运动，女性也可能由于生活环境相对较差且生活偏远而面临更高的死亡率（Waldron，1983）。因此，性别对健康状况的影响具有不确定性。少数民族人民多生活在经济欠发达地区，相对来说医疗设备使用程度有限，因此我们引入民族虚拟变量，此变量取值为 1 时，代表个人为汉族，取值为 0 代表个人为少数民族。学历是分类变量，取值从 1 到 5 分别代表个人教育水平为幼儿园、小学、初中、高中和大学。一般来说，上学的学生比辍学的学生享受更多的保险待遇。例如，学校会鼓励学生参保学生平安保险等商业性保险产品。身高和体重是常见的衡量健康的指标，与个人身体发育程度息息相关，因此也被引入到控制变量之中。

　　第二类控制变量包括衡量医疗服务可获得性的相关变量，包括收入、教育费用支出、户口类型、是否属于城镇地区居民。其中，收入是指家庭全年总收入，一般来说，家庭收入越高，家长越有能力为其子女购买保险以及医疗服务，这代表其子女也可能具有较高的健康水平。教育费用支出是指孩子去年所有教育费用。一般来说，学费越高的学校越有可能为其学生投保健康保险。此外，教育费用支出与家庭的收入密切相关，必须与家庭收入相结合分析。教育费用支出可能对参保情况产生两方面影响：一方面是教育费用越高，家庭经济负担越大，从而降低未成年人群体参保水平；另一方面，教育费用高代表家庭收入高，因此家庭更有能力为其子女投保。户口是指未成年人目前的户籍类型，包括农业户口和非农业户口。如果个人是农业户口，该变量取值 1，非农业户口则取 0。个人是否来自城市由未成年人群体目前的生活区域定义。当个人目前在市区生活学习，该变量取值 1，否则取值 0。户口类型和是否来自于城市可以识别我们样本的出生地以及迁移情况（Guan et al. ，2018）。

　　微观数据的常见问题是不同回归变量在不同观察期中存在缺失值。问卷中变量缺失的原因可能是因为记录错误、没有统计或者是受访者拒绝回答。例如，当一个人的收入过高或过低时，更倾向于拒绝回答调查员关于其收入水平的问题。显然，这部分样本是极具标志性的样本，可能对回归的结果和其可信度产生重要的影响。如果由于被访者没有填写收入信息而直接将该观测样本删除，可能会导致有偏的估计。此外，由于删除了大量样本，也可能会对自由度产生严重的限制。这种缺失值现象在我们后面所使用的数据库中国教育追踪调查 CEPS 中表现并不明显，然而在本章所用的 CFPS 数据库中表现十分明显。为了降低由于缺失值存在而导致的估计偏差，本章采用 EM 算法对样本缺失值进行估计（Graham，2009）。

　　EM 算法包括两个步骤：期望步骤和最大化步骤。在期望步骤中，我们首先估计缺失值回归模型。缺失值回归模型的被解释变量为：具有缺失值变量，解释变量为前文提及的控制变量（包括年份和省份虚拟变量）。回归后，我们可以估计出相应的缺失值，并将其替换到回归模型中去，进行后续的估计。根据具有缺失值变量类型的不同，估计缺失值的回归模型也有所不同。例如，收入、年龄、年龄的平方、体重、身高和教育成本等连续变量，应使用线性回归模型来估算缺失值。城区、户口和民族是二元变量，我们应该使用 Logit 模型来估计缺失值。其次，年级为分类变量，应用有序 Logit 来估计模型。根据 Von Hippel（2007）的研究表明，应该在缺失值的回归模型中删除被解释变量，即未成年人去年去医院的次数、上个月去医院次数、去年生病次数和自评健康水平，因为控制变量和被解释变量之间的人为关联会影响回归结果的准确性。在最大化步骤中，我们重复第一步，不断进行回归和替换，对每个变量重复迭代直到缺失值回归模型的似然比达到收敛时结束。

　　EM 算法可以用以下公式进行更准确的描述。假设（X，Y）是完整数据，但是我们只能观察到一个不完整的数据，即 $Y = y$。所以基于完整数据的 log – likelihood 方程如式（5 – 1）所示：

$$l(\theta) = \log L(\theta; x, y) = \log f(x, y; \theta) \tag{5 – 1}$$

　　而基于不完整数据的 log – likelihood 如式（5 – 2）所示：

$$l_y(\theta) = \log L(\theta; y) = \log f(y; \theta) \tag{5-2}$$

我们希望能最大化 l_y，则：

$$l_y(\theta) = \log \int f(x, y; \theta)\,\mathrm{d}x \tag{5-3}$$

EM 算法是一种迭代最大化的方法，在两个步骤（一个称为期望步骤，另一个称为最大化步骤）之间交替，具体如下：

我们让 θ^* 是任意但固定的值，通常是当前迭代中 θ 的值。期望步骤计算完整数据的期望对数似然比 $q\,(\theta\,|\,\theta^*)$：

$$q(\theta\,|\,\theta^*) = E_{\theta^*}\left[\frac{\log f(X, y; \theta)}{f(X, y; \theta^*)}\,\Big|\,Y = y\right] = \int \frac{\log f(X, y; \theta)}{f(X, y; \theta^*)} f(x\,|\,y; \theta^*)\,dx \tag{5-4}$$

最大化步骤固定 θ^*，最大化 $q\,(\theta\,|\,\theta^*)$，即计算：

$$\theta^{**} = \arg\max_{\theta} q\,(\theta\,|\,\theta^*) \tag{5-5}$$

表 5-1 显示了应用 EM 方法之前和之后，按照是否参保划分的样本描述性统计。"未保险""保险"和"全部"三栏分别显示没有参加社会医疗保险、参加社会医疗保险（新农合和城镇居民基本医疗保险）和整个样本的不同变量的平均值。从表 5-1 可以明显看出，由于原始数据存在缺失值，补缺之前所有变量的样本数量并不相同。年级、教育成本、民族和家庭收入这四个变量缺失值问题尤其严重。因为弥补缺失值可以增加观测数量，而不会对变量的分布特征产生重大影响。因此，本章的主要分析基于补缺之后的数据。

通过对总体数据的描述性分析可以看出，70%的未成年人参保了社会医疗保险。而且，年龄越大、年纪越高和家庭收入越高、家庭教育支出越高的未成年人，越容易参保社会健康保险，这可能是由于随着未成年年龄的提高，开始入学校读书，而在学校参保社会健康保险的情况比较普遍。在一定程度上。形成了学校层面的集体投保，进而增加了未成年人的参保率。收入越高的家庭，也越有能力缴纳保险费，进而参保率也会增高。

第二节　实证方法

一、固定效应模型

本章的基本模型是固定效应模型，具体如式（5-6）所示：

$$Y_{ipt} = \alpha_0 + \alpha_1 INS_{ipt} + \alpha_2 X_{ipt} + T_t + P_p + \gamma_i + \varepsilon_{ipt} \tag{5-6}$$

表5-1 按照弥补缺失值前后分类的描述性统计

	补缺前				补缺后			
	未保险	保险	全部	样本数	未保险	保险	全部	样本数
医疗利用率								
去年去医院次数	1.5 (0.027)	2.1 (0.026)*	1.9 (0.019)	32222	1.6 (0.027)	2.1 (0.025)*	1.9 (0.019)	32789
上个月去医院次数	1.1 (0.020)	1.1 (0.012)	1.1 (0.011)	9198	1.1 (0.02)	1.1 (0.012)	1.1 (0.01)	9418
健康状况								
上个月生病次数	0.5 (0.009)	0.4 (0.006)	0.4 (0.005)	32222	0.5 (0.009)	0.4 (0.006)*	0.4 (0.005)	32789
自评健康	2.1 (0.021)	2.1 (0.013)	2.1 (0.011)	7535	2.1 (0.021)	2.1 (0.013)	2.1 (0.011)	7551
解释变量								
保险	0 (0.000)	1 (0.000)	0.7 (0.003)	32222	0 (0.000)	1 (0.000)	0.7 (0.003)	32789
年纪	6.8 (0.045)	7.8 (0.029)*	7.5 (0.025)	32213	6.8 (0.044)	7.8 (0.029)*	7.5 (0.025)	32789
性别（男=1）	0.5 (0.005)	0.5 (0.003)	0.5 (0.003)	32222	0.5 (0.005)	0.5 (0.003)	0.5 (0.003)	32789
年级	2.1 (0.010)	2.2 (0.009)*	2.2 (0.007)	20404	1.7 (0.008)	2 (0.007)*	1.9 (0.006)	32789
民族（汉=1）	0.9 (0.003)	0.9 (0.002)*	0.9 (0.002)	28393	0.9 (0.003)	0.9 (0.002)*	0.9 (0.002)	32789
身高（厘米）	111.7 (0.334)	119.6 (0.215)*	117 (0.183)	30634	110.4 (0.323)	118.9 (0.21)*	116 (0.178)	32789
体重（0.5千克）	47.4 (0.273)	53.0 (0.192)*	51.1 (0.158)	31296	47.7 (0.267)	53.1 (0.188)*	51.2 (0.155)	32789
户口（农业户口=1）	0.8 (0.004)	0.8 (0.003)*	0.8 (0.002)	32148	0.8 (0.004)	0.8 (0.003)*	0.8 (0.002)	32789
城镇地区	0.4 (0.005)	0.4 (0.003)	0.4 (0.003)	31982	0.4 (0.005)	0.4 (0.003)	0.4 (0.003)	32789
家庭收入（万元）	4.3 (0.061)	5.2 (0.052)*	4.9 (0.041)	30436	4.3 (0.057)	5.2 (0.051)*	4.9 (0.039)	32789
教育支出（万元）	0.2 (0.004)	0.2 (0.004)*	0.2 (0.003)	22201	0.2 (0.004)	0.3 (0.003)*	0.3 (0.003)	32789

注：括号中为标准差的平均值。* 表明保险组与未保险组之间的差异在5%水平下显著。被解释变量不包括在估计缺失值模型中，估计前后被解释变量差异的原因是由于"保险"的缺失。

Y_{ipt} 衡量住在省 p 的个人 i 在 t 年的医疗资源使用情况和健康水平。INS_{ipt} 代表个人是否参加社会医疗保险。X_{ipt} 为本章的控制变量集合，包括年龄、年龄平方、性别、受教育水平、民族、身高、体重、家庭收入、教育支出和户口类型。T_t 是时间虚拟变量（$t = 2012$，2014，2016），$t = 2010$ 由于多重共线性被省略。如果个人在 2012 年接受采访，则 $T_{2012} = 1$，否则 $T_{2012} = 0$；如果个人在 2014 年接受采访，则 $T_{2014} = 1$，否则 $T_{2014} = 0$；如果 2016 年接受采访则 $T_{2016} = 1$，否则 $T_{2016} = 0$；如果个人是在 2010 年接受采访，则 $T_{2012} = T_{2014} = T_{2016} = 0$。$P_p$ 是地区固定效应（北京由于多重共线性被删除），γ_i 是个人固定效应，控制不随时间变化的个人不可观测特征的影响。控制个人固定效应非常重要，因为个人的不可观测特征，如风险偏好等不仅会影响个人的参保情况，也会影响医疗资源使用情况和健康水平。

二、工具变量法

虽然固定效应模型已经控制了由不可观察的不变的个体特征引起的遗漏变量偏差，但是保险参保情况和未成年人群体的医疗使用情况以及健康状况之间可能存在反向因果关系。工具变量方法是处理此问题的常用方法。鉴于我们潜在的内生变量参保情况（INS）是一个虚拟变量，两阶段残差引入法（Two Stage Residual Inclusion）比两阶段最小二乘（Two Stage Least Square）的估计更加准确（Terza et al.，2008）。具体做法为：在第一步中，我们将 INS 作为被解释变量，工具变量和前文提到的控制变量为解释变量，并使用 Logit 模型来估计第一步的回归。选取的工具变量是每个省的参保未成年人口百分比。每个省的参保未成年人口百分比是一个强工具变量，它与未成年人群体是否参保高度相关，却与个人医疗使用情况和健康水平无关。在第二步中，我们将第一步计算出的残差引入基础模型中作为解释变量。

三、倾向得分匹配法

本章使用的第三个计量方法是倾向得分匹配法。倾向得分匹配法的基本原理在前处研究方法部分进行 J 详细的介绍。本章定义的实验组为在 t 年参加社会医疗保险，但未在 $t - 1$ 年参加保险的个人；控制组包括在 t 年和 $t - 1$ 年均未参加社会医疗保险的个人（$t = 2012$，2014，2016）。经过匹配后，本章研究样本处理组和控制组的控制变量偏误比例都降到 6% 以下，样本匹配后能够通过平衡性检验。

第三节　社会健康保险对未成年群体医疗使用情况影响

　　表 5-2 显示了社会医疗保险对未成年人群体医院使用次数的影响，分别报告了利用固定效用模型、工具变量法和倾向得分匹配法的估计结果。值得注意的是，这些基础方法都使用的是线性估计，并未考虑被解释变量的分布特征。我们之所以从这个标准方法开始，是为了更好地与已有研究作比较（Chen et al.，2012；Lei et al.，2009；Li et al.，2013）。所有三项估计均表明，参与社会医疗保险显著提高了个人上一年的医院使用率，而对上个月的医院使用率无影响。具体来说，参加社会医疗保险的未成年人每年平均增加医院就诊频率 0.2～0.8 倍。

表 5-2　社会医疗保险对未成年人群体医疗使用情况的影响——线性回归分析

	去年去医院次数		
	固定效用	工具变量	倾向得分匹配
保险	0.219***　(4.27)	0.776**　(2.05)	0.408***　(3.99)
R^2	0.594	0.594	0.005
观测值个数	32789	32789	14444
	上个月去医院次数		
保险	0.015　(-0.33)	0.468　(1.19)	0.0004　(-0.01)
R^2	0.754	0.754	0.002
观测值个数	9418	9418	4162

　　注：括号中为 t 统计量；$*p<0.1$，$**p<0.05$，$***p<0.01$。

　　由于本章的被解释变量不遵循正态分布，因此正确的回归分析不应基于标准的 OLS 估计。对此，我们将被解释变量按照不同离散值分成有序组，并利用双变量 Logit 模型对新产生的被解释变量进行回归。具体来说。我们针对每个被解释变量，新生成四个虚拟被解释变量 Y_{pq}（$p=1$，2，3，4；$q=$ 去年去医院次数、上个月去医院次数）。具体 Y_{pq} 取值如表 5-3 所示。

表5-3　八个利用去医院次数新产生的被解释变量Y_{pq}的取值定义

新被解释变量=1	原被解释变量取值	新被解释变量=0	原被解释变量取值
$Y_{1q}=1$	去医院次数=1	$Y_{1q}=0$	去医院次数=0
$Y_{2q}=1$	去医院次数=2	$Y_{2q}=0$	去医院次数<2
$Y_{3q}=1$	去医院次数=3	$Y_{3q}=0$	去医院次数<3
$Y_{4q}=1$	去医院次数>3	$Y_{4q}=0$	去医院次数≤3

采用PSM与Logit模型结合的方法，估计社会医疗保险对新产生的0~1被解释变量的平均边际影响。表5-4显示了参加社会医疗保险对未成年人医院资源利用情况的边际影响。关于年度医院使用次数，社会医疗保险计划显著提高了Y_1、Y_3和Y_4组的医院利用率。更具体地说，对于Y_1、Y_3和Y_4组，保险使未成年人群体上一年医院使用的概率分别增加4.3%、2.2%和3.6%。这个结果表明保险计划不仅可以鼓励未成年人开始使用医疗服务，而且使他们能够在必要时接受更多的医疗服务。但是，保险不会增加每个分组内的上个月的医院使用次数，这可能是由于在短时间内无法观察到医院使用次数的重大变化。

表5-4　社会医疗保险对未成年人群体 X 的边际效应——Logit 与 PSM 模型

	去年去医院次数			
	Y_1	Y_2	Y_3	Y_4
保险	0.043**	0.019	0.022*	0.036***
	(2.40)	(1.31)	(1.78)	(2.65)
Pseudo R^2	0.002	0.002	0.002	0.004
观测值个数	9621	11111	12293	14444
	上个月去医院次数			
保险	0.006	0.014	-0.015	0.008
	(0.18)	(0.52)	(-1.12)	(0.63)
Pseudo R^2	0.003	0.001	0.003	0.017
观测值个数	3166	3847	4063	4162

注：括号中为 z 统计量；$*p<0.1$，$**p<0.05$，$***p<0.01$。

一、医疗资源使用率变化机制

上述分析一致表明，社会医疗保险增加了上一年未成年人群体医院的使用次数，然而医院使用次数的增加可能因为不同的原因。Lei 等（2009）提出，就医次数增加可能是因为获得医疗服务变得更加便利或者人们生病次数不断增多。为了识别到底是什么原因导致未成年人群体医院使用次数增加，我们利用"上个月生病次数"新生成一个虚拟变量。取值为 1 代表未成年人上个月生病了；未生病则取值为 0。除了引入疾病虚拟变量，我们也引入了疾病和保险的交乘项作为我们关注的解释变量。

表 5 - 5（1）列显示了使用有序 Logit 模型和 PSM 方法估计社会医疗保险对未成年人群体医疗使用的边际效应，（2）至（5）列是上述产生的 Y_{pq}（$p=1$，2，3，4；q = 去年去医院次数）这四个新被解释变量的回归结果，且计算出了平均边际影响。虽然我们利用有序 Logit 模型，但是由于被解释变量取值过多，因此无法计算每个取值的边际影响。如表 5 - 5 所示，是否生病对未成年人群体医院资源使用情况没有显著差异。可见，在解释年度就医明显增加这一现象上，"获得医疗服务变得更加便利"和"人们生病次数不断增多"这两种解释没有显著差异。这一结果与 Lei 等（2009）的结论不一致，他们发现没有保险的人在生病时医院使用次数更多。然而，他们认为这一结果可能是由于样本数过少导致的。

表 5 - 5 社会医疗保险对未成年人群体医疗使用情况的
边际效应——Logit 与 PSM 模型（引入疾病）

	去年去医院次数				
	原始值（1）	Y_1（2）	Y_2（3）	Y_3（4）	Y_4（5）
保险 * 疾病	- 0.02	- 0.031	- 0.007	0.038	- 0.017
	（- 0.14）	（- 1.04）	（- 0.25）	（1.32）	（- 0.86）
Pseudo R^2	0.051	0.072	0.028	0.035	0.105
观测值个数	14444	9621	11111	12293	14444

注：括号中为 z 统计量。

二、按照收入分组

研究社会保险计划对高收入和低收入家庭的不同影响特别重要。低收入未成年人群体是许多国家社会保险扩张的主要目标，其相应的健康结果值得研究（Currie et al.，1996；Kaestner et al.，2001）。在我国，生活在国家贫困线以下的个人可以获得政府提供的社会医疗保险费补贴。可见，我国政府希望鼓励更多经济上处于劣势的未成年人群体及其家庭参加社会医疗保险计划。为了研究保险对低收入家庭医疗使用率的影响，我们按照人均家庭收入是否高于贫困线（按照2011年国家公布的贫困线为标准，即2100元）将未成年人群体分为两组。

表5-6显示了利用PSM估计方法和有序Logit模型探究社会医疗保险对不同收入未成年人群体医院使用次数的影响。从表5-6中可以看出，参加社会医疗保险显著增加了两个收入组未成年人群体的年度医院就诊频率，且对低收入群体影响程度更大。任何分组中均未观察到每月医院就诊次数的改善。

表5-6 社会医疗保险对未成年人群体医疗使用情况的
边际效应——Logit 与 PSM 模型（按照收入分组）

	去年去医院次数	
	收入在贫困线以上	收入在贫困线以下
保险	0.241***	0.504***
	(3.29)	(3.07)
Pseudo R^2	0.002	0.003
观测值个数	11843	2601
	上个月去医院次数	
保险	−0.027	0.219
	(−0.20)	(−0.76)
Pseudo R^2	0.000	0.002
观测值个数	3454	708

注：括号中为 z 统计量；* $p<0.1$，** $p<0.05$，*** $p<0.01$。

三、按照地区分组

另一个重要的分组标准为个人居住地是农村还是城市地区。这样分组是因为未成年人群体的健康情况以及是否能获得及时有效的医疗治疗可能受其生活环境、当地医疗设施和社会经济因素等方面的影响。除此之外，我国农村和城市地区的社会医疗保险计划针对不同的目标人群，因此一些学者也分别研究了城市地区的医疗保险和农村地区的医疗保险对个人健康水平的影响（Li et al.，2013）。

表5-7显示了利用PSM估计方法和有序Logit模型探究社会医疗保险对不同地区未成年人群体医院使用次数的影响。可以看出，参加社会医疗保险显著增加了农村未成年人的年度医院就诊频率，而城市地区则不显著。任何分组中均未观察到每月医院就诊次数的改善。

表5-7 社会医疗保险对未成年人群体医疗使用情况的边际
效应——Logit与PSM模型（按照地区分组）

	去年去医院次数	
	农村	城镇
保险	0.413 ***	0.121
	(4.81)	(1.14)
Pseudo R^2	0.002	0.001
观测值个数	8987	5457
	上个月去医院次数	
保险	-0.022	0.148
	(-0.14)	(-0.72)
Pseudo R^2	0.002	0.002
观测值个数	2550	1612

注：括号中为z统计量；* $p<0.1$，** $p<0.05$，*** $p<0.01$。

第四节 社会健康保险对未成年人群体健康水平的影响

延续上文的研究思路和方法，分析社会医疗保险对未成年人健康水平的影响。表5-8显示了社会医疗保险对未成年人上个月生病次数和自评健康水平的影响。（1）至（3）列分别报告了固定效用、工具变量模型和倾向得分匹配法的估计结果。仅在PSM估计方法下，我们观察到了参加社会医疗保险边际显著增加了未成年人群体上个月的生病次数。此外，参保对未成年人的自评健康水平没有显著影响。

表5-8 社会医疗保险对未成年人群体健康情况影响——线性回归分析

	上个月生病次数		
	固定效用（1）	工具变量（2）	倾向得分匹配（3）
保险	0.016	0.037	0.057 *
	(-1.11)	(0.36)	(-1.84)
R^2	0.528	0.528	0.004
观测值个数	32789	32789	14444

续表

	上个月生病次数		
	固定效用（1）	工具变量（2）	倾向得分匹配（3）
	自评健康		
保险	-0.018	0.368	0.122
	(-0.44)	(1.44)	(1.16)
R^2	0.734	0.734	0.005
观测值个数	7551	7551	1883

注：括号中为 t 统计量；＊p＜0.1，＊＊p＜0.05，＊＊＊p＜0.01。

为了考虑被解释变量的非线性特点，利用"生病次数"和"自评健康水平"新产生了七个虚拟被解释变量。对于上个月的生病次数，新被解释变量 D_p，$P=$ (1，2，3，4) 的生成标准与前文相同；关于自评健康水平，我们参考 Simon 等 (2017) 的方法，利用二分法将自评健康分为三个新的 0～1 变量 Z_d，$d=$ (1，2，3)，分别表示个人的自评健康是否是"极其好"、是否是"很好"以及是否是"好"。新变量 D_p 和 Z_d 的产生标准如表 5-9 所示。

表 5-9 七个利用生病次数和自评健康水平新产生被解释变量 D_p 和 Z_d 取值定义

新被解释变量 = 1	原被解释变量取值	新被解释变量 = 0	原被解释变量取值
$D_1 = 1$	生病次数 = 1	$D_1 = 0$	生病次数 = 0
$D_2 = 1$	生病次数 = 2	$D_2 = 0$	生病次数 < 2
$D_3 = 1$	生病次数 = 3	$D_3 = 0$	生病次数 < 3
$D_4 = 1$	生病次数 > 3	$D_4 = 0$	生病次数 ≤ 3
$Z_1 = 1$	自评健康 = 1	$Z_1 = 0$	自评健康 > 1
$Z_2 = 1$	自评健康 ≤ 2	$Z_2 = 0$	自评健康 > 1
$Z_3 = 1$	自评健康 ≤ 3	$Z_3 = 0$	自评健康 > 3

表 5-10 显示利用 PSM 方法和 Logit 模型估计保险对不同虚拟被解释变量的平均边际效应。关于保险对生病次数的影响，参加社会医疗保险会边际显著增加 D_1 组的生病次数。注意到这是边际显著且只发生在低生病频率组，说明我们没有很有力的证据表明社会医疗保险会导致未成年人群体健康状况恶化。这个结果与线性估计中的 PSM 估计方法得到的结果一致。

表 5-10　社会医疗保险对未成年人群体健康水平的边际效应——Logit 与 PSM 模型

	上个月生病次数			
	D_1	D_2	D_3	D_4
保险	0.027*	0.015	-0.002	0.005
	(1.72)	(1.50)	(-0.41)	(1.12)
Pseudo R^2	0.001	0.002	0.003	0.018
观测值个数	13058	13979	14288	14444
	自评健康			
	Z_1	Z_2	Z_3	
保险	-0.108**	-0.030	0.008	
	(-2.41)	(-0.57)	(0.31)	
Pseudo R^2	0.007	0.002	0.002	
观测值个数	1883	1883	1883	

注：括号中为 z 统计量；* $p < 0.1$，** $p < 0.05$，*** $p < 0.01$。

关于二分法自评健康状况，参与社会医疗保险对个人报告"很好"或"好"的可能性没有显著影响。然而，社会医疗保险显著降低了未成年人报告身体状态"极其好"的可能性，降低幅度为 10.8%。这似乎表明，参加社会医疗保险显著降低了那些身体极好的未成年人的自评健康水平。产生这个结果的两个可能的解释是：个人在购买保险后会增加他们的健康期望，或者他们可以预见一些轻微的健康问题，而这些问题无法在我们的回归分析中被捕捉到。

一、按照收入分组

表 5-11 展示了不同收入分组下，参加社会医疗保险对未成年人群体健康水平的影响。对于自评健康水平，所有的分组回归结果均不显著。然而，在低收入人群中，我们观察到社会医疗保险显著提升个人上个月生病次数。值得注意的是，上个月生病次数是个人汇报指标，而并非是来自医疗机构的客观生病指标。因此，产生这个回归结果的可能解释是：当人们无法获得保险时，人们不将轻微的健康问题视为生病，但是拥有保险可能会使他们更加意识到这些以前被忽视的轻微健康问题。这种解释是合理的，因为当人们需要自己支付医疗费用时，人们可能不会将轻微的健康问题视为生病。

表 5 - 11　社会医疗保险对未成年人群体健康水平的边际效应
——Logit 与 PSM 模型（按照收入分组）

	上个月生病次数	
	收入在贫困线以上	收入在贫困线以下
保险	0.070	0.617***
	(−0.82)	(−3.36)
Pseudo R^2	0.001	0.007
观测值个数	11843	2601
	自评健康	
保险	0.214	0.934
	(1.00)	(1.64)
Pseudo R^2	0.002	0.009
观测值个数	1580	303

注：括号中为 z 统计量；$*p < 0.1$，$**p < 0.05$，$***p < 0.01$。

二、按照地区分组

表 5 - 12 展示了在不同地区分组下，参加社会医疗保险对未成年人群体健康水平的影响。社会医疗保险对不同地区未成年人上个月生病次数和自评健康水平均不存在显著影响。

表 5 - 12　社会医疗保险对未成年人群体健康水平的边际
效应——Logit 与 PSM 模型（按照地区分组）

	上个月生病次数	
	农村	城镇
保险	0.155	0.205
	(−1.60)	(−1.64)
Pseudo R^2	0.002	0.002
观测值个数	8987	5457
	自评健康	
保险	0.288	0.234
	(1.15)	(0.71)
Pseudo R^2	0.004	0.001
观测值个数	1197	686

注：括号中为 z 统计量；$*p < 0.1$，$**p < 0.05$，$***p < 0.01$。

三、社会健康保险道德风险问题研究

到目前为止，我们并未检测到社会医疗保险对未成年人健康水平的促进作用，这需要进行进一步的讨论分析。社会医疗保险经常会伴随着道德风险问题，然而常见的道德风险问题几乎不会在我们的样本中存在。因为，未成年人并不会主动从事抽烟、喝酒等风险行为。此外，他们的生活习惯也主要受到父母的影响，与是否参保无关。

即便如此，我们仍然进一步估计了社会医疗保险对未成年人群体不健康生活方式的影响。体重指数 BMI 是用来衡量道德风险的常见指标（Simon et al.，2017），因此我们用是否参保对 BMI 做回归。在回归中，我们仍沿用 PSM 方法。考虑到保险对 BMI 的影响可能是非线性的，而且只有当 BMI 超过特定数值之后才被认为是有风险，因此我们新定义一个虚拟变量"超重"。当 BMI 大于 25 时，"超重"取值为 1，否则为 0。利用"超重"来进一步衡量道德风险是合理的，因为超重与一系列生活风险行为相关，包括缺乏运动以及不健康的饮食习惯等（Middleman et al.，1998）。表 5 – 13 展示了参加社会医疗保险对 BMI 和超重均不存在显著影响，这也印证了我们的假设，道德风险在未成年人群体中不太可能存在，这一结果也与前人研究结果一致（Simon et al.，2017）。

表 5 – 13　社会医疗保险对未成年人群体 BMI 和
"超重"的影响——PSM 模型

	BMI[1]	超重
保险	– 0.127	0.001
	（ – 0.51）	（0.12）
R^2	0.003	0.006
观测值个数	14444	14444

注：第（1）栏括号中为 t 统计量；第（2）栏括号中为 z 统计量。列（2）中的 R^2 表示 Pseudo R^2。＊p < 0.1，＊＊p < 0.05，＊＊＊p < 0.01。BMI[1] 为体重（公斤）除以身高（米）的平方。

四、社会健康保险对远期健康影响研究

除了道德风险之外，另一个潜在的解释是健康水平的变化可能需要更长的时间才能被检测到。前文在进行 PSM 的回归中，实验组和控制组的定义是基于二期的数据，而每期数据时间的间隔为 2 年。2 年的时间对于观测健康变化可能过短。为了解决这一问题，我们利用三期数据来定义实验组和控制组，利用新的实

验组和控制组重新进行回归。在新估计中，实验组包括在第一期无保险，但是在第二和第三期都有保险的未成年人；控制组包括在连续三期都没有保险的未成年人。通过这种方法，我们可以追踪个人参保后四年的健康变化状况。对于这个研究，我们沿用 PSM 方法和有序 Logit 模型，对所有原始被解释变量进行了重新回归，表 5 - 14 为回归结果。长期来看，社会医疗保险提高了个人年度就医频率而非月度，且对月度生病次数和自评健康水平没有显著影响，这与前文的回归结果高度吻合。

表 5 - 14　社会医疗保险对未成年人群体长期医疗使用
情况和健康水平影响——Logit 与 PSM 模型

	去年去医院次数	上个月去医院次数	上个月生病次数	自评健康
保险	0.454***	0.168	0.209	− 0.232
	(3.40)	(0.65)	(1.33)	(− 0.26)
Pseudo R²	0.002	0.002	0.009	0.003
观测值个数	4828	1457	4828	212

注：括号中为 z 统计量；* p<0.1，**p<0.05，***p<0.01。

我们也进一步对不同收入组和地区组进行了分析。表 5 - 15 为 PSM 方法和有序 Logit 模型的估计结果，回归结果也与前文的回归结果高度吻合。这体现出社会医疗保险对未成年人群体的医疗资源利用率具有显著的促进作用，然而没有发现显著的证据证明保险对未成年人的健康水平有明显提升作用。

表 5 - 15　社会医疗保险对未成年人群体长期医疗使用情况和健康
水平影响——Logit 与 PSM 模型（按照收入和地区分组）

	去年去医院次数			
	收入在贫困线以上	收入在贫困线以下	农村	城镇
保险	0.352**	0.841**	0.511***	0.370*
	(2.42)	(2.38)	(2.99)	(1.73)
Pseudo R²	0.002	0.004	0.002	0.003
观测值个数	4012	816	2881	1947
	上个月去医院次数			
	收入在贫困线以上	收入在贫困线以下	农村	城镇
保险	0.258	− 0.188	− 0.141	0.651
	(0.91)	(− 0.33)	(− 0.44)	(1.57)

续表

	上个月去医院次数			
	收入在贫困线以上	收入在贫困线以下	农村	城镇
Pseudo R^2	0.003	0.007	0.004	0.016
观测值个数	1228	229	868	589
	上个月生病次数			
保险	0.069	0.990**	0.253	0.149
	(0.40)	(2.26)	(1.27)	(0.58)
Pseudo R^2	0.008	0.018	0.007	0.012
观测值个数	4012	816	2881	1947
	自评健康			
保险	−0.356	1.179	−0.865	1.149
	(−0.39)	(0.69)	(−0.67)	(0.98)
Pseudo R^2	0.001	0.313	0.020	0.026
观测值个数	174	38	139	73

注：括号中为 z 统计量；$*p<0.1$，$**p<0.05$，$***p<0.01$。

本章小结

未成年人群体是人群中的相对弱势群体，也是国家的希望，其健康问题会影响他们的一生，家庭社会的稳定以及国家和民族的昌盛，值得关注。然而，大多数研究忽略了这一人群。本章的研究表明：社会医疗保险计划对未成年人群体的年度医院使用情况有显著提升作用，但并未发现对健康水平的显著提升。这一结论与 Li 等（2013）的研究一致，即社会医疗保险会增加医院使用情况，而 Lei 等（2009）的研究表明社会医疗保险不影响正规医疗服务的使用情况和个人健康状况。然而，以上研究与我们的研究存在一个重要区别，即我们关注的样本是未成年人群体，而不是所有年龄段样本。与本章最相似的研究是 Chen 等（2012）的研究，他们利用横断面数据分析得出社会保险对未成年人群体人口的死亡率没有影响。

在此基础上，我们将样本按照不同收入分组发现，社会医疗保险可以同时显著增加高、低收入群体的年度医院使用次数，同时显著降低了低收入组的健康状况（用生病次数衡量）。可以看出，健康期望上升的情况在经济困难的个体中尤为显著。根据马斯洛的需求定理可知，只有最基本需求被满足后，人们才开始考虑改善自己的健康状况。总的来说，与高收入群体相对比，低收入群体更加纠结于基本生活需求的满足。因此，参加社会医疗保险可以在一定程度上满足低收入群体的基本需求，进而鼓励他们考虑自己的轻微健康问题。我们通过讨论社会医疗保险对农村和城市地区人口健康结果的影响发现，医院使用数量的增加仅在前者中显著，而所有地区居民的自评健康水平不受保险的影响。这是一个有趣的结果，因为农村地区在一般情况下在使用医疗设施上更加受限。据国家统计局统计，我国农村地区未成年人的死亡率是城市地区的两倍多，因此农村地区更多的医院使用频率可能对缩小中国城乡死亡率差距产生积极影响。

我们尚未发现社会医疗保险对未成年人群体健康状况的改善作用，这也凸显出仅依靠社会保险力量来提高未成年人群体健康水平是不足的。政府或者高校应该加大力度加强健康保险计划的有效性，提高体育健康保险的保障能力。随着我国体育保险体系的不断丰富和完善，整个体育保险体系的社会经济价值仍有待研究。

第六章 社会体育保险对医疗资源利用的影响机制研究

——以健康保险为例

通过前文的研究，我们得出社会健康保险并不能显著改善未成年的个人健康，然而却可以显著提高年度医疗资源使用情况。本章继续探讨社会健康保险影响年度医疗资源使用情况的机制。具体来说，社会健康保险可能直接影响个人的年度医疗资源使用率，也可能通过调整收入而间接影响医疗资源使用率。社会体育健康保险影响医疗资源利用的机制即是本章要解决的关键问题。

第一节 数据的选取和说明

本章采用的数据与前文数据一致，来自 2010～2016 年中国家庭追踪调查数据（China Family Panel Studies，CFPS）。本章的关键变量也与前文相同，具体包括：关键被解释变量为个人去年去医院的次数。关键解释变量是个人是否参保社会医疗保险，取值 0 和 1。控制变量主要分为两类。第一类控制变量是体现个体偏好的控制变量。例如，有些人比其他人更倾向于使用医疗设施。该组变量包括年龄、年龄的平方、性别、民族、学历、身高和体重。具体来说，性别为虚拟变量，取值为 1 代表男性；取值为 0 代表女性。民族为虚拟变量，取值为 1 代表汉族，取值为 0 代表个人为少数民族。学历是分类变量，取值从 1 到 5 分别代表个人受教育水平为幼儿园、小学、初中、高中和大学。第二类控制变量包括衡量医疗服务可获得性的相关变量，包括教育费用支出、户口类型、是否属于城镇地区居民。教育费用支出是指孩子去年所有教育费用。户口是虚拟变量，如果个人是农业户口，该变量取值 1；非农业户口则取 0。当个人目前在市区生活学习，城镇变量取 1，否则取 0。具体控制变量引入的原因和意义可以参考前文。

第二节 实证方法

前文探讨了社会健康保险对未成年年度资源利用率的直接影响。事实上，社会健康保险对医疗资源利用率可能存在直接影响，也可能会首先导致个人收入的变化，其次间接影响医疗资源利用率。

本节拟利用结构方程模型探讨社会健康保险对未成年群体医疗资源利用率的直接效应、间接效应和总效应。本节考虑的中介变量是收入。其中，收入是指家庭全年总收入，一般来说，家庭收入越高，家长越有能力为其子女购买保险以及医疗服务。这代表其子女也可能具有较高的健康水平和医疗资源使用机会。

如图 6 - 1 所示，β_m（$m = 1,2,3$）是因素载荷（Factor Loading），是因素分析模型中的系数。社会保险对个人医疗资源使用情况的直接影响为 β_1，间接影响为 $\beta_2 \times \beta_3$，总影响为 $\beta_1 + \beta_2 \times \beta_3$。

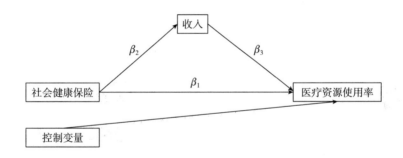

图 6 - 1 社会医疗保险对个人医疗资源利用率的路径分析（Path Analysis）

第三节 结果分析

表 6 - 1 表明社会医疗保险对当期收入具有显著正向的影响（即图 6 - 1 中的 β_2）。产生这个结果的可能原因是，社会健康保险能够缓解个人的财务负担，在发生相应的保险事故之后，可以平滑未成年家庭消费，避免家庭收入的波动甚至下降。

表 6-1 社会医疗保险对收入的直接影响

	收入
社会医疗保险	0.818***
	(10.02)
常数	4.358***
	(65.83)
观测值个数	32789

注：括号中是 t 统计量；*p<0.1，**p<0.05，***p<0.01。

表 6-2 展示了关键解释变量和其他控制变量对被解释变量的影响。结果显示，收入对医疗资源利用没有显著的直接影响，而社会医疗保险对医疗资源有显著直接影响。这一结果体现出，虽然社会医疗保险可以首先直接促进收入，而该收入并不是显著提高医疗资源使用率的因素，即通过社会医疗保险对医疗资源使用率的影响，并没有收入作为中介变量。产生这个现象可能的原因是，社会医疗保险所激发的医疗资源服务提升是有效的服务获取提升。未成年在大多数情况下，还是会因为发生了健康问题，才会去使用医疗资源，而非是收入越高，越激发使用。

表 6-2 社会医疗保险和收入对年度医疗资源利用的直接影响

	年度医疗资源利用
收入	-0.001
	(-0.25)
社会医疗保险	0.617***
	(15.33)
家庭规模	0.065***
	(6.48)
城镇	0.209***
	(4.70)
年龄	-0.094***
	(-4.60)
性别	0.129***
	(3.44)
户口	0.256***
	(4.62)

续表

	年度医疗资源利用
民族	0.661 ***
	(11.28)
身高	− 0.011 ***
	(− 7.41)
体重	0.008 ***
	(5.29)
教育支出	0.120 ***
	(2.77)
年龄平方	− 0.003 **
	(− 2.31)
年级	− 0.015
	(− 0.61)
常数	0.714 ***
	(4.99)
观测值个数	32789

注：括号中是 t 统计量； $*p < 0.1$，$**p < 0.05$，$***p < 0.01$。

此外，由表 6 – 2 还可以看出，家庭规模越大，医疗资源利用率越大。这可能是因为大的家庭规模会导致相对较低的人均资源禀赋，进而导致较低的人均健康水平，这促使了更多医疗资源使用的发生。城镇地区未成年人医疗资源利用率高于农村地区，这可能是因为城镇地区的医疗资源更加丰富，更易获得。因此，加速农村地区医疗健康体系建设也显得尤为重要。此外，年龄越高，年度资源利用率越低，这种结果也是符合预期的。前文对青少年健康水平的描述中也可以看出，年龄越低的未成年人，健康风险越大，医疗资源使用也相应增多。回归结果还得出，男性的医疗资源使用数量大于女性。持有农业户口的未成年个人，年度医疗资源利用更高，这有些超过预期，因为一般情况下，持有农业户口的个人多来自于农村地区。但是考虑到本书所用的样本是未成年群体，可能会有很多未成年学生虽然持有农业户口，但是也同样可以在学校参保城镇地区的社会健康保险，进而获得相应的医疗服务。这个问题有待于后文进行分组分析，并进一步探讨。汉族未成年人年度医疗资源利用率更高，这也是由于汉族未成年人多居住在经济发达地区，而少数民族多居住于经济欠发达地区，医疗资源的可获得性受到限制。此外身高越低，体重越重的未成年人医疗资源利用率越高。超重可能会伴随一系列健康风险，进而提高医疗资源使用；教育支出越高的未成年人，医疗资源利用率越高。

表6-3展示了社会医疗保险对青少年年度医疗资源利用的直接影响、间接影响与总影响。结果显示社会医疗保险不能通过收入间接促进医疗资源利用，但是可以直接改善医疗资源使用情况，这体现出社会医疗保险在提高青少年医疗资源利用率上具有直接有效的作用。

表6-3　社会医疗保险对青少年年度医疗资源利用的直接影响、间接影响与总影响

	年度医疗资源利用
直接影响	0.617***
	(15.33)
间接影响	-0.0006
	(-0.25)
总影响	0.616***
	(15.33)
观测值个数	32789

注：括号中是 t 统计量；*$p<0.1$，**$p<0.05$，***$p<0.01$。

第四节　分组研究

在前文中，户口、性别和地区作为控制变量，均对未成年人年度医疗资源使用有显著的影响。这促使作者对这几个变量展开分组研究，探讨社会医疗保险对未成年人年度医疗资源使用是否存在明显的组间异质性。

一、按照户口分组

表6-4表明无论是持有农业户口的未成年人，还是非农业户口的未成年人社会医疗保险，都对其家庭收入具有显著的促进作用。这一结论与总样本回归一致，即无论是任何类型的户籍，社会医疗保险都是缓解个人财务压力，平滑家庭支出的有效手段。但是进一步分析回归结果规模，可以知道社会医疗保险对收入的促进作用，在非农业户口持有者中规模更大。但是这还不足以说明收入的中介作用，我们还必须通过进一步分析，观察收入的增长是否会直接影响到年度医疗资源利用率。

表6-4　社会医疗保险对收入的直接影响——按照户口类型分组

	收入	
	农业户口	非农业户口
社会医疗保险	0.618***	1.879***
	(7.78)	(7.70)
常数	3.844***	6.300***
	(59.43)	(32.32)
观测值个数	26306	6483

注：括号中是 t 统计量；$*p<0.1$，$**p<0.05$，$***p<0.01$。

表6-5展示了按照户口类型分组，社会医疗保险、收入等关键变量对未成年人年度医疗资源利用的影响。不论是对农业户口持有者，还是非农业户口持有者，社会医疗保险都能显著提高未成年人的年度资源利用，但是从影响规模上来看，社会医疗保险对农业户口持有者影响规模更大。一般来说，农业户口持有者来自于农村地区，其医疗资源可获得性较城镇地区有所差距。但是研究结果表示，社会医疗保险可以更加大规模地促进农业户口持有未成年人的年度医疗资源利用，这在一定程度上说明社会医疗保险是缓解城乡医疗卫生服务普及公平性的有效手段。关于收入变量，我们可以看出，收入对任何一组未成年人都没有显著的直接影响。虽然表6-4显示社会医疗保险可以显著促进收入，但是此处的回归结果并没有显示出收入对年度医疗资源利用的直接影响，因此收入的中介效应，在农业户口和非农业户口持有者中均消失，取而代之的是社会医疗保险对年度医疗资源使用率的直接显著影响。

表6-5　社会医疗保险和收入对年度医疗资源利用的直接影响——按照户口类型分组

	年度医疗资源利用	
	农业户口	非农业户口
收入	-0.001	0.002
	(-0.28)	(0.43)
社会医疗保险	0.682***	0.373***
	(14.51)	(5.20)
家庭规模	0.065***	0.060***
	(5.72)	(3.04)
城镇	0.216***	0.113
	(4.36)	(1.08)

	年度医疗资源利用	
	农业户口	非农业户口
年龄	-0. 113 ***	-0. 005
	(-4. 84)	(-0. 12)
性别	0. 125 ***	0. 138 **
	(2. 85)	(2. 03)
民族	0. 734 ***	0. 102
	(11. 31)	(0. 72)
身高	-0. 012 ***	-0. 007 ***
	(-6. 90)	(-3. 10)
体重	0. 008 ***	0. 008 **
	(4. 58)	(2. 15)
教育支出	0. 141 **	0. 098 *
	(2. 27)	(1. 91)
年龄平方	-0. 001	-0. 008 ***
	(-0. 83)	(-3. 90)
年级	-0. 002	-0. 075 *
	(-0. 09)	(-1. 66)
常数	0. 960 ***	1. 231 ***
	(6. 48)	(4. 01)
观测值个数	26306	6483

注：括号中是 t 统计量；$* p < 0.1$，$** p < 0.05$，$*** p < 0.01$。

从表 6 - 5 中还可以看出，无论是对任何户口类型的未成年人来说，家庭规模越大，医疗资源使用情况越多，这与总样本回归结果一致，家庭规模可能与家人健康禀赋平均值息息相关。另外一个有趣的结果是，关于持有农业户口但是在城镇生活的未成年人，年度医疗资源使用明显高于持有非农业户口的未成年人，这也印证了我们前文所说的，未成年群体随着父母具有较高的流动性。生活在城镇地区的持有农业户口的未成年人，由于城镇地区的医疗资源更具有可及性，因此可以显著促进年度医疗资源使用，而城镇变量对于非农业户口持有者并不显著。年龄变量仅对农业户口持有者显著，而对非农业户口持有者不显著。相似的变量还有民族变量，仅对持有农业户口的未成年人显著，而对非农业户口持有者不显著。性别、身高、体重、教育支出都是显著影响两个分组未成年人医疗资源使用情况的因素。

表6-6显示了社会医疗保险对农业户口持有的未成年人和非农业户口持有的未成年人的年度医疗资源使用情况的直接影响、间接影响和总影响。可以明显看出，社会医疗保险无法通过收入这一中介变量间接促进医疗资源使用率，而在两个户口类型分组中，都能够直接显著的促进未成年度医疗资源使用率。而且由于这种显著且规模较大的直接影响，导致了总影响在两个分组中也都十分显著。值得说明的是在回归结果规模上，农业户口的数据规模显著大于非农业户口，也就是说，社会医疗保险对年度医疗资源使用率的直接影响，在农业户口持有者中规模更大。这个结果是有意义的，这说明在农业户口持有者中，虽然医疗资源可能相对匮乏，但是社会医疗保险能够在更大程度上促进医疗资源的可获得性。

表6-6 社会医疗保险对未成年年度医疗资源利用的直接影响、间接
影响与总影响——按照户口类型分组

	年度医疗资源利用	
	农业户口	非农业户口
直接影响	0.682***	0.373***
	(14.51)	(5.20)
间接影响	-0.0006	0.003
	(-0.28)	(0.43)
总影响	0.682***	0.376***
	(14.50)	(5.25)
观测值个数	26306	6483

注：括号中是 t 统计量；$*p<0.1$，$**p<0.05$，$***p<0.01$。

综上所述，社会医疗保险对农业户口持有者的作用效果更佳，是促进农业户口持有者年度医疗资源使用的有力手段。

二、按照性别分组

性别分组是在实证分析中非常常见的一种分组标准，由于男性和女性在身体特征、生活环境、发育速度、健康禀赋等多方面都存在着一定的差距。按照性别对社会医疗保险进行分组研究，可以更好地认识到社会医疗保险对不同性别群体促进年度医疗资源使用情况的差异，以期进一步缩小该社会医疗保险政策在促进医疗资源可及性方面的性别差异。

引用前文的研究思路，我们来看社会医疗保险对收入的直接影响。由表6－7可知，社会医疗保险对男性和女性的家庭收入都有显著的促进作用，且影响规模在女性群体中更大，但是值得说明的是，这不能说明收入对于社会医疗保险对年度医疗资源使用率的中介效应，需要进一步检验收入是否可以直接显著影响不同性别群体的年度医疗资源使用。

表6－7　社会医疗保险对收入的直接影响——按照性别分组

	收入	
	男性	女性
社会医疗保险	0.710 ***	0.939 ***
	(6.44)	(7.75)
常数	4.407 ***	4.302 ***
	(49.24)	(43.82)
观测值个数	17338	15451

注：括号中是 t 统计量；$*p<0.1$，$**p<0.05$，$***p<0.01$。

表6－8展示了收入、社会医疗保险以及其他控制变量对年度医疗资源使用率的直接影响，对这一直接影响按照性别分组可以看到，两组的社会医疗保险均对年度医疗资源使用率有显著的促进作用，而男性的促进规模略大于女性。收入在男性和女性群体中，对年度医疗资源使用率均没有显著的直接促进作用。也就是说，收入这一中介变量，在本节讨论中是并不显著的。

表6－8　社会医疗保险和收入对年度医疗资源利用的直接影响——按照性别分组

	年度医疗资源利用	
	男性	女性
收入	－0.001	－0.000
	(－0.25)	(－0.02)
社会医疗保险	0.630 ***	0.601 ***
	(11.33)	(10.32)
家庭规模	0.069 ***	0.060 ***
	(4.89)	(4.20)
城镇	0.164 ***	0.260 ***
	(2.66)	(4.04)

续表

	年度医疗资源利用	
	男性	女性
年龄	-0.112 ***	-0.071 **
	(-4.03)	(-2.34)
户口	0.215 ***	0.303 ***
	(2.81)	(3.78)
民族	0.718 ***	0.600 ***
	(8.80)	(7.13)
身高	-0.010 ***	-0.011 ***
	(-5.56)	(-4.92)
体重	0.010 ***	0.006 ***
	(4.73)	(2.67)
教育支出	0.079	0.164 ***
	(1.30)	(2.64)
年龄平方	-0.003 *	-0.003
	(-1.77)	(-1.57)
年级	0.005	-0.037
	(0.16)	(-1.06)
常数	0.713 ***	0.858 ***
	(3.63)	(4.18)
观测值个数	17338	15451

注：括号中是 t 统计量；* $p < 0.1$，** $p < 0.05$，*** $p < 0.01$。

家庭规模也是影响年度医疗资源利用率的显著因素。城镇变量在男性和女性分组中均显著。户口、民族、身高、体重都是显著促进两组年度医疗资源使用的重要控制变量。只有教育支出变量，仅在女性群体中显著，而在男性群体中不显著。这可能是由于，我国女性未成年的受教育程度还是略低于男性，尤其是对于偏远地区来说，男性比女性更有机会接受教育。一般情况下，对女性可以提供更多教育支出的家庭，可以为女性提供更为丰富的医疗资源使用，这可能是造成教育支出变量在促进年度医疗资源使用上存在显著性别差异的原因。

表6-9展示了按照性别分组，社会医疗保险对未成年人年度医疗资源使用的直接影响、间接影响和总影响。可以看出，收入作为中介变量，在本节中不存在显著间接影响，即社会医疗保险无法通过收入间接调节年度医疗资源使用，而

是对年度医疗资源使用情况产生显著的直接影响和总影响，且男性的影响规模略大于女性。通过一系列分析，我们不止一次检测到男性在医疗资源使用和健康上比女性具有优势。那么，关于如何促进社会健康医疗服务资源在性别间的公平性这一问题亟待探索。

表6-9　社会医疗保险对青少年年度医疗资源利用的
直接影响、间接影响与总影响——按照性别分组

	年度医疗资源利用	
	男性	女性
直接影响	0.630*** (11.33)	0.601*** (10.32)
间接影响	-0.0007 (-0.25)	-0.00006 (0.986)
总影响	0.630*** (11.32)	0.601*** (10.33)
观测值个数	17338	15451

注：括号中是 t 统计量；＊p<0.1，＊＊p<0.05，＊＊＊p<0.01。

三、按照地区分组

表6-10展示了社会医疗保险对城镇地区未成年群体和农村地区未成年群体收入的直接影响。由其可以看出，社会医疗保险可以显著促进城镇和农村地区非未成年家庭的收入水平，但是对城镇地区的未成年群体影响规模更大。

表6-10　社会医疗保险对收入的直接影响——按照地区分组

	收入	
	城镇	农村
社会医疗保险	1.062*** (6.38)	0.620*** (8.17)
常数	5.699*** (42.05)	3.491*** (56.95)
观测值个数	13073	19716

注：括号中是 t 统计量；＊p<0.1，＊＊p<0.05，＊＊＊p<0.01。

表6-11展示的中介变量——收入，关键解释变量——社会医疗保险，以及其他控制变量对未成年群体年度医疗资源使用的直接影响，并将这影响按照城镇和农村地区进行分组研究。研究表明收入对城镇和农村地区未成年人年度医疗资源使用没有直接的显著影响，这一结论说明，收入并不是本节内容的关键中介变量。社会医疗保险可以显著地、直接地促进城镇地区和农村地区未成年群体的年度医疗资源使用，且对于农村地区的促进规模更大。可见，社会医疗保险对促进医疗健康服务在不同人群中的公平性起到了一定的作用。

表6-11　社会医疗保险和收入对年度医疗资源利用的直接影响——按地区分组

	年度医疗资源利用	
	城镇	农村
收入	-0.004	0.007
	(-1.26)	(1.41)
社会医疗保险	0.525***	0.668***
	(8.09)	(13.03)
家庭规模	0.116***	0.033***
	(6.80)	(2.67)
年龄	-0.057	-0.106***
	(-1.61)	(-4.19)
性别	0.095	0.148***
	(1.57)	(3.09)
户口	0.210***	0.213*
	(3.26)	(1.76)
民族	0.361***	0.775***
	(3.27)	(11.24)
身高	-0.006***	-0.013***
	(-2.84)	(-6.68)
体重	0.004	0.009***
	(1.50)	(4.99)
教育支出	0.098*	0.206***
	(1.82)	(2.73)
年龄平方	-0.005***	-0.001
	(-3.03)	(-0.85)

续表

	年度医疗资源利用	
	城镇	农村
年级	-0.049	0.011
	(-1.28)	(0.37)
常数	1.326***	0.668***
	(5.47)	(3.36)
观测值个数	13073	19716

注：括号中是 t 统计量；*p<0.1，**p<0.05，***p<0.01。

通过观察其他的控制变量，可以发现，家庭规模显著促进两个分组下的未成年人年度医疗资源使用，但是对城镇地区的影响规模更大。户口、民族、身高均可以显著地促进两组未成年人年度医疗资源的使用。值得关注的一个变量是性别，性别变量仅在农村分组下显著，而在城镇分组下不显著。产生这个区别的原因可能是：对于农村地区，男性未成年居民年度医疗资源使用率显著高于农村地区女性未成年。这说明虽然社会医疗保险在促进总人口健康服务获取公平上起到了一定的作用，但是在小范围内，这种医疗资源使用的性别不公平现象仍然存在。

我们国家幅员辽阔，人口众多，如何保证社会医疗保险服务既能够实现全国层面上的大公平，又能实现细分人口下的小范围公平。解决这一问题，将会对整个国家医疗保险体系建设、健康提升体系建设做出重要的贡献，这是非常有意义的研究课题。然而解决这一问题，不仅需要国家健康保险体系的不断完善和建设，而且需要经济水平的提高、人民观念的改变等多方因素的共同作用。

表 6-12 展示了社会医疗保险对城镇地区未成年人口和农村地区未成年人口年度医疗资源使用的直接影响、间接影响和总影响。可见，社会医疗保险无法通过收入调节间接影响年度医疗资源使用，而可以通过直接促进农村地区和城镇地区未成年群体医疗资源使用，而这个促进规模在农村地区更加显著。相似的，社会医疗保险也对城镇和农村地区未成年年度医疗资源使用具有显著的总影响，这种总影响也在农村地区更加显著。

表 6-12　社会医疗保险对青少年年度医疗资源利用的
直接影响、间接影响与总影响——按地区分组

	年度医疗资源利用	
	城镇	农村
直接影响	0.525***	0.668***
	(8.09)	(13.03)

续表

	年度医疗资源利用	
	城镇	农村
间接影响	-0.006	0.004
	(-1.24)	(1.39)
总影响	0.521***	0.672***
	(8.02)	(13.14)
观测值个数	13073	19716

注：括号中是 t 统计量；*p<0.1，**p<0.05，***p<0.01。

通过对户口、性别和地区三个分组变量的分组研究，我们可以看出，社会医疗保险对于普遍共识中的弱势群体，即农业户口持有者和农村群体具有更大规模的促进其医疗资源使用的作用。可见，社会医疗保险对促进医疗健康服务在不同人群中的公平性起到了一定的价值，但在男女社会医疗资源使用中，男性略占优势。正如前文提到的，也要注重大公平范围内，针对不同细分人群的小公平，确保社会医疗保险工作的有效性。

本章小结

本章利用结构方程模型 SEM，采用中国家庭追踪调查 CFPS 数据，分析了社会医疗保险对未成年人医疗资源使用的影响机制，并以收入变量作为中介变量，探讨社会健康保险是否可以通过调节收入来间接提高未成年人的医疗资源使用。将社会健康保险对自评健康的影响机制按照户口、性别和地区进行了分组研究。

通过对总样本的研究得出，社会医疗保险可以显著促进未成年人年度医疗资源使用情况。然而，无法通过收入间接提高年度医疗资源使用情况，总体上来看，社会医疗保险对于青少年年度医疗资源利用的总影响达到0.616。

将总人口按照户口、性别和地区分组。第一个分组标准是按照户口分组。从而可以得出，无论是持有农业户口的未成年人，还是持有非农业户口的未成年人，社会医疗保险都能够直接显著地正向促进未成年人年度医疗资源使用，而且都无法通过收入间接影响未成年人的年度医疗资源使用。在总影响上，两组的结果均显著，即社会医疗保险可以显著地提升两组未成年人年度医疗资源使用情况。从影响规模上来看，农业户口持有者比非农业户口持有者的直接影响和总影响的规模高，这也就说明社会医疗保险对农业户口持有者，年度医疗资源使用促进情况更为显著。

第二个分组标准是按照性别分组。结果显示，无论是男性未成年群体还是女性未成年群体，社会医疗保险都能够显著地促进其年度医疗资源使用，但是无法通过收入间接促进年度医疗资源使用。从总影响上来看，两组的社会医疗保险都对其年度医疗资源利用率有显著的正向影响，从影响规模上来看，男性的影响规模大于女性。

第三个分组标准是按照地区分组，即将总人口分为城镇和农村两个组进行分组研究。我们的结果显示，无论是城镇地区还是农村地区，社会医疗保险都对未成年人年度医疗资源使用存在显著的正向的直接影响，而无法通过收入进行间接影响调节。总影响上也在两组人群中均显著，但是综合对比影响规模，农村地区的影响规模大于城镇地区，即社会医疗保险能够更加促进农村地区医疗资源使用情况。这也与本章中户口研究结果相呼应，对于来自农村地区，持有农业户口的未成年人，社会医疗保险更能够促进其年度医疗资源使用情况。

综上所述，社会医疗保险无法通过收入间接调节未成年人医疗资源使用。这一结论适用于总样本以及按照性别、户口、地区三个标准分组的分样本。虽然社会医疗保险可以总体上促进未成年人年度医疗资源使用率，但是也存在着明显的组间异质性，对于相对弱势的农村地区未成年人口和农业户口持有者的未成年人口，其促进医疗资源使用率的效果更加显著。在男性和女性群体中，社会医疗保险都能够显著促进其年度医疗资源使用，对于男性的促进效果显著高于女性群体。

第七章　商业体育保险社会经济价值的实证分析

——以健康保险为例

商业体育健康保险是我国体育保险发展的重要力量，然而国内关于商业体育健康保险的研究多集中在险种的介绍和发达国家保险制度的发展梳理，鲜有学者研究商业体育健康保险对未成年群体的健康促进作用。根据前文的文献综述梳理可知，这是第一个研究发展中国家背景下，商业健康保险对未成年健康状况影响的实证研究，而学生平安保险是最典型、最常见的商业体育健康保险，因此本章以此保险为例，探讨商业体育健康保险对个体健康的影响。

九年义务教育的深入实施，使大部分未成年群体可以进入学校学习，为了转移学生意外事故风险，近年来我国最有特色的针对未成年群体的商业健康保险当属学生平安保险（简称：学平险）。学平险特征总结为两点：①2015 年前，学平险是以学校为单位，学校统一为学生购买的商业健康保险；②2015 年开始，校园取消了包办学平险行为，改为个人自愿从保险公司购买。这两个背景知识对于本章的实证分析开展具有重要作用。

第一节　数据的选取和说明

本章分析数据来自于中国教育追踪调查（China Education Panel Study, CEPS）。CEPS 是由中国人民大学中国调查与数据中心（NSRC）设计与实施的大型追踪调查项目。CEPS 在全国范围内抽取 112 所学校、438 个班级、约 2 万名学生作为调查样本，调查对象包括学生、家长、教师及校领导。CEPS 提供个人层面、家庭层面和学校层面的信息，具体包括人口特征信息、健康情况、家庭情况和学校建设方面的基本信息。本章的研究对象是在 2013/2014 学年上初一的学生，并在 2014/2015 学年对同一批学生进行了追访。

本节的关键被解释变量为个人自评健康情况。个人自评健康取值从 1 到 5，分别指个人自评健康状况为非常差、不太好、中等、良好和非常好，即取值越高，个人越健康。自评健康水平是常见的描述健康的指标，在已有研究中被广泛使用（Baker et al.，2002；Hullegie et al.，2010；Baker et al.，2001）。由图 7 - 1 可知，大部分未成年群体汇报为中等及以上的自评健康水平，很少有未成年群体汇报非常差、不太好的健康水平，这导致本节采用的被解释变量不服从正态分布，需要考虑特定的实证模型对本节的关键问题进行分析。

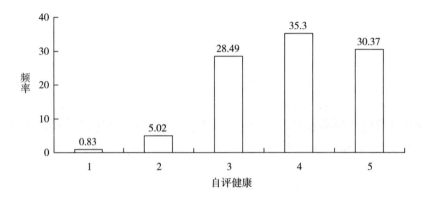

图 7 - 1　被解释变量分布

关键解释变量是每个学校收取学平险的保费金额。同时，基于学平险保费，本节又生成了一个虚拟变量，描述学校是否收取学平险保费。由于本节所采用的数据时间节点还在"包办"学平险阶段，这表示关键解释变量在回归中是外生的。具体来说，"包办"的学平险可以有效解决逆向选择问题，因为未成年及其家庭无法根据未成年健康状况反向选择商业健康保险。本节采用的数据是二期面板数据。尽管关键解释变量"学平险"仅存在于第二期数据中，但为了捕捉个人滞后期健康水平对当前健康水平的影响，我们在控制变量中进一步引入滞后期的个人自评健康水平。

控制变量主要分为两类。第一类变量是学校特征变量；第二类变量是个体特征变量。学校特征变量包括学校类型和学校位置。学校类型用学校学生升入重点高中的入学率来衡量。学校位置是 0 ~ 1 的变量，取 1 为城镇地区学校，取 0 为农村地区学校。

个体特征变量包括个人层面健康保险、幸福感、滞后期个人健康、年龄、年龄的平方、性别、户口、民族、身高、体重和家庭收入。个人层面健康保险是 0 ~ 1的变量，取决于学生是否获得了个人层面上的健康保险。引入这一控制变量是因为学校未提供的其他保险可能会影响学生的自评健康水平。幸福感用"个人在上个星期不开心的频率"来描述，取值从1到5，分别指一个人在上个星期从来没有感觉到不开心，或者很少、有时、经常或者总不开心。已有研究表明，主观幸福感会影响个人的自评健康水平（Rasciute et al.，2010）。将年龄作为控制变量是因为不同年龄段的个人生活习惯、健康储备可能不同，这可能会对个人健康有影响。控制年龄的平方是因为年龄对被解释变量的影响可能是非线性的。本书性别是0~1的变量，取1代表男性，0代表女性。户口是0~1的变量，取1为农业户口，取0为非农业户口。民族取1为汉族，取0为少数民族。身高（厘米）和体重（千克）是常用的衡量健康的指标，与个人健康水平息息相关。个人收入水平取值从1到5，分别指个人收入非常低、很低、一般、高和很高。

　　由表7-1可知，关于学校层面的控制变量，学校学生升入重点高中入学率越高的学校，越不容易为学生投保学平险。农村地区的学校更容易为学生投保学平险。这个统计性描述结果是符合预期的，因为重点中学或者是城镇地区的中学，财务情况一般优于其他对应中学学平险数据最基本的保障，而这些学校可以为学生提供更优质的健康管理服务，为预防学生的意外伤害风险做更加充分的准备。

表7-1　描述性统计

	样本均值	实验组均值	控制组均值	两组差值
自评健康	3.89	3.88	3.91	0.03
学平险（连续）	46.47	83.72	0	-83.72***
学平险（0~1）	0.56	1	0	——
学校特征				
学校类型	0.30	0.28	0.33	0.05***
学校位置	0.54	0.47	0.62	0.16***
个人特征				
个人层面健康保险	0.88	0.88	0.89	0.01
幸福感	2.19	2.21	2.17	-0.04
滞后期个人健康	4.16	4.14	4.17	0.03
年龄	13.83	13.88	13.77	-0.11***
年龄平方	191.90	193.37	190.08	-3.29***
性别	0.50	0.51	0.49	-0.02
户口	0.52	0.57	0.45	-0.12***
民族	0.93	0.92	0.95	0.03***
身高	158.60	158.04	159.19	1.15***

续表

	样本均值	实验组均值	控制组均值	两组差值
体重	93. 30	92. 76	93. 96	1. 20 **
家庭收入	3. 05	3. 03	3. 07	0. 04 ***
观测样本数	5318	2952	2366	5318

注：* p<0.1，**p<0.05，***p<0.01。

通过观察个人特征相关变量实验组均值和控制组均值之间的差异可知：参保学平险的个人更不容易购买个人层面的健康保险，并且参保学平险的个人拥有更高的幸福感；年龄越高的人越容易参保学平险，男性更容易参保学平险；农业户口和收入低的个人更容易参保学平险。这可能是因为学平险价格低廉，更适合在低收入群体中推广。

表7-1最后一列是实验组和控制组均值的差异，可见有学平险的个人健康水平与无学平险的个人无显著差异。然而，仅从两组的均值中并不能得出学平险对被解释变量影响的因果关系，因为两组中的其他控制变量也存在显著差异。因此，若想得到正确的因果分析结果，需要利用计量经济学方法，将控制变量纳入估计模型中。

第二节 实证方法

一、二层有序 Logit 模型

因为学生和学校存在明显的层级关系，又由于被解释变量是有序分类变量，因此本节采用二层有序 Logit 模型，同时考虑学校层面随机效应，来捕捉学校和学生之间的层级关系。$Health_{ij}$ 是从潜在的连续变量得到的，潜在连续变量的线性公式如下：

$$Health_{ij}^* = \beta_1 SAI_j + \beta_2 x_{ij} + u_j + \epsilon_{ij}，且$$

$$Health_{ij} = f(x) = \begin{cases} 1 & if \quad Health_{ij}^* \leqslant k_1 \\ 2 & if\, k_1 < Health_{ij}^* \leqslant k_2 \\ 3 & if\, k_2 < Health_{ij}^* \leqslant k_3 \\ 4 & if\, k_3 < Health_{ij}^* \leqslant k_4 \\ 5 & if\, k_4 < Health_{ij}^{'*} \end{cases} \quad (7-1)$$

在式（7-1）中，SAI_j是基于学校的商业健康保险计划，由学平险（虚拟）衡量。x_{ij}是衡量学生和学校特征的解释变量，并且β_p（$p=1,2$）是相关系数（固定效应）。u_j代表随机效应，它使回归截距在各个学校之间随机变化。误差ϵ_{ij}均值为0，方差$\pi^2/3$，并且独立于u_j。通常，根据中国中学入学规则的背景，学生无法选择就读哪所学校。因此，分配给学校的资源不太可能与无法观察到的学生自评健康的决定因素有关。

此二级回归模型的另一个假设是，个体的残差与预测变量x_{ij}不相关。为了处理个人自评健康与个人特征之间的潜在反向因果关系，潜在内生变量的滞后期数值而非当期数值被纳入到回归中。潜在的内生变量包括个人层面健康保险、幸福感、身高、体重和收入。

二、倾向得分匹配法

本节采用倾向得分匹配法（PSM）进行稳健性检查，PSM是常见的用于处理选择偏差的方法（Rosenbaum et al.，1983）。具体而言，当实验组（学平险=1）和控制组（学平险=0）的协变量不平衡时，多级回归方法可能会产生偏差。在多级数据结构下实现PSM的方法有多种，具体包括在倾向评分计算阶段或匹配阶段考虑多级特征。本节研究遵循Arpino等（2016）提出的朴素PSM方法（Naive PSM），即对学校的标准误差进行聚类，而Arpino等（2016）提出的其他方法却无法在当前研究中应用。例如，鉴于当前研究中的关键变量处于学校水平，因此在群集内匹配不适用。此外，由于群集数量众多（n=95），无法在倾向得分计算阶段考虑引入学校虚拟变量的固定效应模型。

另外，需要考虑因素是匹配方法的选择。PSM有不同的匹配方法，如半径匹配、近邻匹配等。但此处使用核匹配方法，因为使用此方法可以考虑更多观测信息。根据学校是否提供学平险确定个人属于实验组或控制组。控制组中的反事实个体是通过赋予相似个体更多的权重来构建的（Mensah et al.，2010）。倾向得分不在重叠分布内的所有观测值都将被删除。由于被解释变量是分类变量，因此采用按学校标准误进行聚类的有序logit PSM模型。

第三节　结果分析

表7-2列出了基准模型（两级有序Logit模型）下学平险对学生自评健康的因果影响。方差表明结果中各学校之间的差异程度，表明学生的自评健康中存在大量校际差异。模型1和模型2包括协变量个人层面健康保险，并且为了避免此

变量和学平险之间可能的重叠，在模型3和模型4中将其省略。这四个模型都表明学平险不会显著提高学生的自评健康水平，而个人层面健康保险可以显著改善个人的自评健康。这个结果符合预期，因为学平险并非针对学生的特定需求量身定制，学生和家长被剥夺了选择保险产品的权利，因此该商业健康保险对学生的健康提升作用有限。在多级模型中，Allison（2015）提出不应该将因变量的滞后值作为控制变量，因此本节将滞后期自评健康水平从协变量中去除，重新进行回归，但其结果没有改变。

表7-2　学平险对学生自评健康的影响——基于多层有序 Logit 模型

	自评健康			
	模型1	模型2	模型3	模型4
学平险（连续变量）	-0.000		-0.000	
	(-0.29)		(-0.21)	
学平险（虚拟变量）		-0.018		-0.018
		(-0.22)		(-0.23)
个人健康保险	0.197**	0.196**		
	(2.37)	(2.37)		
学校类型	-0.009	-0.005	-0.008	-0.007
	(-0.03)	(-0.02)	(-0.03)	(-0.03)
学校位置	0.102	0.100	0.111	0.109
	(1.11)	(1.09)	(1.20)	(1.18)
幸福感	-0.176***	-0.176***	-0.177***	-0.177***
	(-6.37)	(-6.37)	(-6.41)	(-6.41)
滞后期自评健康	0.907***	0.907***	0.907***	0.907***
	(26.45)	(26.45)	(26.45)	(26.45)
年龄	1.397*	1.391*	1.367*	1.362*
	(1.93)	(1.92)	(1.89)	(1.88)
年龄平方	-0.050*	-0.050*	-0.049*	-0.049*
	(-1.94)	(-1.93)	(-1.90)	(-1.89)
性别	0.217***	0.217***	0.218***	0.219***
	(4.07)	(4.08)	(4.10)	(4.11)
户口	0.001	0.001	0.002	0.003
	(0.01)	(0.02)	(0.04)	(0.04)

续表

	自评健康			
	模型1	模型2	模型3	模型4
民族	0.101	0.101	0.098	0.097
	(0.84)	(0.84)	(0.81)	(0.81)
身高	0.001	0.001	0.001	0.001
	(0.24)	(0.23)	(0.25)	(0.24)
体重	0.000	0.000	0.000	0.000
	(0.08)	(0.07)	(0.11)	(0.10)
收入	0.125**	0.125**	0.128**	0.128**
	(2.41)	(2.41)	(2.46)	(2.46)
阈值1	8.851*	8.808*	8.472*	8.423*
	(1.74)	(1.72)	(1.66)	(1.65)
阈值2	10.931**	10.889**	10.552**	10.504**
	(2.14)	(2.13)	(2.07)	(2.06)
阈值3	13.340***	13.298***	12.960**	12.911**
	(2.62)	(2.60)	(2.54)	(2.53)
阈值4	15.089***	15.047***	14.708***	14.659***
	(2.96)	(2.95)	(2.88)	(2.87)
方差	0.074***	0.074***	0.075***	0.075***
	(3.65)	(3.65)	(3.68)	(3.68)
观测值个数	5318	5318	5318	5318

注：括号中是 z 统计量；* $p<0.1$，** $p<0.05$，*** $p<0.01$。

由表 7-2 可知，幸福感和滞后期自评健康是当前健康状况的重要预测指标，因为两者都对学生的自评健康产生显著的正向影响。此外，回归结果得出男学生的自评健康水平高于女学生，这与已有研究一致。研究表明，在获取健康促进资源方面可能存在性别差异（Doyal，2001）。此外来自富裕家庭的学生健康状况更好，这也与早期的研究相吻合。早期的研究表明，收入对于获得与健康促进有关的商品和服务很重要（Marmot，2002）。

表 7-3 显示了基于表 7-2 中模型 2 的学校水平的虚拟变量和个人水平的保险对自评健康水平的边际效应。结果表明，参加个人层面健康保险计划显著降低了个人报告自评健康非常差、不太好、中等的可能性为 0.1%，0.7% 和 3.4%。

显著提高了个人报告自评健康为良好和非常好的概率为 0.4% 和 3.8%。但是，学平险对个人自评健康的作用效果不明显。

表 7 - 3　学平险和个人健康保险对学生的自评健康状况的
边际影响——基于多层有序 Logit 回归模型

	非常差	不太好	中等	良好	非常好
学平险	0.000 (0.222)	0.001 (0.222)	0.003 (0.222)	-0.000 (-0.222)	-0.003 (-0.222)
个人健康保险	-0.001** (-2.228)	-0.007** (-2.342)	-0.034** (-2.362)	0.004* (1.898)	0.038** (2.364)
观测值个数	5318	5318	5318	5318	5318

注：括号中是 z 统计量；* $p<0.1$，** $p<0.05$，*** $p<0.01$。

表 7 - 4 显示了利用有序 Logit PSM 模型得出的学平险和个人健康保险对自评健康的边际影响。可以看出，两种方法始终表明参加个人健康保险计划可以显著提高学生的自评健康水平，而没有证据表明基于学校的学平险可以提高学生的自评健康。

表 7 - 4　学平险和个人健康保险对学生的自评健康状况的
边际影响——基于有序 Logit PSM 模型

	非常差	不太好	中等	良好	非常好
学平险	0.000 (0.568)	0.002 (0.569)	0.008 (0.570)	-0.001 (-0.574)	-0.009 (-0.569)
个人健康保险	-0.001* (-1.886)	-0.007* (-1.874)	-0.029* (-1.908)	0.003 (1.525)	0.032* (1.921)
观测值个数	5317	5317	5317	5317	5317

注：括号中是 z 统计量；* $p<0.1$，** $p<0.05$，*** $p<0.01$。观测值个数小于基础模型个数 (5318)，这是由于不在共同区间（Common Support）内的变量被删除。

表 7 - 5 列出了 PSM 平衡性检验的结果。结果显示，匹配后，实验组和控制组之间每个协变量的标准化均值差小于 7.3，满足了标准化均值差需要小于 10 的标准，表明实验组和控制组之间实现了良好的平衡（Grilli et al.，2011；Rosenbaum et al.，1985）。

表7-5 平衡性检验

变量	匹配情况	实验组均值	控制组均值	标准化均值差	标准化均值差的减少
个人健康保险	匹配前	0.88	0.89	-3.80	
	匹配后	0.88	0.87	0.90	75.40
学校类型	匹配前	0.28	0.33	-28.10	
	匹配后	0.28	0.28	1.10	96.20
学校位置	匹配前	0.47	0.62	-31.50	
	匹配后	0.47	0.47	-0.70	97.90
幸福感	匹配前	2.21	2.17	4.10	
	匹配后	2.21	2.21	0.20	94.90
滞后期自评健康	匹配前	4.14	4.17	-2.90	
	匹配后	4.14	4.15	-1.00	66.10
年龄	匹配前	13.88	13.77	13.50	
	匹配后	13.88	13.84	4.30	68.10
年龄平方	匹配前	193.37	190.08	14.10	
	匹配后	193.33	192.35	4.20	70.40
性别	匹配前	0.51	0.49	3.90	
	匹配后	0.51	0.51	-0.20	95.70
户口	匹配前	0.57	0.45	24.60	
	匹配后	0.57	0.57	0.70	97.00
民族	匹配前	0.92	0.95	-13.00	
	匹配后	0.92	0.94	-7.30	44.00
身高	匹配前	158.04	159.19	-14.00	
	匹配后	158.04	158.20	-2.00	85.50
体重	匹配前	92.76	93.96	-5.60	
	匹配后	92.76	93.03	-1.30	77.10
收入	匹配前	3.03	3.07	-7.90	
	匹配后	3.03	3.03	-0.30	95.60

第四节 分组研究

本节探讨健康保险在城乡二元经济以及不同性别群体中对未成年群体健康干预的异质性。

一、按照户口分组

由于城乡二元结构的客观存在，非常有必要对商业健康保险对健康的影响进行以户口为分组变量的分组研究。本节探究商业健康保险对于持有不同类型户口的未成年人是否存在不同的影响。

表 7-6 显示了利用二层有序 Logit 模型得出了以农业户口和非农业户口为分组标准的估计结果。可见，与主回归得出的结论相似，学校层面统一的商业健康保险对未成年人自评健康没有显著影响，然而对于持有农业户口的个人，个人层面的商业健康保险对自评健康有显著的促进作用。对比来看，个人层面的商业健康保险对于持有非农业户口的未成年在模型 2 下不显著。这个结论非常重要，因为在一般情况下，持有农业户口的个人多来自于农村地区，一般受限于当地的经济发展和医疗设施建设，面临较低水平的生活环境和较高的死亡率。个人层面的商业健康保险可以显著提高持有农业户口未成年人的健康状况，为我们提高农村地区人口，尤其是农村未成年人口的健康水平，提供了新的发展思路。为进一步缩小城乡地区健康水平，提供了政策参考依据。

表 7-6　按照户口分组学平险对学生自评健康的影响——基于多层有序 Logit 模型

	自评健康							
	农业户口				非农业户口			
	模型 1	模型 2	模型 3	模型 4	模型 1	模型 2	模型 3	模型 4
学平险 （连续变量）	0.000 (0.44)		0.000 (0.53)		-0.001 (-0.63)		-0.000 (-0.59)	
学平险 （虚拟变量）		0.032 (0.31)		0.035 (0.35)		-0.048 (-0.51)		-0.053 (-0.55)
个人健康保险	0.179* (1.65)	0.181* (1.67)			0.214* (1.67)	0.210 (1.64)		
学校类型	-0.264 (-0.76)	-0.274 (-0.79)	-0.264 (-0.76)	-0.277 (-0.80)	0.229 (0.74)	0.239 (0.78)	0.227 (0.73)	0.235 (0.76)
学校位置	0.143 (1.28)	0.145 (1.30)	0.149 (1.34)	0.151 (1.35)	0.071 (0.60)	0.066 (0.55)	0.080 (0.67)	0.074 (0.62)
幸福感	-0.191*** (-4.88)	-0.191*** (-4.88)	-0.192*** (-4.92)	-0.192*** (-4.92)	-0.155*** (-3.99)	-0.156*** (-3.99)	-0.156*** (-3.99)	-0.156*** (-4.00)
滞后期 自评健康	0.896*** (19.32)	0.896*** (19.32)	0.895*** (19.31)	0.895*** (19.31)	0.917*** (18.04)	0.917*** (18.04)	0.918*** (18.07)	0.918*** (18.07)

续表

	自评健康							
	农业户口				非农业户口			
	模型1	模型2	模型3	模型4	模型1	模型2	模型3	模型4
年龄	1.204	1.212	1.172	1.180	1.366	1.321	1.357	1.310
	(1.40)	(1.41)	(1.37)	(1.37)	(0.94)	(0.91)	(0.93)	(0.90)
年龄平方	-0.044	-0.044	-0.043	-0.043	-0.048	-0.046	-0.048	-0.046
	(-1.45)	(-1.45)	(-1.41)	(-1.42)	(-0.92)	(-0.88)	(-0.91)	(-0.88)
性别	0.199***	0.199***	0.201***	0.201***	0.238***	0.238***	0.237***	0.238***
	(2.71)	(2.71)	(2.75)	(2.74)	(3.06)	(3.07)	(3.05)	(3.07)
民族	0.179	0.178	0.173	0.172	0.022	0.019	0.019	0.016
	(1.07)	(1.06)	(1.03)	(1.02)	(0.13)	(0.11)	(0.12)	(0.10)
身高	-0.000	-0.000	0.000	0.000	0.002	0.002	0.002	0.002
	(-0.01)	(-0.01)	(0.01)	(0.01)	(0.38)	(0.35)	(0.38)	(0.35)
体重	0.002	0.002	0.002	0.002	-0.001	-0.001	-0.001	-0.001
	(0.68)	(0.69)	(0.69)	(0.71)	(-0.62)	(-0.63)	(-0.59)	(-0.59)
收入	0.064	0.065	0.064	0.066	0.171**	0.171**	0.177**	0.177**
	(0.88)	(0.90)	(0.89)	(0.91)	(2.31)	(2.31)	(2.39)	(2.39)
阈值1	7.094	7.158	6.707	6.768	9.104	8.758	8.871	8.508
	(1.17)	(1.18)	(1.10)	(1.11)	(0.90)	(0.87)	(0.88)	(0.84)
阈值2	9.116	9.180	8.728	8.789	11.262	10.916	11.029	10.666
	(1.50)	(1.51)	(1.44)	(1.45)	(1.12)	(1.08)	(1.09)	(1.06)
阈值3	11.584*	11.647*	11.194*	11.256*	13.590	13.244	13.356	12.993
	(1.91)	(1.91)	(1.84)	(1.85)	(1.35)	(1.31)	(1.32)	(1.29)
阈值4	13.315**	13.379**	12.925**	12.986**	15.353	15.007	15.118	14.755
	(2.19)	(2.20)	(2.13)	(2.13)	(1.52)	(1.49)	(1.50)	(1.46)
方差	0.076***	0.076***	0.077***	0.077***	0.048*	0.049*	0.050*	0.051*
	(2.68)	(2.68)	(2.71)	(2.70)	(1.81)	(1.83)	(1.86)	(1.87)
观测值个数	2768	2768	2768	2768	2550	2550	2550	2550

注：括号中是 z 统计量；* $p<0.1$，** $p<0.05$，*** $p<0.01$。

此外，不论是农业户口还是非农业户口持有者，幸福感仍然是影响个人自评健康的显著影响因素。这凸显出，关注未成年主观幸福感，是提高其自评健康的有力工具。滞后期健康会显著影响当期健康，这是由于健康水平是一个持续的积累过程。关注长期健康是非常重要的。无论是哪个户口分组的未成年，男性的自评健康水平均显著高于女性。这体现出，在未成年群体中，健康仍然存在较为显著的差异。收入变量仅在非农业户口持有中显著，而在农业户口分组中并不显著。这可能是因为，对于非农业户口持有者，大部分未成年来自于城镇地区，城镇地区的生活成本普遍高于农村地区，且收入差距也普遍高于农村地区。高收入可以为城镇未成年提供更好的医疗条件，进而提高自评健康水平，而对于收入差距较小的农村地区，收入并非显著影响个人自评健康水平的因素。

表7-7显示了基于表7-6中不同组别模型2的学平险虚拟变量和个人健康保险对自评健康水平的边际效应。结果表明，对于持有任何种类户口的未成年群体来说，学平险对自评健康的影响均不显著。对比来看，个人层面的健康保险对持有农业户口的未成年人有显著影响，而对持有非农业户口的未成年无显著影响。具体来说，参加个人层面健康保险计划显著降低持有农业户口个人报告自评健康不太好、中等的可能性为0.7%和3.3%，显著提高个人报告自评健康为非常好的概率为3.4%。

表7-7 按户口分组学平险和个人健康保险对学生的自评健康状况的
边际影响——基于多层有序 Logit 回归模型

	非常差	不太好	中等	良好	非常好
学平险					
农业户口	−0.000 （−0.314）	−0.001 （−0.314）	−0.006 （−0.314）	0.001 （0.313）	0.006 （0.315）
观测值个数	2768	2768	2768	2768	2768
非农业户口	0.000 （0.502）	0.002 （0.505）	0.008 （0.505）	0.000 （0.204）	−0.010 （−0.505）
观测值个数	2550	2550	2550	2550	2550
个人健康保险					
农业户口	−0.001 （−1.592）	−0.007 * （−1.659）	−0.033 * （−1.671）	0.007 （1.589）	0.034 * （1.672）
观测值个数	2768	2768	2768	2768	2768
非农业户口	−0.001 （−1.534）	−0.007 （−1.629）	−0.035 （−1.641）	0.000 （−0.227）	0.043 （1.642）
观测值个数	2550	2550	2550	2550	2550

注：括号中是 z 统计量；＊ $p<0.1$，＊＊ $p<0.05$，＊＊＊ $p<0.01$。

表 7-8 显示了利用有序 Logit PSM 模型得出的不同户口组学平险和个人健康保险对自评健康的边际影响。与基准模型不同的是，Logit PSM 方法没有检测到本书任意一种类型的健康保险对健康的影响。这可能是由于：虽然表 7-7 检测出了结果在持有农业户口个人组显著，但是仅在个别被解释变量取值下（不太好、中等、非常好），结果在 10% 水平下显著。这种显著水平是边际的。因此，没有有利证据证明个人层面健康保险对于不同户口持有者自评健康促进有显著的异质性。所以，上一个回归结果得到的商业健康保险可以是降低城乡健康差异的有效工具，而在这一步回归结果中并没有体现出来。我们需要进一步加强商业健康保险市场建设管理，切实提高商业健康保险对不同地区、不同户籍持有人的健康水平的促进作用。

表 7-8　按户口分组学平险和个人健康保险对学生的自评健康状况的
边际影响——基于有序 Logit PSM 模型

	非常差	不太好	中等	良好	非常好
学平险					
农业户口	0.000	-0.001	-0.003	0.001	0.003
	(-0.154)	(-0.155)	(-0.154)	(0.154)	(0.154)
观测值个数	2764	2764	2764	2764	2764
非农业户口	0.000	0.001	0.007	0.000	-0.010
	(0.390)	(0.403)	(0.404)	(-0.393)	(-0.400)
观测值个数	2543	2543	2543	2543	2543
个人健康保险					
农业户口	-0.001	-0.005	-0.025	0.005	0.026
	(-1.249)	(-1.237)	(-1.236)	(1.123)	(1.253)
观测值个数	2764	2764	2764	2764	2764
非农业户口	-0.001	-0.006	-0.030	0.001	0.036
	(-1.279)	(-1.280)	(-1.313)	(0.589)	(1.315)
观测值个数	2543	2543	2543	2543	2543

注：括号中是 z 统计量。观测值个数小于基础模型个数，这是由于不在共同区间（Common Support）内的变量被删除。

表 7-9 列出了 PSM 平衡性检验的结果。结果显示，匹配后，实验组和控制组之间每个协变量的标准化均值均小于 10 的标准，表明实验组和控制组之间实现了良好的平衡（Grilli et al., 2011; Rosenbaum et al., 1985）。

表7-9　平衡性检验——按照户口分组

变量	匹配情况	农业户口				非农业户口			
		实验组均值	控制组均值	标准化均值差	标准化均值差的减少	实验组均值	控制组均值	标准化均值差	标准化均值差的减少
个人健康保险	匹配前	0.87	0.86	5.1		0.88	0.92	-11.7	
	匹配后	0.87	0.87	0.7	86.5	0.88	0.89	-2.1	82.1
学校类型	匹配前	0.24	0.28	-23.3		0.33	0.37	-21.4	
	匹配后	0.24	0.24	2.5	89.2	0.33	0.33	1.6	92.5
学校位置	匹配前	0.30	0.37	-16.2		0.70	0.83	-31	
	匹配后	0.30	0.28	3.1	80.8	0.71	0.71	-1.1	96.5
幸福感	匹配前	2.25	2.22	3.3		2.16	2.13	2.9	
	匹配后	2.25	2.23	2	40.4	2.16	2.17	-0.5	83.4
滞后期自评健康	匹配前	4.10	4.06	4.4		4.21	4.26	-6.4	
	匹配后	4.09	4.11	-1.7	60	4.21	4.21	-0.1	98.9
年龄	匹配前	13.99	13.83	17.7		13.73	13.71	2.4	
	匹配后	13.98	13.90	8.4	52.5	13.72	13.70	2.1	12.7
年龄平方	匹配前	196.50	191.93	18.2		189.14	188.54	2.9	
	匹配后	196.26	194.10	8.6	52.8	188.80	188.35	2.2	24.9
性别	匹配前	0.52	0.50	4		0.50	0.48	3.1	
	匹配后	0.52	0.52	-0.9	77.9	0.50	0.49	1.8	42.6
民族	匹配前	0.90	0.97	-26		0.94	0.94	1.5	
	匹配后	0.90	0.91	-3.1	88.3	0.94	0.95	-1.6	-2.8
身高	匹配前	157.06	157.27	-2.6		159.36	160.77	-17.7	
	匹配后	157.05	156.94	1.4	47.2	159.39	159.51	-1.5	91.5
体重	匹配前	90.28	90.07	1		96.12	97.18	-4.7	
	匹配后	90.25	89.96	1.5	-39.7	96.15	96.43	-1.3	73.1
收入	匹配前	2.94	2.94	0.3		3.14	3.18	-6.6	
	匹配后	2.94	2.96	-2.5	-837.9	3.14	3.14	0.9	86.1

2014年7月3日，国务院印发《关于进一步推进户籍制度改革的意见》就进一步推进户籍制度改革提出三方面十一条具体政策措施。一是进一步调整户口迁移政策。全面放开建制镇和小城市落户限制，有序放开中等城市落户限制，合理确定大城市落户条件，严格控制特大城市人口规模，有效解决户口迁移中的重点问题。二是创新人口管理。建立城乡统一的户口登记制度，建立居住证制度，

健全人口信息管理制度。三是切实保障农业转移人口及其他常住人口的合法权益。完善农村产权制度，扩大义务教育、就业服务、基本养老、基本医疗卫生、住房保障等城镇基本公共服务覆盖面，加强基本公共服务财力保障（新华社，2014）。可见，长久来看，城乡二元结构将会渐渐被取代。我国城镇与农村地区经济发展水平、社会环境、人才储备等方面虽然差别巨大，但是商业健康保险的购买并不受到户口的限制。因此，户籍对未成年健康的影响有限。这与社会健康保险在户籍间的异质性存在一定差异，也体现出建立多层次未成年健康保险制度的重要性。

二、按照性别分组

对性别进行分组研究可以探索男性未成年人和女性未成年人在健康保险提升健康方面的差异。表 7 - 10 显示了利用二层有序 Logit 模型得出了以性别分组的估计结果。可见，与主回归得出的结论相似，学校层面统一的商业健康保险对未成年人自评健康没有显著影响，然而对于男性未成年人，个人层面的商业健康保险对自评健康有显著的促进作用。对比来看，个人层面的商业健康保险对女性未成年影响有限。这个结论进一步印证了健康水平在我国未成年群体中具有显著的性别异质性。这与前人研究得出的结论类似，女性在健康服务获得过程中未实现与男性同等公平（Doyal，2001）。解释这一现象的可能原因是：男性未成年人可能比女性未成年人使用更多的医疗服务，面临更多的意外风险，因而商业健康保险对男性更加有利。

表 7 - 10　按照性别分组学平险对学生自评健康的影响

	自评健康							
	男性				女性			
	模型 1	模型 2	模型 3	模型 4	模型 1	模型 2	模型 3	模型 4
学平险（连续变量）	- 0.001（- 0.61）		- 0.000（- 0.48）		0.000（0.07）		0.000（0.09）	
学平险（虚拟变量）		- 0.081（- 0.86）		- 0.079（- 0.84）		0.051（0.49）		0.050（0.47）
个人健康保险	0.273 **（2.31）	0.269 **（2.28）			0.134（1.15）	0.135（1.16）		
学校类型	- 0.006（- 0.02）	- 0.003（- 0.01）	0.001（0.00）	0.000（0.00）	- 0.075（- 0.21）	- 0.061（- 0.17）	- 0.081（- 0.23）	- 0.068（- 0.19）

续表

	自评健康							
	男性				女性			
	模型1	模型2	模型3	模型4	模型1	模型2	模型3	模型4
学校位置	0.121	0.116	0.133	0.128	0.104	0.108	0.111	0.114
	(1.11)	(1.06)	(1.22)	(1.17)	(0.83)	(0.86)	(0.88)	(0.91)
幸福感	−0.191***	−0.192***	−0.192***	−0.193***	−0.162***	−0.162***	−0.162***	−0.163***
	(−5.07)	(−5.08)	(−5.10)	(−5.11)	(−3.96)	(−3.97)	(−3.98)	(−3.99)
滞后期自评健康	0.890***	0.891***	0.891***	0.891***	0.936***	0.936***	0.935***	0.935***
	(18.49)	(18.50)	(18.50)	(18.51)	(19.06)	(19.07)	(19.06)	(19.06)
年龄	0.941	0.913	0.885	0.858	2.758**	2.784**	2.758**	2.783**
	(0.97)	(0.94)	(0.91)	(0.88)	(2.52)	(2.54)	(2.52)	(2.54)
年龄平方	−0.032	−0.031	−0.030	−0.029	−0.101***	−0.102***	−0.101***	−0.102***
	(−0.93)	(−0.90)	(−0.87)	(−0.84)	(−2.58)	(−2.61)	(−2.59)	(−2.61)
户口	−0.001	0.002	0.002	0.005	0.013	0.012	0.013	0.012
	(−0.01)	(0.03)	(0.02)	(0.06)	(0.14)	(0.13)	(0.14)	(0.13)
民族	0.100	0.098	0.095	0.091	0.095	0.098	0.091	0.094
	(0.60)	(0.59)	(0.57)	(0.55)	(0.57)	(0.59)	(0.55)	(0.57)
身高	0.006	0.006	0.006	0.006	−0.009	−0.009	−0.009	−0.009
	(1.18)	(1.14)	(1.19)	(1.16)	(−1.28)	(−1.27)	(−1.28)	(−1.26)
体重	−0.000	−0.000	−0.000	−0.000	0.000	0.000	0.001	0.001
	(−0.16)	(−0.18)	(−0.14)	(−0.15)	(0.19)	(0.18)	(0.22)	(0.21)
收入	0.086	0.085	0.090	0.090	0.175**	0.175**	0.177**	0.177**
	(1.24)	(1.22)	(1.30)	(1.29)	(2.27)	(2.27)	(2.30)	(2.30)
阈值1	6.759	6.507	6.132	5.885	16.154**	16.385**	16.033**	16.250**
	(0.98)	(0.95)	(0.89)	(0.86)	(2.11)	(2.14)	(2.09)	(2.12)
阈值2	8.595	8.343	7.967	7.719	18.522**	18.753**	18.400**	18.617**
	(1.25)	(1.21)	(1.16)	(1.12)	(2.42)	(2.44)	(2.40)	(2.43)
阈值3	10.947	10.694	10.317	10.069	20.999***	21.230***	20.877***	21.094***
	(1.59)	(1.56)	(1.50)	(1.47)	(2.74)	(2.77)	(2.72)	(2.75)
阈值4	12.661*	12.409*	12.029*	11.781*	22.799***	23.030***	22.677***	22.894***
	(1.84)	(1.81)	(1.75)	(1.72)	(2.97)	(3.00)	(2.96)	(2.98)
方差	0.067**	0.066**	0.068**	0.067**	0.114***	0.113***	0.115***	0.114***
	(2.40)	(2.36)	(2.41)	(2.37)	(3.10)	(3.08)	(3.12)	(3.10)
观测值个数	2662	2662	2662	2662	2656	2656	2656	2656

注：括号中是 z 统计量；* $p < 0.1$，** $p < 0.05$，*** $p < 0.01$。

通过进一步对本节使用数据进行分析，得出 88.32% 的男性未成年人拥有个人层面上的健康保险，几乎与女性 88.25% 的概率相同。在参保个人层面保险比例类似的情况下，商业健康保险为何会对自评健康产生如此大的影响差异呢？可能潜在的原因就是：个人层面上商业健康保险的种类不同，保障金额不同，而这部分内容由于数据限制，我们只能留待日后分析。总之，在推动健康事业发展过程中，更应该关注性别差异。

此外，表 7-10 结果显示，不论在任何性别分组，滞后期的自评健康和幸福感都与自评健康显著相关。可见，健康是一个不断储备的过程，而且心理健康对于自评健康具有重要的影响作用。值得注意的是年龄变量和收入变量只在女性群体中显著，而在男性群体中不显著。

表 7-11 显示了基于表 7-10 中不同组别模型 2 的学平险虚拟变量和个人水平的保险对自评健康水平的边际效应。结果表明，对于不同性别的未成年群体来说，学平险对自评健康的影响均不显著。对比来看，个人层面的健康保险对男性未成年人有显著影响，而对女性的未成年人无显著影响。具体来说，参加个人层面健康保险计划显著降低了男性未成年人报告自评健康非常差、不太好、中等的可能性为 0.2%，0.8% 和 4.5%，显著提高个人报告自评健康为非常好的概率为 5.6%。

表 7-11　按性别分组学平险和个人健康保险对学生的自评健康
状况的边际影响——基于多层有序 Logit 回归模型

	非常差	不太好	中等	良好	非常好
学平险					
男性	0.001	0.002	0.014	0.000	-0.017
	(0.847)	(0.857)	(0.858)	(0.457)	(-0.858)
观测值个数	2662	2662	2662	2662	2662
女性	0.000	-0.002	-0.009	0.002	0.009
	(-0.482)	(-0.485)	(-0.486)	(0.481)	(0.486)
观测值个数	2656	2656	2656	2656	2656
个人健康保险					
男性	-0.002**	-0.008**	-0.045**	-0.001	0.056**
	(-2.088)	(-2.238)	(-2.279)	(-0.534)	(2.284)
观测值个数	2662	2662	2662	2662	2662
女性	-0.001	-0.005	-0.024	0.006	0.024
	(-1.123)	(-1.160)	(-1.163)	(1.137)	(1.163)
观测值个数	2656	2656	2656	2656	2656

注：括号中是 z 统计量；* $p<0.1$，** $p<0.05$，*** $p<0.01$。

表 7 - 12 显示了利用有序 Logit PSM 模型得出的不同性别组学平险和个人保险对自评健康的边际影响。与基准模型得出的结果表 7 - 11 相同，Logit PSM 方法得出男性群体中个人层面上健康保险对自评健康有显著的促进作用，而对女性没有显著影响。然而学平险对于任何性别群体的自评健康都没有显著影响。具体来说，参加个人层面健康保险计划显著降低男性未成年人报告自评健康非常差、不太好、中等的可能性为 0.2%，1.0% 和 5.3%，显著提高个人报告自评健康为非常好的概率为 6.6%。

表 7 - 12   按性别分组学平险和个人健康保险对学生的自评
健康状况的边际影响——基于有序 Logit PSM 模型

	非常差	不太好	中等	良好	非常好
学平险					
男性	0.001	0.003	0.019	0.001	- 0.023
	(1.145)	(1.163)	(1.191)	(0.613)	(- 1.184)
观测值个数	2661	2661	2661	2661	2661
女性	0.000	- 0.002	- 0.011	0.003	0.011
	(- 0.551)	(- 0.557)	(- 0.561)	(0.544)	(0.564)
观测值个数	2625	2625	2625	2625	2625
个人健康保险					
男性	- 0.002 **	- 0.010 **	- 0.053 **	- 0.002	0.066 **
	(- 2.256)	(- 2.326)	(- 2.385)	(- 0.730)	(2.409)
观测值个数	2661	2661	2661	2661	2661
女性	0.000	- 0.001	- 0.005	0.001	0.005
	(- 0.241)	(- 0.240)	(- 0.242)	(0.239)	(0.242)
观测值个数	2625	2625	2625	2625	2625

注：括号中是 z 统计量；＊ p < 0.1，＊＊p < 0.05，＊＊＊p < 0.01。观测值个数小于基础模型个数，这是由于不在共同区间（Common Support）内的变量被删除。

PSM 结果无偏的关键之一在于控制变量在实验组和控制组之间经过匹配后没有显著差异。表 7 - 13 列出了 PSM 平衡性检验的结果。结果显示，匹配后，实验组和控制组之间每个协变量的标准化均值均小于 10 的标准，表明实验组和控制组之间实现了良好的平衡（Grilli et al.，2011；Rosenbaum et al.，1985）。

表7-13 平衡性检验——按照性别分组

变量	匹配情况	男性				女性			
		实验组均值	控制组均值	标准化均值差	标准化均值差的减少	实验组均值	控制组均值	标准化均值差	标准化均值差的减少
个人健康保险	匹配前	0.88	0.89	-3.5		0.88	0.89	-4.2	
	匹配后	0.88	0.87	2.1	41.1	0.88	0.88	0	99.5
学校类型	匹配前	0.28	0.32	-25.1		0.28	0.33	-31.1	
	匹配后	0.28	0.28	0.4	98.2	0.28	0.28	0.3	98.9
学校位置	匹配前	0.47	0.62	-30.6		0.47	0.62	-32.4	
	匹配后	0.47	0.47	0.8	97.4	0.47	0.49	-3.3	89.9
幸福感	匹配前	2.16	2.17	-1.1		2.27	2.17	10.1	
	匹配后	2.16	2.17	-1.1	3.8	2.25	2.26	-0.1	98.6
滞后期自评健康	匹配前	4.19	4.19	0.2		4.10	4.15	-6.4	
	匹配后	4.19	4.19	-0.4	-147.7	4.10	4.10	0.9	86.1
年龄	匹配前	13.96	13.85	12.3		13.80	13.68	14.1	
	匹配后	13.95	13.91	4.9	60.1	13.74	13.71	4.4	68.5
年龄平方	匹配前	195.60	192.52	12.9		191.06	187.73	14.8	
	匹配后	195.52	194.37	4.8	62.9	189.54	188.57	4.3	71
户口	匹配前	0.58	0.46	25		0.57	0.45	24.1	
	匹配后	0.58	0.58	0.1	99.8	0.56	0.55	1.9	92.3
民族	匹配前	0.92	0.95	-13		0.92	0.95	-13.1	
	匹配后	0.92	0.94	-7.1	45.3	0.93	0.94	-3.4	74.3
身高	匹配前	159.43	160.98	-16.8		156.60	157.47	-13	
	匹配后	159.42	159.63	-2.3	86.5	156.62	156.56	1	92.6
体重	匹配前	96.11	98.83	-11.3		89.29	89.29	0	
	匹配后	96.10	96.55	-1.9	83.3	89.21	88.93	1.6	-5037.6
收入	匹配前	3.04	3.07	-6.6		3.02	3.07	-9.6	
	匹配后	3.04	3.03	0.2	96.4	3.02	3.02	0.5	94.8

本章小结

本章采用两级有序 Logit 模型和有序 Logit PSM 模型（聚类学校标准误），研究学校统一的学平险对学生自评健康的影响。通过两种方法，本章均未发现任何证据表明以学校为基础的统一学平险计划可以改善中学生的自评健康水平。但是，个性化商业健康保险可以显著提高学生的自评健康水平。此结论与前人文献一致，即个性化健康保险对健康有积极作用（Baker et al.，2002；Dor et al.，2006；Hullegie et al.，2010）。虽然先前研究多以发达国家的成年人口为研究对象，但是与考虑发展中国家的儿童人口得出了类似的结论。这可能是由于私人健康保险可以满足个人个性化需求，不受个人年龄和国籍限制，可以有效获得最佳治疗方案（Bhattacharya et al.，2003；Sriravindrarajah et al.，2019）。此外，本章还发现统一的商业健康保险，如学平险对学生健康状况的影响可以忽略不计。这与先前的研究不一致，前人发现商业健康保险对健康具有积极促进作用（Baker et al.，2002；Dor et al.，2006；Hullegie et al.，2010）。这可能是由于本章中的学平险是学校层面的统一保险，并未满足学生个性化需求，只有精心选择适合个人需求的私人健康保险计划才能成为改善个人健康状况有价值的工具（Drechsler et al.，2007）。在同一学校内所有学生的统一保险政策可能会导致资源分配效率低下，并且个人在统一政策下无法获得最佳治疗方案。

本章进一步对样本按照户口和性别进行了分组研究，得出商业健康保险对于健康的促进作用具有明显的组间异质性。其作用效果对于农业户口群体具有显著的促进作用，但是这一结论在 PSM 方法下不显著。这凸显出促进商业健康保险发展是缓解城乡未成年健康水平差异较大的有力工具。此外，学平险在男女未成年组，均对个人自评健康没有显著影响。在个人层间上健康保险在促进自评健康作用效果对男性群体更显著，且此结论在两种实证方法下均显著。本章的研究结果体现出现阶段的商业健康保险设计，对于男性未成年群体更加有益。如何完善产品设计，降低健康保险产品在不同性别未成年群体中的异质性，是提高整个未成年群体健康公平性的重要课题，这也进一步说明在推动健康保险政策发展过程中应该关注性别差异，以提高其对女性未成年群体的健康保障作用。

区分商业健康保险计划和社会健康保险计划之间的差异非常重要。前者需要实现个人层面上的个性化定制，以满足人们的特定健康需求。本章建议政府应鼓励学校管理人员普及保险知识，提高学生或父母购买商业健康保险产品的意愿，因为这是在学生成长和发展的关键时期防范健康风险的有效方法。此外，学校管理人员或者政府可以建议学生购买医疗保险的最低保额，或提供不同供选择的保单方案建议，而非为所有学生提供统一保单。可见取消校园包办学平险在一定程度上解决了学生健康保险效率低的顽疾。然而，我们也需要深刻认识到，现阶段社会健康保险对学生的保障有限，而商业保险的缺失会使本就弱势的未成年群体面临更多的健康挑战。因此，完善学平险产品应在满足个人个性化保险需求上下功夫，而非直接"一刀切"地取消，构建多层次的未成年健康保险方案，对于提高未成年健康水平来说是十分必要的。

第八章 商业体育保险对个体健康水平的影响机制研究

——以健康保险为例

前文主要探讨了商业体育健康保险对未成年人自评健康的因果关系，然而缺乏对影响机制的探讨。本章将研究商业健康保险对青少年健康的影响机制，并进一步探索影响机制在城乡二元结构以及不同性别群体中的异质性。

第一节 学平险对自评健康的影响机制

一、数据的选取和说明

本节继续沿用 CEPS 数据。研究对象是在 2013/2014 学年上初一的学生，并在 2014/2015 学年对同一批学生进行了追访。

本节的关键被解释变量为个人自评健康情况。个人自评健康取值从 1 到 5，分别指个人自评健康状况为非常差、不太好、中等、良好和非常好，即取值越高，个人越健康。

关键解释变量是每个学校收取的学平险的保费金额，以及基于学平险保费生成的虚拟变量，描述学校是否收取学平险保费。前文已经提及，本节所采用的数据时间节点还在"包办"学平险阶段，这表示关键解释变量在回归中是外生的。本节采用的数据是二期面板数据。尽管关键解释变量"学平险"仅存在于第二期数据中，但为了捕捉个人滞后期健康水平对当前健康水平的影响，我们在控制变量中进一步引入滞后期的个人自评健康水平。

控制变量与前文几乎相同，只是在个人特征变量部分将收入改为中介变量。控制变量主要分为两类：第一类变量是学校特征变量；第二类变量是个体特征变量。学校特征变量包括学校类型和学校位置。学校类型用学校学生升入重点高中的入学率来衡量。学校位置是 0 ~ 1 的变量，取 1 为城镇地区学校，取 0 为农村地区学校。

个人层面控制变量包括健康保险、幸福感、年龄、年龄的平方、性别、户口、民族、身高和体重。个人层面健康保险是 0 ~ 1 的变量，取决于学生是否获得了个人层面上的健康保险。幸福感使用"个人在上个星期不开心的频率"来描述，取值从 1 到 5，分别指一个人在上个星期从来没有感觉到不开心，或者很少、有时、经常或者总不开心。将年龄作为控制变量是因为不同年龄段的个人生活习惯可能不同，这可能会对个人健康有影响。控制年龄的平方是因为年龄对被解释变量的影响可能是非线性的。本章性别是 0 ~ 1 的变量，取 1 代表男性，0 为女性。户口是 0 ~ 1 的变量，取 1 为农业户口，取 0 为非农业户口。民族取 1 为汉族，取 0 为少数民族。身高（厘米）和体重（千克）是常用的衡量健康的指标，与个人健康水平息息相关。

二、实证方法

（一）结构方程模型

前文探讨了健康保险对未成年健康的直接影响。事实上，健康保险对健康可能存在直接影响，也可能会导致个人收入的变化，进而间接影响个人健康。本节考虑的中介变量是个人的收入水平。个人收入水平取值从 1 到 5，分别指个人收入非常低、很低、一般、高和很高。本节拟利用结构方程模型探讨健康保险对未成年群体健康的直接效应、间接效应和总效应。

如图 8 - 1 所示，β_m（$m = 1, 2, 3$）是因素载荷（Factor Loading），是因素分析模型中的系数。健康保险对个人健康水平的直接影响为 β_1，间接影响为 $\beta_2 \times \beta_3$，总影响为 $\beta_1 + \beta_2 \times \beta_3$。

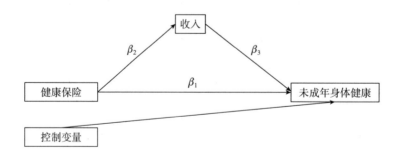

图 8 - 1　健康保险对个人健康的路径分析（Path Analysis）

（二）结构方程模型与工具变量法结合

值得说明的是，虽然健康保险在外生的政策背景下具有强外生性（前文有详细的解释），但是当期收入（中介变量）与自评健康可能会存在联立性偏误而导致估计误差，因此本节对模型进行了升级，引入滞后期收入水平作为当期收入的工具变量。潜在内生变量的滞后期变量是常见的解决内生性问题的工具变量（Reed，2015）。

具体来说，本节重点解决的内生性变量是收入，为了解决当期收入与当期自评健康之间的联立性偏误。解决这个问题的常用方法是工具变量方法（IV）。工具变量方法是指找到一个与潜在内生解释变量显著相关，而与被解释变量不相关的变量作为工具。工具变量法包括两个步骤。值得注意的是，本章的 SEM 模型拟解决的是中介变量与被解释变量的联立性偏误问题，因此涉及工具变量回归的主要有以下两个步骤：

在第一步中，我们将潜在内生中介变量作为被解释变量，将关键解释变量和工具变量作为解释变量，线性回归模型如式（8-1）所示：

$$Income_i = \rho_0 + \rho_1 T_i + \gamma Z_i + e_i \tag{8-1}$$

$Income_i$ 代表潜在的内生变量，T_i 代表关键解释变量，此处为学平险，Z_i 代表工具变量，此处为滞后期收入。

在第二步中，我们将在式（8-1）获得 $Income_i$ 的估计值 $\widehat{Income_i}$ 纳入到 SEM 回归模型的系统中。SEM 与 IV 相互结合形成了多方程相互结合的估计体系。总结来说一共涉及两个模型：①如式（8-1）所示的第一步回归模型，以收入为被解释变量，健康保险和滞后期收入为解释变量的回归模型，该模型用来估计健康保险对收入的直接影响；②以健康为被解释变量，以收入、健康保险和其他控制变量为解释变量的模型，用来估计健康保险、收入对健康的直接影响。图 8-2 显示了引入工具变量的 SEM 研究路径。

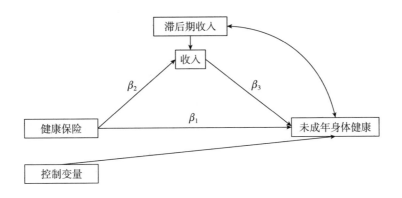

图 8-2 健康保险对个人健康的路径分析——SEM 与工具变量结合

三、结果分析

表 8 – 1 列出了工具变量第一步回归结果。可见，滞后期收入水平可以显著解释当期收入水平，是一个有效的工具变量。此外，学平险对当期收入具有显著正向的影响（即图 8 – 2 中的 β_2）。

表 8 – 1　工具变量第一步回归

	收入	收入
滞后期收入	0.5614***	0.5610***
	(43.39)	(43.32)
学平险（连续型）	0.0003**	
	(2.14)	
学平险（离散型）		– 0.0262*
		(– 1.86)
常数	1.2497***	1.2785***
	(30.96)	(31.10)
观测值个数	5303	5303

注：括号中是 t 统计量；* p<0.1，** p<0.05，*** p<0.01。

表 8 – 2 显示了关键解释变量和其他控制变量对被解释变量的影响。可见，收入可以显著促进自评健康水平，而学平险对自评健康没有显著影响。个人健康保险可以显著提高自评健康。随后，我们将进一步探讨，收入是否是个人健康对自评健康影响的中介变量。此外，滞后期自评健康、幸福感、年龄、性别等都是显著影响青少年个人自评健康的因素，这激励我们进一步开展分组研究。

表 8 – 2　学平险和收入对未成年自评健康的直接影响

	自评健康	自评健康
收入	0.095**	0.094**
	(2.37)	(2.35)
学平险（连续型）	– 0.0001	
	(– 0.51)	
学平险（离散型）		– 0.008
		(– 0.34)

续表

	自评健康	自评健康
个人健康保险	0.109 ***	0.108 ***
	(3.03)	(3.01)
学校类型	−0.051	−0.048
	(−0.64)	(−0.60)
学校位置	0.023	0.023
	(0.81)	(0.79)
幸福感	−0.078 ***	−0.078 ***
	(−6.50)	(−6.50)
滞后期自评健康	0.381 ***	0.381 ***
	(27.47)	(27.47)
年龄	0.627 **	0.626 **
	(1.98)	(1.98)
年龄平方	−0.022 **	−0.022 **
	(−1.99)	(−1.98)
性别	0.093 ***	0.093 ***
	(3.93)	(3.93)
户口	0.001	0.001
	(0.04)	(0.06)
民族	0.015	0.015
	(0.31)	(0.31)
身高	0.001	0.001
	(0.29)	(0.29)
体重	−0.000	−0.000
	(−0.46)	(−0.48)
常数	−2.384	−2.368
	(−1.08)	(−1.07)
观测值个数	5303	5303

注：括号中是 t 统计量； * $p < 0.1$，** $p < 0.05$，*** $p < 0.01$。

表8−3显示了学平险对青少年自评健康的直接影响、间接影响与总影响。

结果显示学平险不仅不能直接促进健康水平，也无法通过调节收入水平而对自评健康有显著影响。虽然单独来看学平险可以显著提升收入水平，而且收入水平也可以显著促进青少年自评健康水平，但是由于两个影响的规模小，仅在5%的显著性水平下显著。因此，结合之后形成的学平险对青少年自评健康的间接影响不显著，进而总影响也不显著，这种结果形成的原因是符合预期的。由于学平险主要保障意外伤害保险，保障金额、内容有限，而且难以满足个性化健康保障需求。

表 8 - 3　学平险对青少年自评健康的直接影响、间接影响与总影响

	自评健康	
	学平险（连续型）	学平险（离散型）
直接影响	- 0.0001	- 0.008
	（- 0.51）	（- 0.34）
间接影响	0.00003	- 0.002
	（1.59）	（- 1.46）
总影响	- 0.0001	- 0.0105
	（- 0.39）	（- 0.44）
观测值个数	5303	5303

注：括号中是 t 统计量。

四、分组研究

本节进一步探讨学平险对青少年自评健康影响机制的影响是否存在异质性。虽然在前一小节基于全样本的回归中没有检测出户口的显著影响，但是基于我国城乡二元结构，以户口为分组依据进行分组是很有必要的。此外，本节还进一步探讨学平险对自评健康的影响机制在不同性别间的异质性。

（一）学平险对自评健康的影响机制在不同户口类型上的异质性

表 8 - 4 列出了工具变量第一步回归结果。无论是在哪一个户口分组，滞后期收入水平可以显著解释当期收入水平，是一个有效的工具变量。此外，学平险对持有农业户口的个人当期收入具有一定的正向影响，但是这一影响仅仅在连续型学平险解释变量模型中显著。对比来看，学平险对于非农业户口持有者影响有限。

表8-4　工具变量第一步回归——按户口类型分组

	收入			
	农业户口		非农业户口	
滞后期收入	0.585***	0.586***	0.473***	0.473***
	(30.93)	(31.06)	(26.53)	(26.50)
学平险（连续型）	0.000*		0.000	
	(1.83)		(1.56)	
学平险（离散型）		-0.017		0.0003
		(-0.83)		(0.01)
常数	1.102***	1.124***	1.612***	1.624***
	(19.42)	(19.45)	(27.97)	(27.90)
观测值个数	2762	2762	2541	2541

注：括号中是 t 统计量；* $p<0.1$，** $p<0.05$，*** $p<0.01$。

表8-5显示了按照户口分组，关键解释变量和其他控制变量对被解释变量的影响。可见，收入可以显著促进非农业户口分组的自评健康水平，而学平险对自评健康没有显著影响。个人健康保险可以在任何一组显著提高自评健康水平。此外，滞后期自评健康、幸福感、性别等都是显著影响青少年个人自评健康的显著因素。

表8-5　按照户口分组学平险和收入对未成年自评健康的直接影响

	自评健康			
	农业户口		非农业户口	
收入	0.043	0.045	0.146**	0.146**
	(0.80)	(0.83)	(2.15)	(2.15)
学平险（连续型）	0.000		-0.000	
	(0.59)		(-1.14)	
学平险（离散型）		0.017		-0.030
		(0.51)		(-0.88)
个人健康保险	0.097**	0.098**	0.119**	0.117**
	(2.03)	(2.06)	(2.15)	(2.11)
学校类型	-0.205*	-0.206*	0.072	0.077
	(-1.72)	(-1.73)	(0.66)	(0.72)
学校位置	0.039	0.039	0.013	0.010
	(1.01)	(1.03)	(0.30)	(0.23)

续表

	自评健康			
	农业户口		非农业户口	
幸福感	−0.090***	−0.090***	−0.066***	−0.066***
	(−5.27)	(−5.27)	(−3.88)	(−3.88)
滞后期自评健康	0.373***	0.373***	0.388***	0.388***
	(19.95)	(19.94)	(18.76)	(18.75)
年龄	0.458	0.466	0.723	0.689
	(1.20)	(1.22)	(1.13)	(1.08)
年龄平方	−0.017	−0.017	−0.025	−0.024
	(−1.25)	(−1.27)	(−1.10)	(−1.04)
性别	0.089***	0.088***	0.098***	0.098***
	(2.71)	(2.70)	(2.84)	(2.86)
民族	0.035	0.036	−0.001	−0.004
	(0.51)	(0.52)	(−0.02)	(−0.06)
身高	−0.000	−0.000	0.001	0.001
	(−0.04)	(−0.04)	(0.42)	(0.37)
体重	0.000	0.000	−0.001	−0.001
	(0.39)	(0.41)	(−0.98)	(−1.01)
常数	−0.855	−0.919	−3.424	−3.166
	(−0.32)	(−0.34)	(−0.77)	(−0.71)
观测值个数	2762	2762	2541	2541

注：括号中是 t 统计量；* $p<0.1$，** $p<0.05$，*** $p<0.01$。

表 8-6 显示了按照户口分组学平险对青少年自评健康的直接影响、间接影响与总影响。结果显示在任何户口分组中，学平险均不仅不能直接促进健康水平，也无法通过调节收入水平而对自评健康有显著影响。这与基于全样本研究的结论是一样的。

表8-6　按照户口分组学平险对青少年自评健康直接影响、间接影响与总影响

	自评健康			
	农业户口		非农业户口	
	学平险（连续）	学平险（离散）	学平险（连续）	学平险（离散）
直接影响	0.0002	0.017	−0.0003	−0.0298
	(0.59)	(0.51)	(−1.14)	(−0.88)

续表

	自评健康			
	农业户口		非农业户口	
	学平险（连续）	学平险（离散）	学平险（连续）	学平险（离散）
间接影响	0.00002	−0.0008	0.00004	0.00004
	(0.74)	(−0.59)	(1.26)	(0.01)
总影响	0.0002	0.0163	−0.0003	−0.0298
	(0.64)	(0.49)	(−1.01)	(−0.88)
观测值个数	2762	2762	2541	2541

注：括号中是 t 统计量。

综上所述，由于学平险自身对自评健康影响有限，亦由于其保障能力有限，所以对收入的调节作用也有限。而且，这一结论在不同的户口分组没有显著的异质性。

（二）学平险对自评健康的影响机制在不同性别上的异质性

表 8 - 7 列出了不同性别分组工具变量分析方法中第一步回归结果。无论是在哪一个性别分组，滞后期收入水平可以显著解释当期收入水平，是一个有效的工具变量。

表 8 - 7　工具变量第一步回归——按性别分组

	收入			
	男性		女性	
滞后期收入	0.553 ***	0.553 ***	0.571 ***	0.571 ***
	(29.63)	(29.60)	(32.05)	(32.00)
学平险（连续型）	0.000		0.000	
	(1.44)		(1.63)	
学平险（离散型）		−0.039 *		−0.013
		(−1.84)		(−0.69)
常数	1.272 ***	1.309 ***	1.221 ***	1.241 ***
	(21.76)	(21.98)	(22.04)	(22.01)
观测值个数	2656	2656	2647	2647

注：括号中是 t 统计量；$* \ p<0.1$，$** \ p<0.05$，$*** \ p<0.01$。

表8-8显示了按照性别分组，关键解释变量和其他控制变量对被解释变量的影响。可见，收入可以显著促进女性的自评健康水平，而对男性自评健康水平没有显著影响。而且，学平险对自评健康没有显著影响。个人健康保险仅可以显著提高男性自评健康，而非女性。此外，滞后期自评健康、幸福感等都是显著影响青少年个人自评健康的因素。年龄和年龄平方是显著影响女性未成年人自评健康水平的因素，而非男性。

表8-8　按照性别分组学平险和收入对未成年自评健康的直接影响

	自评健康			
	男性		女性	
收入	0.066	0.065	0.140 **	0.140 **
	(1.20)	(1.18)	(2.40)	(2.39)
学平险（连续型）	-0.000		0.000	
	(-0.73)		(0.02)	
学平险（离散型）		-0.035		0.020
		(-1.03)		(0.61)
个人健康保险	0.141 ***	0.139 ***	0.074	0.075
	(2.74)	(2.70)	(1.47)	(1.48)
学校类型	-0.022	-0.018	-0.078	-0.073
	(-0.19)	(-0.16)	(-0.69)	(-0.64)
学校位置	0.028	0.026	0.023	0.025
	(0.70)	(0.65)	(0.55)	(0.59)
幸福感	-0.086 ***	-0.087 ***	-0.070 ***	-0.070 ***
	(-5.20)	(-5.23)	(-3.97)	(-3.99)
滞后期自评健康	0.371 ***	0.371 ***	0.391 ***	0.391 ***
	(18.92)	(18.93)	(19.98)	(19.98)
年龄	0.429	0.417	1.090 **	1.109 **
	(0.97)	(0.94)	(2.35)	(2.39)
年龄平方	-0.015	-0.014	-0.040 **	-0.041 **
	(-0.94)	(-0.91)	(-2.41)	(-2.44)
户口	0.005	0.007	-0.003	-0.004
	(0.14)	(0.19)	(-0.08)	(-0.10)

续表

	自评健康			
	男性		女性	
民族	0.009	0.009	0.012	0.014
	(0.13)	(0.12)	(0.18)	(0.21)
身高	0.003	0.003	−0.005*	−0.005*
	(1.40)	(1.36)	(−1.72)	(−1.69)
体重	−0.000	−0.000	−0.000	−0.000
	(−0.49)	(−0.51)	(−0.18)	(−0.20)
常数	−1.356	−1.240	−4.717	−4.86
	(−0.44)	(−0.40)	(−1.46)	(−1.50)
观测值个数	2656	2656	2647	2647

注：括号中是 t 统计量；*$p<0.1$，**$p<0.05$，***$p<0.01$。

表8-9显示了按照性别分组学平险对青少年自评健康的直接影响、间接影响与总影响。结果显示在任何性别分组中，学平险均不仅不能直接促进健康水平，也无法通过调节收入水平而对自评健康有显著影响。这与基于全样本研究和不同户口类别样本研究得出的结论一致。

表8-9　按照性别分组学平险对青少年自评健康直接影响、间接影响与总影响

	自评健康			
	男性		女性	
	学平险（连续）	学平险（离散）	学平险（连续）	学平险（离散）
直接影响	−0.0002	−0.035	−0.0000	0.0203
	(−0.73)	(−1.03)	(0.02)	(0.61)
间接影响	0.00002	−0.003	0.00003	−0.00178
	(0.92)	(−0.99)	(1.35)	(−0.66)
总影响	−0.0002	−0.037	0.00005	0.0185
	(−0.67)	(−1.10)	(0.15)	(0.56)
观测值个数	2656	2656	2647	2647

注：括号中是 t 统计量。

综上所述，学平险自身对学生自评健康影响有限，亦由于其保障能力有限，

所以对收入的调节作用也有限，且这一结论在不同的户口、性别分组均没有显著的异质性，其在促进青少年健康水平上的作用十分有限。

第二节 商业体育健康保险对自评健康的影响机制

前文研究的学平险是外生变量，然而，此节研究的个人健康保险可能存在由于与中介变量与被解释变量联立性偏误而导致估计偏差。因此，本节中虽然考虑的控制变量与前文相同，但是关键解释变量与控制变量采用第一期数据，中介变量和被解释变量选取第二期数据。这样可以解决关键解释变量与中介变量和被解释变量间的内生性问题。关于中介变量与被解释变量间的内生性问题，采用滞后期收入变量作为工具变量。

一、数据的选取和说明

由于本节采取的控制变量多数是前面章节中所采用变量的滞后期变量，因此在此重新列出用于本节数据分析的描述性统计。涉及变量的取值与定义与前文相同。表 8-10 显示了样本的描述性统计，其最后一列是实验组和控制组均值的差异，可见两组的被解释变量存在显著差异。有个人健康保险的健康水平显著高于无个人健康保险的个人。然而，仅从两组的均值中并不能得出个人健康保险对被解释变量影响的因果关系，因为两组中的其他控制变量也存在显著差异。因此，若想得到正确的因果分析结果，需要利用计量经济学方法，将控制变量纳入估计模型中。

表 8-10 描述性统计

	样本均值	实验组均值	控制组均值	两组差值
自评健康	3.89	3.91	3.78	-0.13***
个人层面健康保险	0.88	1.00	0.00	-1.00
学校特征				
学校类型	0.30	0.30	0.29	-0.01
学校位置	0.53	0.54	0.45	-0.09***
个人特征				
幸福感	2.20	2.19	2.27	0.08*

续表

	样本均值	实验组均值	控制组均值	两组差值
滞后期个人健康	4.16	4.16	4.11	-0.05
年龄	12.78	12.76	12.88	0.12 ***
年龄平方	163.90	163.57	166.71	3.14 ***
性别	0.50	0.50	0.51	0.01
户口	0.52	0.51	0.58	0.07 ***
民族	0.94	0.94	0.96	0.02 **
身高	158.40	158.58	157.46	-1.11 ***
体重	92.78	93.15	89.97	-3.17 ***
收入	2.97	2.98	2.85	-0.13 ***
观测样本数	4754	4202	552	4754

注：* $p < 0.1$，** $p < 0.05$，*** $p < 0.01$。

二、结果分析

表 8 - 11 列出了工具变量第一步回归结果。可见，滞后期收入水平可以显著解释当期收入水平，是一个有效的工具变量。此外，个人健康保险对当期收入具有显著正向的影响。

表 8 - 11　工具变量第一步回归

	收入
滞后期收入	0.553 *** (40.41)
个人健康保险	0.074 *** (3.21)
常数	1.224 *** (26.71)
观测值个数	4754

注：括号中是 t 统计量；* $p < 0.1$，** $p < 0.05$，*** $p < 0.01$。

表 8 - 12 显示了关键解释变量和其他控制变量对被解释变量的影响。可见，

收入和个人健康保险均可以显著促进自评健康水平，这与前文得出的学平险对自评健康没有显著影响形成对比。滞后期自评健康、幸福感、年龄、性别等都是影响青少年个人自评健康的显著因素。具体来说，年龄越大，自评健康越高，但年龄的平方显著为负，表示年龄与自评健康呈"倒 U 形"，即年龄大于一定值，自评健康开始下降，男性的自评健康高于女性。

表 8 –12   个人健康保险和收入对未成年自评健康的直接影响

	自评健康
收入	0. 098 **
	(2. 31)
个人健康保险	0. 091 **
	(2. 37)
学校类型	− 0. 168 **
	(−2. 43)
学校位置	0. 003
	(0. 10)
幸福感	− 0. 078 ***
	(−6. 20)
滞后期自评健康	0. 376 ***
	(25. 99)
年龄	0. 592 *
	(1. 80)
年龄平方	− 0. 023 *
	(−1. 81)
性别	0. 088 ***
	(3. 55)
户口	− 0. 016
	(−0. 60)
民族	0. 024
	(0. 44)

续表

	自评健康
身高	0.002
	(0.83)
体重	-0.001
	(-1.09)
常数	-1.876
	(-0.88)
观测值个数	4754

注：括号中是 t 统计量；$*p<0.1$，$**p<0.05$，$***p<0.01$。

表 8-13 显示了个人健康保险对青少年自评健康的直接影响、间接影响与总影响。图 8-3 进一步更加直观地显示了个人健康保险对未成年身体健康的影响。结果显示个人健康保险不仅可以直接促进健康水平，也可以通过调节收入水平而显著影响自评健康。将个人健康保险对青少年自评健康的直接影响、间接影响相结合，得到了估计规模为 0.098 的总影响，这与学平险不显著形成对比。而且，这进一步说明商业健康保险应该以满足个人特定需求为标准，统一的商业健康保险促进健康效果甚微。

表 8-13　个人健康保险对青少年自评健康的直接影响、间接影响与总影响

	自评健康
直接影响	0.0907**
	(2.37)
间接影响	0.0073*
	(1.88)
总影响	0.0980***
	(2.57)
观测值个数	4754

注：括号中是 t 统计量；$*p<0.1$，$**p<0.05$，$***p<0.01$。

三、分组研究

在个人健康保险对健康有显著影响的背景下，对于城乡二元结构和性别分组

研究显得更为重要。本节继续沿用前文的研究框架，在总样本基础上，进行分组研究。

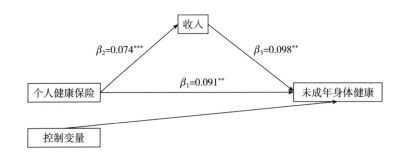

图 8 - 3　个人健康保险对青少年自评健康的路径分析

注：$*p<0.1$，$**p<0.05$，$***p<0.01$。

（一）商业体育健康保险对自评健康的影响机制在不同户口类型上的异质性

表 8 - 14 列出了按照户口分组的工具变量第一步回归结果。可见，滞后期收入水平可以显著解释当期收入水平，是一个有效的工具变量。此外，个人健康保险对当期收入具有显著正向的影响。

表 8 - 14　工具变量第一步回归——按照户口分组

	收入	
	农业户口	非农业户口
滞后期收入	0.574 ***	0.485 ***
	(28.62)	(25.55)
个人健康保险	0.069 **	0.069 **
	(2.21)	(2.03)
常数	1.108 ***	1.501 ***
	(17.09)	(22.73)
观测值个数	2471	2283

注：括号中是 t 统计量；$*p<0.1$，$**p<0.05$，$***p<0.01$。

表 8 - 15 显示了关键解释变量和其他控制变量对被解释变量的影响。可见，收入仅能促进非农业户口持有者的自评健康，而对农业户口持有者自评健康的影响不显著。可见，收入变量作为中介变量，在农业户口和非农业户口持有者中的中介影响具有显著的异质性。此外，个人健康保险对健康的促进作用也在农业户

口和非农业户口持有者中具有显著不同，即个人健康保险对于自评健康的直接影响在两组中显著不同。这是一个有意思的发现，即个人健康保险对自评健康的直接影响和间接影响存在分组异质性。滞后期自评健康、幸福感、性别等都是影响青少年个人自评健康的显著因素。这启发我们进一步开展性别分组研究。

表 8-15　个人健康保险和收入对未成年自评健康的
直接影响——按户口分组

	自评健康	
	农业户口	非农业户口
收入	-0.001	0.200***
	(-0.01)	(2.95)
个人健康保险	0.103**	0.074
	(2.01)	(1.28)
学校类型	-0.342***	-0.027
	(-3.33)	(-0.29)
学校位置	-0.010	0.031
	(-0.25)	(0.74)
幸福感	-0.079***	-0.077***
	(-4.33)	(-4.41)
滞后期自评健康	0.359***	0.396***
	(18.31)	(18.54)
年龄	0.676*	0.072
	(1.66)	(0.12)
年龄平方	-0.026*	-0.002
	(-1.69)	(-0.09)
性别	0.072**	0.109***
	(2.07)	(3.04)
民族	0.069	-0.024
	(0.83)	(-0.33)
身高	0.003	0.000
	(0.96)	(0.14)
体重	-0.000	-0.001
	(-0.33)	(-1.23)

续表

	自评健康	
	农业户口	非农业户口
常数	-2.220	1.202
	(-0.84)	(0.31)
观测值个数	2471	2283

注：括号中是 t 统计量；*p < 0.1，**p < 0.05，***p < 0.01。

表8-16显示了按照户口类型分组，个人健康保险对青少年自评健康的直接影响、间接影响与总影响。图8-4更加直观地显示了表8-16的结果。个人健康保险对于不同户口类型青少年自评健康的影响存在明显的异质性。异质性分别体现在直接影响、间接影响与总影响上。具体来说，个人健康保险对于持有农业户口的未成年的健康状况有显著影响，而对非农业户口持有者没有显著影响。这体现出对于持有农业户口的广大农村未成年居民，个人健康保险是提升其自评健康的有力手段。对于普遍来自城市地区的非农业户口持有者来说，个人健康保险对其健康水平的直接提升作用有限，但可以通过调节收入水平，来间接地提高健康水平。这种通过收入间接调整健康水平的机制在农业户口持有者中并不显著。但是由于在非农业户口持有者中，收入的调节作用也是有限的，这可能是由于在个人层面上健康保险保费/保额水平差异较大，整体的健康提升作用存在差异，所以在整体上仅在10%水平上显著。因此，结合直接影响和间接影响的总影响，仅在农业户口持有者中显著。这种显著的总影响主要来自于个人健康保险对健康的直接影响，而非收入导致的间接影响。商业健康保险是提升未成年健康水平，尤其是农业户口持有者未成年人健康水平的有力工具，亟待大力发展。在发展过程中应该注意产品的设计，让其最大程度上满足个人特定的健康需求。

表8-16　按照户口分组个人健康保险对青少年自评健康的
直接影响、间接影响与总影响

	自评健康	
	农业户口	非农业户口
直接影响	0.1030**	0.0743
	(2.01)	(1.28)
间接影响	-0.00006	0.0138*
	(-0.01)	(1.67)

续表

	自评健康	
	农业户口	非农业户口
总影响	0.1029**	0.088
	(2.02)	(1.53)
观测值个数	2471	2283

注：括号中是 t 统计量；＊p＜0.1，＊＊p＜0.05，＊＊＊p＜0.01。

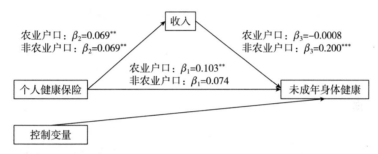

图 8－4　按照户口划分个人健康保险对青少年自评健康的路径分析

注：＊p＜0.1，＊＊p＜0.05，＊＊＊p＜0.01。

（二）商业体育健康保险对自评健康的影响机制在不同性别上的异质性

表 8－17 列出了按照性别分组的工具变量第一步回归结果。可见，滞后期收入水平可以显著解释当期收入水平，是一个有效的工具变量。个人健康保险仅对男性未成年群体有显著的促进作用，而非女性未成年群体。

表 8－17　工具变量第一步回归——按照性别分组

	收入	
	男性	女性
滞后期收入	0.540***	0.568***
	(27.29)	(30.23)
个人健康保险	0.102***	0.047
	(2.91)	(1.54)
常数	1.235***	1.205***
	(18.55)	(19.25)
观测值个数	2368	2386

注：括号中是 t 统计量；＊p＜0.1，＊＊p＜0.05，＊＊＊p＜0.01。

表 8-18 显示了关键解释变量和其他控制变量对被解释变量的影响。可见，收入仅能显著促进女性未成年的自评健康，而对男性未成年群体自评健康的影响不显著。可见，收入变量作为中介变量，在不同性别中的中介影响可能存在显著的异质性。此外，个人健康保险对健康的促进作用也在男女未成年群体中具有显著不同，即个人健康保险可以显著促进男性健康而非女性。滞后期自评健康、幸福感是影响青少年个人自评健康的显著因素。年龄变量仅在女性分组研究中显著。这表明，在不同性别群体中，女性的自评健康对年龄变化比男性更加敏感。

表 8-18　个人健康保险和收入对未成年自评健康的
直接影响——按性别分组

	男性	女性
收入	0.068	0.136**
	(1.15)	(2.23)
个人健康保险	0.134**	0.050
	(2.44)	(0.93)
学校类型	-0.245**	-0.093
	(-2.46)	(-0.98)
学校位置	-0.010	0.021
	(-0.24)	(0.53)
幸福感	-0.084***	-0.073***
	(-4.79)	(-4.01)
滞后期自评健康	0.369***	0.384***
	(17.83)	(19.01)
年龄	0.400	1.084**
	(0.88)	(2.20)
年龄平方	-0.015	-0.043**
	(-0.86)	(-2.23)
户口	-0.037	0.004
	(-0.95)	(0.12)
民族	-0.021	0.066
	(-0.27)	(0.86)

续表

	男性	女性
身高	0.003	-0.002
	(1.25)	(-0.63)
体重	-0.000	-0.001
	(-0.44)	(-1.24)
常数	-0.733	-4.511
	(-0.25)	(-1.42)
观测值个数	2368	2386

注：括号中是 t 统计量；＊p<0.1，＊＊p<0.05，＊＊＊p<0.01。

表8-19 显示了按照性别分组，个人健康保险对青少年自评健康的直接影响、间接影响与总影响。个人健康保险对于青少年自评健康的影响存在明显的性别异质性，该异质性主要体现在直接影响上。因为收入作为中介变量，在不同性别间均没有起到中介调节作用，收入对个人健康保险对自评健康的影响的调节作用在不同性别间没有显著差异。因此，总效应的差异主要是由于直接影响导致的。

通过前一个章节的探索，我们了解到学平险对于不同性别群体均没有显著的影响，而个人健康保险又仅仅对男性未成年群体的自评健康具有显著的促进作用。这体现出关注女性未成年群体健康水平的重要性。

表8-19　按照性别分组个人健康保险对青少年自评健康的直接影响、间接影响与总影响

	自评健康	
	男性	女性
直接影响	01338＊＊	0.0500
	(2.44)	(0.93)
间接影响	0.00694	0.0063
	(1.07)	(1.26)
总影响	0.1407＊＊＊	0.0563
	(2.59)	(1.05)
观测值个数	2368	2283

注：括号中是 t 统计量；＊p<0.1，＊＊p<0.05，＊＊＊p<0.01。

图 8 - 5 更加直观地显示了表 8 - 19 的结果。通过进一步观察我们发现，虽然收入对于男性和女性群体没有起到中介调节作用，但是导致中介效用消失的原因是不同的。具体来说，对于男性群体，个人健康保险可以显著促进收入，而收入无法显著改善健康；女性群体正好相反，是个人健康无法调节收入，但是收入可以调节健康。造成这种现象可能的原因是：现存的个人健康保险产品的设计可能更加适合于男性未成年群体的健康防治，所以在一定程度上调节了男性群体家庭收入。该产品设计并未能显著改善女性的家庭收入，而女性群体需要很大程度上依赖于家庭收入才能更好地提升自己的健康水平。这一结论启发我们，针对不同性别群体特征的更有效的健康保险方案有待加强。关注男性女性未成年群体特征和不同的健康需求，切实有效地提高全体未成年群体的健康是商业健康保险发展的关键。

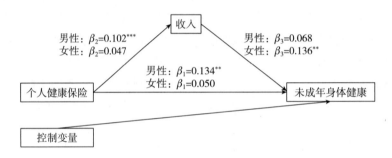

图 8 - 5   按照性别划分个人健康保险对青少年自评健康的路径分析

注：*p < 0.1，**p < 0.05，***p < 0.01。

本章小结

本章利用结构方程模型 SEM 和工具变量法 IV，采用中国教育追踪调查 CEPS 数据，分析了商业体育健康保险对未成年人自评健康的影响机制。其中，商业体育健康保险分为学平险和其他个人层面上的商业健康保险，并以收入变量作为中介变量，探讨商业体育健康保险是否可以通过调节收入，间接提高未成年人的自评健康水平，并将学平险对自评健康的影响机制按照户口、性别进行分组研究，相似地，也将个人健康保险对自评健康的影响机制按照户口、性别进行分组研究。

对总样本的回归结果表明，学平险既不能直接提高未成年人自评健康水平，也不能通过收入调节间接提升未成年人自评健康水平，因此学平险对青少年自评健康没有显著的总提升作用。这说明统一的学生平安保险并不能够满足学生个性化的健康需求，因此对于学生的健康提升效果有限，并在一定程度上形成了资源浪费。2015 年教育部规定，学校取消包办的学平险，这在一定程度上可以提高商业健康保险的运作效率，能够更有效地与未成年人的健康需求进行匹配。

　　分析在个人层面上健康保险对未成年人自评健康的影响可以看出，个人层面上的健康保险不仅可以直接地、显著地促进未成年的自评健康，更能够通过收入间接提高未成年自评健康，因此形成了显著正向的对于未成年自评健康的总影响，这也与学平险的不显著影响形成鲜明的对比，进一步体现出商业健康保险的设计必须满足个人特定化的健康需求。

　　本章的研究重点就是商业健康保险对自评健康影响机制的分组研究。第一个分组的标准是户口，将总样本分为农业户口和非农业户口组，探究学平险对自评健康的影响机制是否在农业户口和非农业户口未成年群体中存在显著差异。研究表明：在农业户口和非农业户口两个分组下，学平险对于未成年自评健康都没有直接的显著影响，也没有间接的显著影响，因此没有总的显著影响。对比来看，个人健康保险按照农业户口和非农业户口的分组研究可以发现，对于农业户口分组，个人健康保险可以显著地促进未成年自评健康，直接提高未成年人的自评健康水平，从而在总体上能够显著地提高个人健康水平。但是对于农业户口的持有者来说，个人健康保险无法通过收入间接影响个人自评健康，而非农业户口持有者却可以通过收入实现一定规模上的间接影响，但是个人健康保险对非农业户口的未成年人没有总影响和直接影响。

　　第二个分组的标准是性别。首先，学平险对于男性未成年人和女性未成年人的自评健康都没有显著的直接、间接和总影响，这一结果和按照户口分组的结果一致。其次，个人健康保险对于男性未成年群体，能够显著地促进男性个人健康，具体体现在可以直接显著地提高男性的个人健康水平，因此在总体上能够显著提高男性自评健康水平，然而却无法通过收入产生间接影响，但是女性群体无法从个人健康保险中获得健康效应的提升。

　　这体现出学平险对于总人口和分组之后的细分人口均没有显著的健康促进作用，而个人健康保险的健康促进作用存在明显的组间异质性，及对男性和农业户口持有者的未成年人具有更显著的影响。这说明个人健康保险能够降低城乡之间的健康差异，但是性别之间的健康差异仍然存在。要想切实解决男性和女性在医疗资源使用和健康资源使用上的差异，需要整个社会的不断进步。

第九章 典型国家体育保险的 演变及其经验借鉴

英国、美国等发达国家体育保险已经有多年的发展经验，然而，我国的体育保险起步较晚。了解典型国家体育保险的演变历程和主要内容，可以帮助我国了解体育保险的国际发展方向以及我国与典型国家体育保险的发展差距。

第一节 英国体育保险

一、英国体育保险发展历史与契机

早在300多年前，英国就有了风险经营管理的思想，是较早建立保险体系的国家。1948年，英国颁布了《国家卫生服务法》，并逐渐形成了以英国国家医疗卫生体系（NHS）、残疾人保障和商业体育保险为主的保险体系。NHS是世界上最大的单一支付者医疗保健系统，英国的商业保险市场也是欧洲第一大保险市场，更是世界第三大保险市场。1991年，英国成立了专业的体育保险公司 Sports Cover Direct Ltd.，专门从事体育保险业务。

根据英国1991年对卡迪夫（Caddiff）业余体育俱乐部调查显示，当年仅有33%的卡迪夫业余体育俱乐部有强制的个人意外保险计划，且体育保险多为个人意外伤害保险，保费0.91~10.50英镑不等，承保内容也十分有限。更重要的是，多数保单明确提出不承保特定体育项目，如降落伞运动、赛车、冬季运动、足球等（Jones et al.，1991）。经过20多年的发展，英国商业体育保险市场发生了质的改变，并通过采取体育保险经纪人主导的运作模式，为投保人提供专业的保险服务。目前，商业体育保险公司 Sports Cover Direct Ltd 提供的体育保险产品涵盖超过500种体育运动，已发展成为英国最大的线上专业保险公司。随后，英国相继出现了 Sports Cover、Sports Insurance 4 U 等体育保险公司。

除了保障运动者个人外，英国体育保险中的体育责任保险也发展迅速。这一部分得益于英国政府对体育运动场所管理人的严格要求。1974 年，英国联合王国议会通过了《工作健康与安全法案》（*Health and Safety at Work Act* 1974）。该法案规定了雇主、雇员、承包商、工作中使用的货物和物质供应商、工作场所控制人员以及管理和维护工作人员以及一般人员的一般责任。随后，1998 年 4 月 1 日，《健康与安全条例 1998》（*The Health and Safety Regulations* 1998）生效，进一步强化了场地所有者保障场地安全的责任，且运动场所也适用于这些法律法规。

二、英国国家医疗服务体系

英国国家医疗服务体系（National Health Service，NHS）成立于 1948 年，由英格兰 NHS、苏格兰 NHS、威尔士 NHS 以及北爱尔兰的附属健康与社会关怀（Health and Social Care，HSC）组成，并由英国四个地区的政府部门分别运营。

NHS 体系分为以社区和医院为主的两个层次。前者为家庭医生（General Practitioner，GP）、牙医、药房、眼科检查等基层医疗服务，后者包括急诊、专科门诊及检查、手术治疗和住院护理等。对于每一个英国居民，他们都需要在家附近的家庭医生诊所注册。如果发生身体不适，首先预约家庭医生。如果需要采取进一步的治疗，需要基层的医疗机构服务进行转诊。

NHS 提倡普遍性原则，即任何合法的英国居民（无论国籍），不论收入高低，都需要参保，保险费的缴费标准和福利的享受标准均相同。NHS 最典型的特点就是"在使用时免费"以及"全面"。"在使用时免费"通常意味着任何合法的英国居民（无论国籍），都可以享受 NHS 提供的医疗服务且绝大多数服务是免费的，如医生访问、医院住院、门诊服务、护理服务、外科手术、药物和绷带等消耗品、膏药、医学测试、X 射线、CT 或 MRI 扫描或其他诊断服务和心理健康服务等。小部分特定的 NHS 服务是需要付费的，如配镜、牙科护理、处方费用和长期护理等方面。但是这些费用也通常低于私人提供者提供的同等服务①。可见 NHS 已经可以满足体育参与者面临的绝大部分风险，针对极端体育风险事件，如长期残疾，尚且无法提供完全免费的长期护理服务。但是，NHS 可以向患者免费或者低价提供相应的辅助设备和工具。具体涵盖弹力袜、结肠造口术用具、绷带和伤口敷药、导尿管、舒压垫、轮椅和拐杖、听力和视力辅助设备、外科器具、沟通辅助设备等。但这通常需要护士或治疗师评估确定并认可后方能提供

---

① 目前，英格兰 NHS 处方费用为每种药品 8.20 英镑。牙科护理费用按照服务等级不同，收费不同。例如，检查费 20.60 英镑；填充或提取 56.30 英镑；复杂手术（假牙、牙桥）费用为 244.30 英镑。NHS 视力测试费（英格兰地区）为 19.32 英镑。对于符合特殊要求的人群可以免费，并且可以以低费用支付镜片。

（岳晨，2008）。此外，对于急性受伤，如运动导致的骨折，NHS 能够提供及时有效的治疗。例如，NHS 官方网站上给出了发生骨折时候的处理办法，英国的事故和急救中心（Accident and Emergency Department，A&E）分布在英国各处，一旦发生类似事故，可以直接前往 24 小时营业的急救中心，紧急情况会有救护车救援。

98.8% 的 NHS 资金由一般税收和国家保险缴款提供，少量资金由患者自费。由于 NHS 不是普通意义上的缴费保险计划，且治疗费用几乎免费，因此不涉及医疗消耗品使用情况追踪，以及发票、对账和坏账处理等流程，极大地节省了管理成本。但是，NHS 目前也面临了如下的问题和挑战：人们对健康的重视程度以及对健康的投入不断增加，NHS 的医疗服务与人们的医疗需求预期差距很大；普遍性原则也导致 NHS 资金和医务人员数量严重不足；庞大的机构是 NHS 面临的关键问题，产生了低效、资源浪费以及工作人员积极性减弱等问题。

三、残疾人保障

虽然 NHS 不提供免费的长期护理，但是满足条件的个人可以申请残疾人保障。英国的残疾人保障制度在 2001 年发生了改革。2001 年前，长期残疾个人可以获得社保部门（Department of Social Security）提供的长期护理保障（Jones et al.，1991）。2001 年后，社保部门被工作和养老金部（Department for Work and Pensions，DWP）整合（GOV. UK，2019）[①]。DWP 开始为不同年龄段残疾人（包括运动致残的残疾人）提供生活保障。

（一）残疾人生活津贴

16 岁以下的未成年人可以申请残疾人生活津贴（Disability Living Allowance，DLA）。一是按照需要的护理时间不同，DLA 补助分为低、中、高三个等级。低等级指一天内的部分时间需要护理；中等级指一天内需要经常的护理；高等级指不间断全天护理。二是按照残疾人活动能力不同，DLA 补助分为低和高两个等级。低等级指未成年人可以行走，但是外出时需要他人帮助或监督；高等级指未成年人无法独自行走，或者只能走一小会儿，如果尝试过多行走就会产生不适，或者未成年人是盲人或视力严重受限（GOV. UK，2019）。不同的残疾等级对应不同的补贴标准，符合条件的残疾未成年人可以同时获得护理津贴和活动能力津贴，这意味着 DLA 可以为残疾人提供每周 22.65 ~ 145.35 英镑的补贴，每四周领取一次（见表 9 - 1）。

---

① 工作和养老金部（DWP）是英国最大的公共服务部门，负责管理国家养老金、工作年限、残疾和健康福利问题。

表 9 - 1 残疾人生活津贴（DLA）补助标准

护理等级	每周补贴（英镑）	活动能力	每周补贴（英镑）
低	22.65	低	22.65
中	57.30	高	59.75
高	85.60	—	—

资料来源：GOV. UK 网站，https：//www.gov.uk/disability – living – allowance – children/rates。

（二）个人独立支付

16 岁以上且国家法定领取养老金年龄以下的成年人，如果发生长期护理费用或者发生残疾，可以申请个人独立支付（Personal Independence Payment，PIP)[1]。PIP 是英国福利体系的一部分，旨在补助由于个人长期健康状况导致的费用或残疾人的额外生活费用。PIP 不需要进行家庭经济情况调查，不需缴费。它与个人是否就业，以及是否有工作能力无关。对于那些领取 PIP 且工作的个人，也可以申请每年最高 3090 英镑或者 4420 英镑（严重残疾）的税收优惠（Working Tax Credit）。

PIP 明确规定，其补贴水平的高低取决于残疾状态对个人生活的影响程度，而不是残疾本身严重程度。因此，PIP 申请人需要满足在最近三个月日常生活困难或行动困难，且预期持续至少 9 个月（或者预期寿命小于 6 个月）。日常生活困难是指如果从事如下活动，有一半以上的时间需要他人帮助：做饭、吃饭；洗澡、如厕；穿脱衣服；阅读、沟通；自己吃药；理财；与他人沟通。与 DLA 相似，PIP 也根据不同的等级给予个人每周 22.65 ~ 145.35 英镑的补贴。一般每四周领取一次。与 DLA 不同的是，PIP 没有低护理等级补贴标准（见表 9 - 2）。

表 9 - 2 个人独立支付（PIP）补助标准

护理等级	每周补贴（英镑）	活动能力	每周补贴（英镑）
中	57.30	低	22.65
高	85.60	高	59.75

资料来源：GOV. UK 网站，https：//www.gov.uk/pip/what – youll – get。

---

① 过去，这部分群体也可以申请 DLA，目前 DLA 正在被 PIP 取代。具体来说，如果该年龄段成年人在 2013 年 4 月 8 日满 65 岁或以上，则可以继续享有 DLA 福利。对于 16 岁及以上的其他成年人，DLA 将被停止，个人需要申请 PIP。

（三）护理津贴

对于那些达到法定领取养老金年龄，但是没有 DLA 的老年人，可以申请护理津贴（Attendance Allowance，AA）。护理津贴为存在身体残疾和智力障碍的老年人提供每个星期 57.3 英镑或 85.6 英镑的补助。前者针对需要日间或者夜间护理的情况；后者针对需要全天护理的情况。对于获得护理津贴的老年人，他们可能会获得更多的福利，如养老金信贷、住房福利金或减税等（GOV. UK，2019）。

（四）护理人津贴

英国的护理机构由社会护理检查委员会（Commission for Social Care Inspection）统一监督和管理。高强度工作的护理人员可以申请护理人津贴（Carer's Allowance）。具体来说，每周工作超过 35 小时的低收入护理人员可以获得每周 64.6 英镑的补助。补贴发放需要基于被护理人员与护理人员是否满足相应要求。一是被护理人员必须获得下列补助之一：PIP、DLA（中/高护理级别），AA、持续护理津贴（Constant Attendance Allowance，CAA）以及武装部队独立支付（Armed Forces Independence Payment，AFIP）[①]。二是护理人员本身也需要满足下列要求：每周税后净收入不超过 120 英镑；16 岁及以上；每周护理时间至少 35 个小时；过去 3 年中至少有两年生活在英格兰、苏格兰或威尔士（不适用于难民）；常住地为英格兰、苏格兰或威尔士，或者作为武装部队成员住在国外；非全日制学生；每周学习时间不超过 21 个小时；不受移民管制。

对于护理强度较大的护理人员，如护理时间低于 35 个小时但高于 20 个小时，其虽然不满足申请 AA 的条件，但可以申请护理贷款（Carer's Credit）[②]。

四、英国商业体育保险计划

虽然 NHS 和英国残疾人保障体系几乎达到了全民覆盖，但是 NHS 效率较低，残疾人保障仅仅针对极端的运动事故，英国体育商业保险业找到了商业体育保险市场的发展机遇，也认识到高收入人群以及体育参与者对商业体育保险的需求。因此，商业体育保险公司通过调查消费者的个性化需求，为广大体育爱好者提供了大量丰富且价格低廉的体育商业保险服务。

[①] 申领 CAA 需要已经获得工业伤害残疾福利（Industrial Injuries Disablement Benefit）以及战争残疾抚恤金（War Disablement Pension）等。AFIP 赔偿在武装部队服役期间的受伤个人。由于 CAA 和 AFIP 与针对的群体不具备普遍代表性，我们暂不展开。详细内容见网址 https：//www. gov. uk/constant – attendance – allowance 和 https：//www. gov. uk/claim – for – injury – received – while – serving/armed – forces – independence – payment – afip。

[②] 护理贷款的详细介绍，请见 https：//www. gov. uk/carers – credit。

（一）职业体育保险

本部分以英国田径协会为例（UK Athletics，UKA），简述英国职业运动协会和其工作人员所具有的商业保险产品。UKA 是管理英国田径运动的非营利性机构，负责监督英国田径体育赛事、体育官员和运动员的管理及发展①。Marsh Ltd. 作为 UKA 委托的保险经纪公司，为 UKA 及其附属机构或成员提供全面的保险服务。具体来说，UKA 及其附属机构或成员将被自动纳入 UKA 一揽子保险计划被保险人范围。保障内容包括公共责任（Public Liability）、产品责任（Products Liability）、突发环境污染（Pollution Sudden and Accidental）、财产损失（Financial Loss）和管理危机（Crisis Management）等（UKA，2018）。除此之外，作为 UKA 及其附属机构的董事和高级管理人员及其他管理人员、运动员、教练/领队、活动组织/推广者、技术人员，都会自动投保责任保险。董事和高级管理人员及其他管理人员、运动员、技术人员会自动投保旅行保险。董事和高级管理人员及其他管理人员会自动投保董事及高级职员责任保险（董责险）。技术人员会自动投保意外伤害保险。教练/领队、技术人员会自动投保职业赔偿保险（UKA，2018）。具体如下：

1. UKA 董事和高级管理人员

对于隶属于 UKA、四个成员组织及两者附属机构的附属俱乐部或组织，会自动获得责任保险。该保险不仅适用于培训和比赛，还适用于附属俱乐部或者组织主办的行政会议、社交活动和筹款活动等。保障对象包括秘书处、委员会、小组委员会、工作组的工作人员或志愿者等。该保险的特点是保障地域广泛，即风险可以发生在全世界不同地区，但理赔申请需要在大不列颠、北爱尔兰、马恩岛或海峡群岛等地区。保障内容包括公共责任和产品责任。公共责任指由于承保运动对第三方造成人身伤害和财产损失。产品责任是指由于任何与商品相关，如商品本身或者商品制造、销售、供应、安装、修理、改造或处理过程中，造成的第三方人身伤害或财产损失。具体包括：由于参保人疏忽导致的对第三方（包括运动员、俱乐部会员、观众等）的人身伤害；发生意外伤害后实施急救而导致的伤害；由于疏忽导致的第三方财产损失；在俱乐部组织的活动中，由于销售食品和饮料对他人造成的伤害（UKA，2018）。公共责任和产品责任的保险金额均高达5000 万英镑/次。对于承保的体育运动导致的第三方财产损失，免赔额为 250 英镑/次。

---

① UKA 包括四个成员组织，分别为：英格兰田径运动协会（England Athletics）、苏格兰田径运动协会（Scottish Athletics）、威尔士田径运动协会（Welsh Athletics）和北爱尔兰田径运动协会（Athletics Northern Ireland）。

此外，UKA 也为其附属机构/组织的工作人员提供旅行保险，承保对象为所有组织运动员、教练、员工、团队经理、医护人员和支持团队，保障以上成员出席、参加比赛、往返比赛和训练营途中的相关风险。保障内容和保险金额如表 9 – 3 所示。

表 9 – 3 UKA 旅行保险保障内容和保险金额

保障内容	保险金额（英镑）
医疗费用	无上限
个人财物/行李（包括体育器材）	10000
商务电子设备	2000
其他商务设备	1500
现金	5000
信用卡、借记卡或收费卡被滥用	5000
护照赔偿（护照、机票、签证或驾驶执照遗失）	2000
由于比赛取消和更改导致的费用	250000
对于每次旅行延迟	4 小时后 – 最高赔偿 200 英镑。此后每多延长 1 小时，多赔偿 50 英镑，最高 2000 英镑
个人责任	5000000
绑架、索要赎金和勒索	250000
个人安保费用	10000

注：针对个人财物和现金在赔偿金额超过 2000 英镑的情况下，个人自付 25%。

资料来源：UKA 官网：file:///C:/Users/%E5%85%B3E6%99%B6/Downloads/Insurance%20for%20Clubs%202015.pdf。

UKA 的董事及高级职员也会自动投保董责险。该产品承保的对象包括：过去、现在和将来的受托人、委员会成员、董事、官员、主席、俱乐部主管、总督和外界董事；去世的董事和高管的配偶、继承人、法定代表；具有管理或监督权力的员工。承保内容为：法律辩护费用以及董事和高管的不当行为，如违反义务或信任；忽视、错误或遗漏；虚假陈述、错误陈述或误导性陈述；行使权力时的其他不当行为。赔偿限额为每个俱乐部 200 万英镑；年度赔偿限额为 1000 万英镑（UKA, 2018）。

2. UKA 运动员

对于隶属 UKA、四个成员组织及两者附属机构的运动员，可以自动获得公共责任保险和旅行保险（见表9-3）。公共责任保险与上述产品几乎一样，但是因为运动员不涉及活动组办，所以该保险保障内容不包括产品责任。类似地，也并不需要董责险（UKA，2018）。

3. UKA 教练和领队

持有 UKA 执照的教练或领队会自动投保公共责任险（同运动员公共责任险）和职业赔偿保险。职业赔偿保险保障教练/领队给予训练意见时，由于教练/领队疏忽违反职业责任而直接造成的人身伤害和财产损失（人身伤害、疾病、死亡、情绪困扰等），以及导致的民事责任赔偿和诉讼费用。该保险不仅保障田径训练过程中以及俱乐部行政会议中的教练员和领队风险，也保障其对非 UKA 人员提供保险范围内的培训过程中的风险。需要注意的是，教练和领队需要对非 UKA 附属机构的相关培训进行唯一和直接指导。

4. UKA 活动组织者/推广者

UKA 的附属机构在推广和组织运动员活动时，也会自动参保公共责任险和产品责任险。

5. UKA 技术人员

UKA 的技术人员会自动参保公共责任保险（不包括产品责任）、个人意外伤害保险、旅行保险和职业赔偿保险。技术人员包括按照比赛规则对比赛进行控制的所有人。一般包括：评分人、裁判、计时员、秘书、演讲人和队医。

除了提供强制的体育保险产品之外，UKA 也十分注重体育风险发生后的数据收集工作。UKA 明确要求，发生意外事故后，相关人员应立刻填写《英国田径运动员事故表格》并提供详细信息：事故发生的日期和时间；受伤人员的详细信息；活动名称和发起人；事故现场照片（尽量提供）；描述受伤情况；详述已经采取的急救措施和提供急救的机构；事故现场其他人姓名；报告人的详细信息。

英国还有众多的体育协会/组织采用与保险公司合作的形式，为其成员提供体育保险产品。例如，Insure4 Sport 保险公司通过与英国啦啦队协会（UK Cheerleading Association，UKCA）达成合作协议，为其会员提供意外伤害、第三者责任、收入中断损失、设备损失和雇主责任等风险保障（关晶等，2018；UKCA，2019）。

除此之外，职业运动员、教练等个人也可以自行在商业保险市场中投保适合自己的产品。英国有多家专业的保险公司为职业运动员、教练提供保险服务。例如，Sports Insurance 4 U、Sport Scover 等保险公司都为专业运动员提供意外伤害险、一般责任、收入中断险、个人运动装备保险和旅行保险等。同时，还为运动员提供"一杆进球""突破记录"等激励性保险产品，为教练提供专业责任保险等技术性保险产品。Bluefin 为职业运动员提供退役保险。

（二）学校体育保险

英国学校体育保险的主要特点有以下三个方面：

首先，学校协会众多，并且协会与体育保险经纪公司合作，为校园和学校师生提供保险保障。例如，UKA 与地区县级学校协会（Home Country Schools Associations）结为联盟，为学校协会（School Association）成员举办的相关体育活动提供公共责任保险和产品责任保险（UKA, 2018）[①]。英国学校领导协会（Association of School and Colleage Leader, ASCL）与车辆保险经纪人合作，为英国教育部直属高校提供车辆保险（ASCL, 2018）。英国的私立学校协会（Independent School Association, ISA）与保险经纪公司 SFS Group LTD 合作，为其成员学校在组办体育赛事时提供责任保险。SFS Group LTD 是唯一为英国私立学校提供校园保险的保险经纪公司，具有极强的专业性。通过与多家体育保险公司合作，SFS Group LTD 为110 所英国私立学校及家长、学生提供高质量且全面的保险服务。保险产品包括财产保险、责任保险、车辆保险、旅行保险、学生人身财产、意外伤害保险、健康保险等（ISA, 2012）。同时，SFS Group LTD 也为英国公立学校和大学学生提供十分丰富的保险产品。

其次，学校高度重视对非教职人员的保障。这是由于英国在整体上，保险完善且发达。例如，从 2014 年 7 月开始，法律规定在英国工作的护士、助产师或护理助理（统称护士）必须具备职业赔偿保险（Indemnity Insurance），承保其因职业上的疏忽或过失致使第三方遭受人身伤害或财产损失，并依法应承担的赔偿责任。英国的护士职业赔偿保险一般由雇主提供。因此，英国校园需要按规定为其校园护士提供职业赔偿保险（Nursing and Midwifery Council, 2019）。该职业赔偿保险是强制执行的，如果护士在没有适当的职业赔偿保险安排下执业，他们将被取消从业资格，而且职业赔偿保险必须涵盖护士全部的执业范围。

最后，学校直接与保险公司合作，将保费从学费中扣除。具有 470 多年历史的英国 Berkhamsted 学校为学生提供个人意外伤害保险等其他保险产品、保费则作为学费的一部分在家长缴纳学费时被直接扣除（Berkhamsted School, 2019）。这种情况在寄宿学校中尤其常见。

（三）业余体育保险

英国的业余体育保险产品以品类丰富见长，如英国的 Sports Cover Direct Ltd. 公司为业余体育爱好者提供体育旅游保险、体育附加险、射击保险、高尔夫保险、（儿童）体育意外伤害保险、体育团队保险等，涵盖的体育运动超过 500 项。Sports Cover Direct Ltd 公司将体育运动分为七个等级，投保某一等级内的任何体

---

① 活动级别最低应为县级（County），县级以下的保险活动不在该保险保障范围内。

育项目，保险将自动涵盖同等级和低风险等级的其他体育运动（Sports Cover Direct，2019）。以 Sports Cover Direct Ltd 提供的体育运动伤害保险为例，本节梳理出了各个产品等级包含的体育运动项目（见表9－4）[①]。

表9－4　**Sports Cover Direct Ltd 提供的体育意外伤害保险产品**

等级	运动项目
1（179 项活动）	有氧运动；钓鱼；水下自行车（Aquabike）（非机动，长达 1500 米，周期 44 公里）；水陆铁人两项（Aquathlon）（标准距离）；射箭；攻防箭（Archery tag）；艺术滑冰；田径运动；野外露营；羽毛球；芭蕾舞；交谊舞；香蕉船；棒球；篮球；沙滩运动会（如橄榄球）；划船（12 英里范围内）；硬地滚球；身体冲浪；滚木球；滚球；野外生存；骑骆驼；露营；划独木舟（最高 3 级）；啦啦队（没有发育迟缓）；循环训练；板球；槌球；健身训练；冰壶；自行车旅行（不是比赛或活动）；在赛车场骑自行车——非竞争性；舞蹈；飞镖；小艇航行（12 英里范围内）；潜水（到 30 米或 40 米，需有潜水资格/或合格的指导）；躲避球；龙舟赛；干坡滑雪/室内人造雪地滑雪（不包括比赛、赛事或比赛训练）；陆上两项（标准距离/奥运距离）；电动自行车；骑大象；猎鹰；雪地越野单车（不是小道和不包括比赛）；越野路跑（最远 25 英里；最高海拔 2500 米）；击剑；垂钓；健身训练；英国壁球；私人飞机飞行（带有执照的飞行员，不包括杂技表演）；地板球；流动骑行（固定冲浪）；足式高尔夫；水果或蔬菜采摘（非机械）；门球等
2（140 项活动）	气枪；热气球；水下自行车（非机动——长距离）；水陆铁人两项（长赛道）；蹦极；越野滑雪（可以在郊区过夜，不包括比赛和活动）；划独木舟（4 级或以下）；草地滑雪（非竞争性）；体操；深海捕鱼（12 英里范围内）；在赛车场骑自行车——竞争激烈；远足；街舞；冲浪皮划艇；马拉松跑（海拔 2500 米以上）；步枪射击；溜滑轮；陆上游艇（单座）；卧式自行车（自行车或三轮车）（不是比赛或活动）；帆船（超过 12 英里的限制/沿海水域）；风洞中的跳伞；冲浪皮划艇等
3（41 项活动）	合气道（非竞争性）；巴西柔术（非竞争性）；高地运动会；柔术（非竞争性）；柔道（非竞争性）；空手道（非竞争性）；拳法（非竞争性）；剑道（非竞争性）；指令跳伞；公路/赛道/自行车道上骑行电动自行车；滑板（包括比赛和活动）；跆拳道（非竞技）；太极拳（非竞技）；双人跳伞（有执照/合格飞行员）；咏春（非竞技性）等

---

① 官网上关于体育意外伤害保险的选择中未列出等级 5 体育项目，因此下表中等级 5 的信息未列明。

等级	运动项目
4 (37 项活动)	高山滑雪（不包括比赛、赛事和比赛训练）；攀爬（用绳索和/或导轨或用螺栓固定）；越野/越野双人赛（最大总距离42公里）；铁人三项（1.5 公里游泳，20~30 公里越野山地自行车，6~10 公里山坡跑）；下坡滑雪（不包括比赛、赛事和比赛训练）；越野自行车（不包括比赛）；室内攀岩；单人滑雪（不包括比赛和活动）；北欧滑雪旅游（包括在郊区过夜，不包括比赛或赛事）；滑雪道滑雪（不单独或违反当地建议。不包括比赛和比赛训练）；卧式自行车（自行车或三轮车，包括比赛和活动）；攀岩（不是登山）；雪橇；运动攀岩等
6 (139 项活动)	空中马戏团工作坊（需要安全网）；直排轮滑；合气道（竞争）；美式足球；美国摔跤；拳击（业余）；巴西柔术（竞争）；武术（竞争）；悬崖跳水（最长27 米，有组织的活动和比赛）；越野骑马（训练和比赛）；下坡山地自行车；骑马（野生动物园）；骑马射箭；狩猎（骑马）；曲棍球；冰球；冲浪/摩托车冲浪；柔术（比赛）；皮划艇（5 级或以下）；拳法（竞争）；陆地冲浪；现代五项；山地自行车（包括最长72 小时的比赛和赛事）；登山；足球；太极拳（竞争激烈）；小径自行车；蹦床等
7 (51 项活动)	高山滑雪旅游（包括在郊区过夜，包括比赛）；越野滑雪（包括比赛和活动）；滑翔翼；高山滑雪；攀冰；马球；跳台滑雪（比赛和活动）；滑雪比赛和比赛训练；滑雪板比赛；在雪地公园滑雪（跳跃1 米或以上（包括比赛和活动））；在雪地公园滑雪，跳跃不到1 米（包括比赛和活动）；跳伞；单板滑雪（超过1 米，包括比赛和活动）等

资料来源：Sports Cover Direct. Sports Travel Group List ［EB/OL］. https：//www. sportscoverdirect. com/sport - groups/，2019.

通过分析表9-4的内容可以看出，英国商业体育保险保障的体育运动种类十分全面，而且也包括十分流行且在国内尚未全面普及的体育项目。此外，即使是同一种体育项目，保险公司也进行了十分细致的再分类，如水陆铁人两项运动标准距离和长距离被分到第一和第二两个不同的风险等级中；巴西柔术竞争和非竞争被分配到第三和第六两个等级中。

表9-5进一步介绍了一款来自Sports Cover Direct Ltd 的美式足球运动意外保险产品（等级6）。个人通过缴纳14.31 英镑到15.74 英镑不等的保费，可以获得三个不同保障等级的保险产品，保障体育爱好者在体育活动中的第三者责任、永久残疾、意外死亡、每周工作补贴、治疗费用、诉讼咨询费用、牙医费用、会

员损失费用和搜救费用等。不同保险期限，不同体育活动的体育保险产品有效满足了不同个人的体育保障需求，更重要的是，低廉的价格使这种全面丰富的体育保险产品更具吸引力（Office for National Statistics，2017）[①]。

表 9 – 5　**Sports Cover Direct Ltd 提供的意外伤害保险产品**　单位：英镑

	免赔额	初级产品	中级	高级
日保费		14.31	15.19	15.74
年保费		85.79	91.08	94.42
第三者责任	50	2000000	2000000	2000000
永久残疾	0	10000	20000	30000
意外死亡	0	3000	6000	9000
每周工作补贴	0	100	100	100
法律费用	0	1500	3000	4500
骨折	0	150	250	350
物理治疗费用	50	150	250	350
咨询费用	50	150	250	350
牙医费用	50	100	200	350
会员费用	0	75	150	200
搜救费用	50	8000	8000	8000

资料来源：根据 Sports Cover Direct 官网报价制作而成。

第二节　美国体育保险

一、美国体育保险发展历史与契机

20 世纪初期，美国开始关注体育保险业务并通过立法促进体育保险业的发展，且颁布了《社会保障法》（1935）和《业余体育法》（1978）用以推动体育保险落实。然而，政府在美国体育保险的发展历程中，并不占主导地位。美国逐渐形成了以商业体育保险为主的体育保险发展模式，且是世界上保险业最发达、发展最早的国家之一。1946 年，John M. Sadler 成立了 Sadler and Company Inc，

---

① 2017 年，英国职工的周平均工资为 550 英镑。

世界第一家体育保险公司成立。Sadler and Company Inc. 最早为家庭施工人员提供保险产品，到了 1989 年，John M. Sadler 的儿子成为了 Sadler and Company Inc. 的董事长，公司才开始提供私人定制的（Customized）、价格低廉的、可以满足特定风险的当地体育保险业务，并关注体育行业和娱乐行业的相关风险。Sadler and Company Inc 已经有 27 年的业务经验，其业务已经覆盖了美国 50 个州。随后，1997 年成立了 SportsInsurance、Sportscover 等专业的体育保险公司，American International Group、Inc.（AIG）等综合性保险公司也纷纷开始涉足体育保险领域。与英国类似，美国也逐渐形成了以体育保险经济人制度为主的体育保险营销模式（王国军等，2012）。

二、美国保障全面的社会保险计划

（一）医疗保险计划

与大众运动参与者关系最为密切的社会保险计划为医疗保险计划，具体包括以下方面：

1. 老年人医疗保险项目

老年人医疗保险项目（Medicare）是美国的一项国家健康保险计划，始于 1966 年，隶属社会保障管理局，现由医疗保险和医疗补助服务中心管理。它为 65 岁及以上的美国人提供健康保险服务。同时，也保障 65 岁以下且伤残级别达到一定等级公民的医疗费用[①]。Medicare 分为四类计划，分别为 Medicare Part A、Part B、Part C 和 Part D[②]。Medicare Part A（医院保险）保障个人在医院和专业护理机构（非托管或长期护理）进行住院治疗的相关费用，还包含临终关怀护理和部分家庭保健[③]。Medicare Part B（医疗保险）涵盖医疗服务、门诊治疗、预防性服务以及 Medicare Part A 部分未涵盖的其他医疗服务[④]。

Medicare Advantage Plan（有时称为"Medicare Part C"或"MA Plan"）由 Medicare 批准的私营保险公司提供。最为常见的 Medicare Advantage Plan 为健康维护组织（Health Maintenance Organization，HMO）和优先供给者组织（Preferred –

---

① 一般来说，人们需要在满 65 岁之前 3 个月申请 Medicare 福利。在退休前 2 个月收到 Medicare 卡。

② 已经涵盖在社会保障计划（Social Security）中的个人将自动注册参保 Medicare Part A 和 Medicare Part B。由于 Medicare Part B 是付费项目，因此个人可以选择放弃参保 Medicare Part B。

③ 大多数人不必为 Medicare Part A 每月支付保费，这是因为他们或配偶在工作时支付了医疗保险税。如果个人（或配偶）在工作期间没有支付医疗保险税且个人年满 65 岁或以上，可以自行购买 Medicare Part A。

④ Medicare Part B 需要每月支付保费，对于大多数人来说都只需要支付标准保费，但社会保障局会根据收入不同，联系一些需要支付更多保费的高收入群体。如果个人在第一次符合 Medicare Part B 条件时没有注册 B 部分，则可能需要支付延迟投保的罚款。

Provider Organization，PPO）。HMO 的主要特点为保费低、医生和医院资源有限导致的就医灵活性受限。与 HMO 相比，PPO 的保费和免赔额通常要高得多，但具有更大的灵活性（Masterson，2018）。加入 Medicare Advantage Plan 的个人将自动获得 Medicare Part A 部分（医院保险）和 Medicare Part B 部分（医疗保险）的保障内容。Medicare Advantage Plan 还可能提供额外保险保障，如视力、听力、牙科、健康和保健计划。大多数还包括我们下面要介绍的医疗保险处方药部分（Medicare Prescription Drug Coverage），又被称为 Medicare Part D。Medicare 每月为参保人向提供 Medicare Advantage Plan 的公司支付固定保险费用。这些公司也必须遵守 Medicare 制定的规则。但是，每个 Medicare Advantage Plan 都可以收取不同的自付费用，并且对个人获得医疗服务的方式可以有不同的规定，而且规则可能每年变动。

Medicare Part D 是处方药物保险计划（Prescription Drug Coverage）。自 2006 年 1 月 1 日起，无论收入、健康状况或处方药使用情况如何，所有拥有 Medicare 的人都可以参保处方药物保险（HHS，2019）。每个处方药物保险必须至少满足 Medicare 设定的标准覆盖水平。但是具体保险产品可以适当改变其涵盖的处方药清单（称为处方集）以及他们药物在处方集中所处层级（Medicare.gov，2019）。

2. 医疗补助计划

美国的第二种医疗保险计划是医疗补助计划（Medicaid）。医疗补助计划是一项联邦政府计划，由州和地方政府在联邦指导方针内运作，因州而异。它为各个年龄段的低收入人群提供服务。患者通常不承担任何医疗费用，有时需要按照共付比例支付小额医疗费用。

Medicaid 与 Medicare 的主要区别是：Medicare 是一项保险计划；Medicare 医疗费用由所承保的信托基金支付；无论个人收入高低，Medicare 主要为 65 岁以上的老年人提供服务，并为年轻的残疾人和透析患者提供服务；Medicare 患者一般需要支付保险的免赔额部分和共担部分；Medicare 是一项联邦计划，它在美国各地基本相同。

3. 州儿童健康保险计划

除了 Medicare 和 Medicaid 外，美国第三类医疗保险计划是州儿童健康保险计划（State Children's Health Insurance Program，SCHIP），1997 年美国国会通过了《州儿童医疗保险计划》，这个计划针对的是那些收入并不符合 Medicaid 要求，但是家庭收入又无力购买商业健康保险的家庭。美国政府针对家庭收入水平在联邦贫困线以上 100%~300% 且没有参加商业健康保险的美国儿童，制定了州儿童健康保险计划（SCHIP）（王丹，2006）。它为在职家庭中的儿童提供免费或低成本保险，也保障各种移民身份的家庭。这是美国在公共福利政策方面的重大改革，在联邦资助州的医疗保险事业上具有里程碑的意义。儿童健康保险计划由联邦和州两级政府分担费用，共同管理。具体的执行机构由各州确定。近年来，Medicaid 计划在美国未成年人中的覆盖逐渐降低，SCHIP 逐渐升高。对于美国的不同州，也可能会有针对当地低收入未参保人群的健康保险计划，不同州的健康保险可能会有不同的命名。

图 9-1 显示了美国医疗保障体系，以及医疗补助计划（Medicaid）和州儿童健康保险计划（SCHIP）在其中的位置。表 9-6 以表格的形式显示了两者间的主要区别。

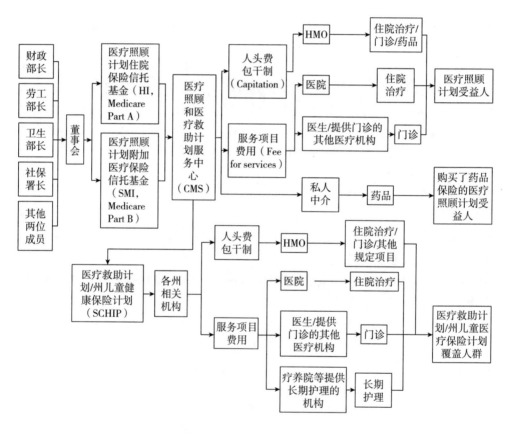

图 9-1 美国医疗保障机构

资料来源：周弘.50 国（地区）社会保障机构图解［M］.上海：中国劳动社会保障出版社，2011.

4. 特殊年龄段的健康保险计划

根据美国平价医疗法案的规定，26 周岁以下的个人都可以享受由父母方雇主提供的健康保险计划。同时，美国政府充分考虑到应届毕业生的保险空档期：刚毕业的大学生一方面由于不是在校学生而不满足学校健康保险计划；另一方面由于暂时没有找到工作单位或没有办理入职手续，也不能享受单位提供的健康计划。美国《综合预算协调法案》（Consolidated Omnibus Budget Reconciliation Act，COBRA）允许26周岁之后的学生，申请额外36个月的保险延期，使他们仍然涵盖在父母的健康保险计划之下，帮助他们安心度过学校和工作的保险空档期（王国军等，2017）。

表9-6 医疗补助计划与州儿童健康保险计划对比

	医疗补助计划（Medicaid）	州儿童健康保险计划（SCHIP）
缴费	联邦政府＋地方政府，受助人无须缴费，或缴纳很低费用	多数州来说，受助人需要缴纳权利金或医疗费用
资格认定	严格，细致规定	相对灵活

资料来源：作者整理。

（二）私有退休金计划

私有退休金计划401（k）是一种由雇员、雇主共同缴费建立起来的完全基金式养老保险制度。按照该计划，企业为员工设立专门的401（k）账户，员工每月从其工资中拿出一定比例的资金存入养老金账户，而企业按一定比例往这一账户存入相应资金。一般情况下，企业存入账户的金额是个人存入金额的一半，也就是50%的对等缴费额。但是，由NBA协会赞助的私有退休金计划401（k）为NBA球员提供了更加慷慨的养老福利，NBA球员享有140%对等缴费额的特权。例如，球员自愿将其现金报酬中的一万美元存入401（k）计划，协会将会为其存入1.4万美元，这远高于其他行业雇主存入的5000美元。此外，NBA为效力协会三个赛季及以上的球员提供每年56988~195000美元的养老金，从62岁开始领取。NBA慷慨的私有退休金计划，充分保障了球员退休后的生活水平，这与我国部分职业运动员退役后生活保障的不足和生活拮据的情况形成了鲜明对比。虽然，我国也有类似于401（k）计划的企业年金计划，但是该计划起步较晚，发展较慢，并未很好地展开，保障对象和人数仍十分有限（王国军等，2017）。

（三）失业保险计划

在美国社会保险计划中还包括失业保险。对于非自愿失业的美国公民，美国联邦政府为其提供最长26周的现金给付；对于情况特殊的失业者，联邦政府还会同时给予额外补助。

三、残疾人保障

（一）重度残疾（残疾时间 1 年以上）

老年人、遗孀和残障保险计划（Old - Age，Survivors and Disability Insurance Program，OASDI）又称社会保障计划（Social Security），是残疾人福利保障的第一来源。OASDI 中的 DI，为社会保障残疾保险（Social Security Disablity Insurance，SSDI），是由联邦社保局管理的联邦残疾人保险项目，资金由个人和雇主共同缴纳。美国的另一个残疾人福利为补充社会保险收入计划（Supplemental Security Income，SSI）。

SSDI 为由于健康状况而不能工作的残疾人提供福利。领取 SSDI 的要求十分严格，申请人必须是长期身体/精神完全残疾，长期指持续的残疾时间至少 1 年或者由于残疾会导致死亡事故发生。此外，SSDI 受益人审核标准为残疾的发生导致个人既不能继续从事目前工作，也不能适应其他工作。在获得 SSDI 补贴前，申请者需要接受工作状态检查，必须满足特定工作时长下的申请人才能通过审核（余隆武，2006）。这是因为，申请人在未残疾前从事工作期间，其个人和单位缴纳的社会保障税被纳入到了联邦政府的社会保障信托基金。只有当个人或符合条件的家庭成员缴纳社会保障税的时间足够长时，才能在个人因残疾而不得不停止工作时，获得联邦政府每月支付的 SSDI 现金福利。不仅残疾人个人，其配偶、离婚配偶、子女、残疾子女、残疾成年子女（22 岁前残疾）均可能获得相应的补贴，其保障内容众多（Social Security，2019）。

SSI 为失明或残疾的低收入人群提供现金援助和医疗补助（如 Medicaid），这里的残疾为身体/精神完全残疾。2010 年，SSI 每月向满足条件的个人提供高达 771 美元的联邦现金援助，向同时满足条件的夫妇提供高达 1157 美元的联邦现金援助，并且为必要成员提供每月 386 美元补贴，以帮助家庭满足基本的食物、住房和衣物需求（Social Security，2019），这一部分补助被称为联邦补贴（Federal Benefit Rate，FBR）。除了联邦级别的补贴外，美国各个州也可以根据自身实际情况进行额外补助。例如，加利福尼亚州（California）的 SSI 结合了 FBR 和加利福尼亚州补充计划（California's State Supplemental Program，SSP）。加利福尼亚州 SSI 最高补助领取标准如表 9 - 7 所示，实际补贴标准会根据个人实际情况和居住环境等因素进行相应调整。

SSDI 与 SSI 作为保障美国残疾人福利的重要制度，具有较大的差异。具体体现在三个方面：首先，SSI 是基于家庭收入调查的补助，仅针对低收入群体，而 SSDI 的补贴与收入无关，与个人工作年限与纳税情况有关；其次，获得 SSI 的经常获得 Medicaid，而 SSDI 的受益人两年后有机会成为 Medicare 的受益人；最后，两者的待遇水平差异较大。一般来说 SSI 的收益水平低于 SSDI（Special Needs Answers, 2015）。

表9-7　美国加利福尼亚州补充社会保险收入计划补贴标准

单位：美元/月

	符合要求的个人	同时符合要求的夫妻
成人	931.72	1564.14
与家人同住的成人	678.24	1183.75
成年盲人	988.23	1715.19
与家人同住的成年盲人	734.76	1334.80
18 岁以下未成年人（独自生活/与父母同住/与亲戚同住）	836.15	不适用
18 岁以下未成年人（住在他人家）	582.67	不适用

资料来源：Disability Benefits 101. Working with a Disability in California［EB/OL］. https：//ca. db101. org/ca/programs/income_ support/ssi/program2a. htm, 2019.

（二）轻度残疾（残疾时间 1 年以下）

如果个人的残疾程度不够严重，持续残疾时间不足一年，但是由于残疾发生无法从事工作，可以申请短期的残疾人保障计划。美国不同州对轻度残疾的保险计划存在差异。以加利福尼亚州提供的州残疾保险计划（California State Disability Insurance, SDI）为例，简述美国轻度残疾人可以获得的补贴情况。SDI 实质上是一种保险产品，大多数加利福尼亚州员工会用其收入的一小部分缴纳 SDI 保费。缴纳 SDI 的员工，如果发生了由于非工伤导致的残疾而无法工作，可以获得 SDI 提供的现金福利，用以弥补暂停工作而带来的经济损失①。SDI 通常可以补贴个人工资水平的60% ~70%，最多保障 52 周（Disability Benefits 101, 2019）。

此外，还有其他的轻度残疾人保险计划供雇员和雇主选择。例如，加利福尼亚州的短期残疾保险计划（Short - Term Disability, STD）和长期残疾保险计划（Long - Term Disability, LTD）等私人保险计划。有些雇主会将其作为员工福利，保障员工由于受伤而带来的收入损失。但是无论是 SDI、STD 还是 LTD，本质上都属于商业保险产品。

---

① 当个人因怀孕而不能工作，或者请假去照顾生病的亲戚或陪同新生婴儿时，SDI 计划体会提供收入补贴。

四、美国商业体育保险计划

（一）职业体育保险

1. 国家运动员保险计划

美国政府规定各组织应为入选国家队的职业运动员提供比赛期间的各种保险，奥委会应为入选奥运代表队的运动员提供相应的保险（颜秉峰，2009）。

2. 体育协会保险计划

美国有 18 个职业运动项目，792 支职业队（许秋红，2012）。美国的体育保险公司与体育组织合作，设计出了保障全面的体育保险产品，如 Sadler 保险公司与美国青年足球/啦啦队协会（AYF/AFC）、南部青年棒球协会（Dixie Youth）、南部青年垒球协会（Dixie Softball）、美国足球协会（AFA）、全国野外射箭协会（NFAA）和全国青年体育教练协会（NYSCA）等组织合作，Summitamerica 保险公司与全国大学生体育协会（NCAA）、全国大学校际体育协会（NAIA）、全国初等大学生体育协会（NJCAA）和国内休闲体育协会（NIRSA）等组织合作，为这些组织提供定制化保险产品（Summitamerica，2018）。

以 AYF 与 Sadler 保险公司的合作为例：AYF 成立于 1996 年，覆盖六个国家和美国 50 个州，有五十多万名会员（AYF，2019）。Sadler 保险公司为 AYF 提供定制的保险产品，包括意外伤害险、第三者责任保险、董责险和设备保险等（见表 9 - 8）。董责险保障董事会在违规做出相应决定、终止运动员和教练资格、财务处理不当情况下造成的损失。犯罪保险指志愿者偷盗或挪用公共财产造成的损失。这些定制的保险产品极大提升了保险公司的竞争力。在维持长久客户关系的同时，体育保险公司可以提供专业化的保单和高效科学的服务。

表 9 - 8　Sadler 美国青年足球/啦啦队一年期保单保额、保费一览

单位：美元/队，美元/理事会

保障内容	责任限额与保费		
意外伤害和第三者责任保险	责任限额	责任限额	责任限额
	100 万	200 万	500 万
美式足球保费			
第一类（年龄 9 岁及以下）	200. 09	219. 02	271. 61
第二类（年龄在 12 岁以下）	254. 24	272. 12	324. 71
第三类（年龄在 15 岁以下）	395. 35	415. 33	467. 92
插旗式美式足球保费			
第一类（年龄 5 ~ 17 岁）	81. 55	88. 91	125. 73

续表

保障内容	责任限额与保费		
第二类（年龄 5~22 岁的残疾人）	81.55	88.91	125.73
啦啦队保费			
隶属本足球队的啦啦队	免费	免费	免费
隶属本足球队但是参加其他比赛	43.09	48.35	100.93
不隶属本足球队	91.76	97.02	149.61
董责险（每理事会）	300	450	—
设备险	2 美元保费，保额 100 美元，至少购买 100 份		
犯罪险（每理事会）	200 美元保费，保额 25000 美元		

资料来源：Sadler and Company Inc. 官网（http://www.sadlersports.com/ayf/）。

3. 老运动员特别关怀

美国有众多的职业运动员联盟来保障职业运动员利益，其对老职业运动员的利益保障值得关注。例如：成立于 1956 年的国家橄榄球联盟球员协会（The National Football League Players Association，NFLPA）是国家职业橄榄球运动员联盟（简称联盟）。NFLPA 对联盟的前运动员提供了一系列保障。主要体现在提供优惠的保险产品选择和提供优惠的医疗服务。

提供优惠的保险产品选择体现在 NFLPA 推广的《NFL 前球员生活改善计划》中。NFLPA 为在本协会退休计划项目内的老运动员提供 Medicare 补充保险（Medicare Supplement Plan）保费补贴。具体为：对于 65 岁以上的已经参保 Medicare Parts A 和 B 的老年人，如果其购买由美国卫生保健保险公司（United Health-Care Insurance Company）提供的 AARP Medicare 补充保险计划（AARP Medicare Supplement Plan Choices），联盟每月补贴其保费 140 美元（在 2014 年 4 月 1 日前为每月 120 美元）。在美国的大部分州，退休的球员都有约最高 12 个 Medicare 补充保险计划可供选择，从而可以按照自己需求，选择适合自己的保费和保险金额（NFLPA，2019）。

提供优惠的医疗服务也是 NFLPA 的前球员生活改善计划中的重要一部分。具体来说，NFLPA 帮助联盟前球员进行膝盖、髋关节或肩关节置换手术，为前球员提供报销金额高达 5250 美元的关节替换手术费。该计划还帮助前运动员提供全国范围内的优质医疗设施和护理机构，让前运动员在没有健康保险的情况下，也可以获得相应的资源。此外，NFLPA 还关心退役运动员的精神健康。对此，NFLPA 与六家医疗中心的精神学专家合作，为经济困难的退役运动员提供神经系统疾病评估和治疗费用补贴，通过全国范围的优质医疗设施和护理机构，为每一名退役运动员提供专家团队，保障运动员精神健康。除此之外，NFLPA 还与五家医院合作，为经济困难的前运动员提供脊柱治疗服务（NFLPA，2019）。这些医疗补助具有很强的针对性，细致的规定避免了资源浪费和道德风险，如关节置换补贴强调必须在手术发生之后才能获得补助。

（二）学校体育保险

1. 学生保险

美国学校体育保险发展模式以商业保险为主，由专业的体育保险公司为不同学校提供定制化保单，或直接为校际联盟组织提供标准化保单，如美国 School Insurance of Florida 公司为佛罗里达州 1000 多所学校提供意外伤害保险。K&K 保险公司为美国学生提供仅以学校为活动地点或者不限体育活动地点的意外伤害保险产品（K&K，2018）。

美国的学生体育保险在不同州略有不同，现以马萨诸塞州学生健康保险计划为例，介绍当地的学生健康保险计划。1989 年 9 月，美国马萨诸塞州法律要求每一个在校大学生在没有满足相应规定的健康保险计划的情况下，必须参加学校学生健康保险计划。因此，马萨诸塞州各高校与保险公司合作，为本校学生提供全面风险保障，保费在学生每年缴纳学费时自动扣除。对于研究生和继续教育学生，各个学校的政策略有不同。有的学校，如艾斯普森大学（Assumption College）要求研究生和继续教育学生与本科生一样，同样在缴纳学费时自动扣缴保费；有的学校，如安娜玛利亚学院（Anna Maria College）给予研究生和继续教育学生自由选择是否加入学生健康保险计划的权利。各个高校的年度保费略有不同，但都在 2000 美元左右。每一个学校的学生健康保险计划略有不同，具体的报销政策和合作的医疗机构也略有不同，但是都会十分全面地保障学生在校期间的各种风险。例如，美国马萨诸塞州强制性学生健康保险计划的保障范围已经远远超过了体育风险。现以美国安娜玛利亚学院提供的学生健康保险计划为例，具体介绍美国在校生健康保险计划（见表 9 - 9）。

表 9 - 9　美国安娜玛利亚学院学生健康保险计划

医疗场景	服务	自费部分	
		系统内医疗机构	系统外医疗机构
拜访医生	伤病基本护理	25 美元/次	20% 共保
	拜访专家	25 美元/次	20% 共保
	拜访其他执业医生	25 美元/每次脊椎按摩	20% 共保
	疾病预防	免费	20% 共保

续表

医疗场景	服务	自费部分	
		系统内医疗机构	系统外医疗机构
医疗检查	诊断检查（X 光，验血）	10% 共保	30% 共保
	成像（电脑断层扫描，正电子发射层析扫描，核磁共振成像）	10% 共保	30% 共保
药物治疗	非专利药	15 美元/零售 30 美元/邮寄	不保障
	首选的品牌药物	30 美元/零售 60 美元/邮寄	不保障
	非首选的品牌药物	50 美元/零售 100 美元/邮寄	不保障
	特殊药品	适用非专利药和非首选品牌药的成本分担	不保障
门诊手术	设备费用（例如：门诊手术中心）	250 美元/次	20% 共保
	医生费用	免费	20% 共保
急诊	急诊室服务费	100 美元/次	100 美元/次
	紧急医疗运送	10% 共保	10% 共保
	急救	25 美元/次	20% 共保
住院	设备费用（例如：医院病床费用）	10% 共保	30% 共保
	医生费用	10% 共保	30% 共保
心理、行为、成瘾物质滥用治疗	心理、行为治疗门诊费用	25 美元/次	20% 共保
	心理、行为治疗住院费用	10% 共保	30% 共保
	成瘾物质滥用治疗门诊费用	25 美元/次	20% 共保
	成瘾物质滥用治疗住院费用	10% 共保	30% 共保
怀孕	产前、产后护理	产前护理免费；10% 产后护理共保	
	分娩和住院服务	10% 共保	30% 共保

资料来源：Anna Maria College STUDENT HEALTH INSURANCE PLAN 2016 - 2017 Policy Year［EB/OL］. https：//www. universityhealthplans. com/letters/letter. cgi？group_ id = 327。

由表 9 - 9 可知，安娜玛利亚学院健康保险覆盖的范围包括五个方面：

第一，初期拜访费用：包括初期照护拜访和预防护理拜访等拜访医护人员费用。

第二，医药费用：包括 X 光、血样检查、CT 等检验费用；常规药、品牌药、特种药等药品费用；流动诊疗中心、医疗费等门诊费用；急救费、救护车等急诊费用；病床费、医疗费等住院费用；针对学生孕妇的产前检查、产后护理、运送与住院费用；治疗不孕症的费用。

第三，心理健康费用：包括心理疾病和行为疾病的诊疗费用。

第四，日常护理费用：包括脊柱护理、日常眼部护理、常规足部护理费用。

第五，形体塑造费用：包括肥胖外科手术、减重计划等费用。

该保险计划的几个特点值得注意。一是学生健康保险计划不仅可以十分全面地保障学生面临的体育风险，更加保障学生学习生活中面临的身心风险。大学生由于人际关系、学业负担、未来规划等方面常遇到各种心理问题，若不及时疏导，会产生严重的心理疾病。二是学生健康保险计划关注学生日常护理和形体塑造。美国大学生肥胖情况严重，严重影响了学生的健康水平和生活质量，学校也充分考虑这一现象，因此将这部分费用也涵盖在保险产品当中。

2. 校园工作人员责任保险

一旦学生发生校园内的体育伤害，校园护士一般情况下会在第一时间处理学生的体育伤害。因此，也会面临一定的专业技术风险。美国与英国不同，尚未要求学校为校园护士提供强制的赔偿保险，但是其已经通过协会与保险经纪公司合作的形式，为校园护士提供价格低廉、保障全面的赔偿保险。例如，美国校园护士协会（National Association of School Nurses）与 Lockton Affinity 保险经纪公司合作，为其会员提供价格低廉的专业责任保险（Professional Liability Insurance）。每年 28 美元的保费，便可以获得以下内容的保障：被告费用、证人费用、工资损失、执业证保护、良好的形象报道、违背《健康保险流通与责任法案》的处罚[①]、对他人财产的损害等（NASN，2019）。

3. 校际体育赛事

校际之间的体育赛事保险兼具强制性与商业性特点。全美大学生体育协会（NCAA）通过两个途径，全面保障学生运动员的运动风险。一是 NCAA 要求其下的高校成员确保该机构中的学生运动员已经投保了基本意外保险（Basic Accident Coverage），可以保障由于运动导致的受伤风险且该保险产品的保险金额不低于 NCAA 巨灾伤害保险（Catastrophic Injury Insurance Program）的免赔额（目前是 9 万美元）。基本意外保险可以由学校、家长或者个人购买，但是如果没有这

---

① 健康保险流通与责任法案（Health Insurance Portability and Accountability Act，HIPAA）于 1996 年签署，旨在保护医疗信息数据的隐私和安全。如果个人正在处理、传输、拥有或负责任何健康记录，则其需要遵守 HIPAA 的规则。

一保险，学生运动员无法进行训练和比赛。二是 NCAA 从 1992 年起，就开始为所有成员机构的学生运动员免费提供巨灾伤害保险，并全部承担 1.35 千万美元的保费。当学生运动员由于训练或者比赛导致全残时，可以为学生提供 2 千万美元的保险金。这个保险金包括医疗费用和伤残抚恤金。伤残抚恤金包括每月的现金支付、住房装修费（为容纳轮椅和其他伤残辅助设备而对住房进行改装的费用）以及获得无障碍交通工具的费用等。同时，该项目可以一直资助学生运动员，直到其顺利完成本科或研究生学历。可见，NCAA 的巨灾伤害保险是一个非常全面的运动类保险项目。

不仅如此，在学生运动员参加 NCAA 锦标赛时，NCAA 为所有参赛的学生运动员投保参赛意外伤害保险（Participant Accident Program），当学生运动员在参赛过程受伤，该保险项目可以恰好为运动员提供 9 万美元的保险金，这一项目再与巨灾伤害保险相结合，可以保障全部的参赛风险（王国军等，2017；NCAA）。

上述的多种保险计划与社会保险计划和残疾人福利结合，全面保障了学生面临的多种体育风险。美国的校园体育是职业体育发展的根基，因此其学校体育的发展兼具商业性、强制性和全面性。

（三）业余体育保险

在大众体育方面，美国执行社会团体化管理。美国有 206 个全国性体育协会，管理着大量的俱乐部，除了已成规模的体育组织之外，还存在着形形色色的其他组织。保险公司也为这些团体提供了体育保险，表 9 – 10 展示了商业保险公司提供的针对不同运动团体的体育运动保险产品。此外，市场上还有多种产品供个人选择。例如，青年每人每天 3.88 美元就可以购买医疗费用 10 万元、第三者责任 200 万元的夏令营保险。场地所有者花费 883.78 美元就可以获得 200 万元的一般责任险，董责险、犯罪保险和设备保险也可以采用附加险的形式供组织选择。

表 9 – 10　Sadler 保险公司青年运动团体保险费率　　　单位：美元

体育运动	每队最多人数	10 万医疗费用	12 万医疗费用和 200 万责任险	10 万医疗费用和 500 万责任险
棒球/垒球/板球/儿童足球	18	41.40	112.76	123.11
篮球	18	41.40	123.78	135.28
3 对 3 篮球	8	9.49	33.29	36.74
街道曲棍球	18	49.74	142.09	154.74
躲避球	25	41.40	132.60	145.25

续表

体育运动	每队最多人数	10万医疗费用	12万医疗费用和200万责任险	10万医疗费用和500万责任险
英式足球	18	49.74	132.12	143.62
4对4英式足球	16	11.85	41.88	46.48
美式足球	25	49.74	145.25	157.90
4对4美式足球	8	11.85	53.02	58.77
轮滑球	18	49.74	148.32	160.97
长曲棍球	24	49.74	148.32	160.97
排球/网球/飞盘/高尔夫球	10	41.40	83.78	89.53
2对2和4对4排球	8	10.64	22.83	25.13

资料来源：Sadler & Company Inc. 官网（http：//www. sadlersports. com/soda/）。

第三节　发达国家体育保险发展趋势

一、与体育运动相关的社会福利体系发展完善

社会保险和残疾人福利是英国、美国保障运动者基本福利的重要举措。英国和美国的社会保险发展较为成熟，保障全面。运动致残是十分极端的运动事故，但也是经常发生的。残疾很有可能伴随个人一生，给个人和家庭带来巨大的精神压力和经济损失。英国和美国的福利体系，尤其是残疾人保障体系较为完善。例如，英国的残疾人保障体系覆盖了不同的年龄阶层，其不仅考虑残疾人自身护理，还考虑到护理人福利的提高，在供需两个方面提高护理服务水平。此外，英国的残疾人津贴体系明确提出，残疾人津贴高低主要与残疾导致多大程度上生活受限有关，不是主要基于具体的残疾水平。这种规定是合理的，因为有些残疾等级不高，但是可能会极大影响个人生活。美国的残疾人保障体系也关注到了残疾人配偶、子女等家庭成员的福利，其比较注重运动极端事故的风险保障。

二、保险公司与中介机构密切配合

高效率的体育保险经纪人制度以及专业化体育保险公司的建立是成熟体育保险市场的标志。体育保险经纪人制度在英国和美国得以快速发展的重要原因之一是英美体育社团文化的蓬勃发展。具体来说，体育运动参与者一般都隶属某一体育社团或组织，因此整个社团可以委托专业的保险经纪公司为组织及其会员提供体育保险。这种体育组织与体育保险经纪公司相结合的运营模式主要有两个方面的优点：一是可以降低社团成员面临的体育运动风险；二是可以免除个人选择体育保险的困扰，为个人提供更专业的保险服务。

此外，发达国家体育保险中介市场完善、监管体系成熟。美国有众多的保险中介行业协会，如保险代理人和经纪人协会（CLAB）、美国独立保险代理人和经纪人协会（IIABA）等。各个协会都对保险中介人员进行相应的业务和职业道德培训，并设置考试以保障人员的专业素质。1871 年 5 月创立的全美保险监督官协会（NAIC）是美国保险监管的重要组成部分。通过对各个州保险监管标准进行同业评审和协调监督，NAIC 可以在一定程度上保持美国各个州监管的协调统一（吴双等，2016）。

三、重视体育教育与体育运动的迅速发展

英国、美国发达的体育保险市场依赖于成熟的体育市场。两国公民参与体育运动的热情高涨，体育运动已成为大部分公民的生活习惯。同时，英美人民更追求高竞技水平以及高风险的体育活动，这使体育保险的需求提高，进而不断推动体育保险市场发展来满足人们日益增长的体育运动和体育保险需求。

英美体育运动的迅速发展，尤其是全民体育运动的发展得益于其对体育教育的重视。如表 9 – 11 所示，英国体育课程具有明确的教学目标和计划。具体来说，英国体育课程的教学目标分为四个等级，分别对应小学 1～2 年级，3～6 年级，中学 7～9 年级以及高中 10～11 年级学生。其课程设置特点为：各个阶段体育教学目标循序渐进，层层深入，并在每个阶段结束时辅之以课程能力考核，确保学生体育能力在参加校园体育课程中得到明显提升；注重基本运动能力的巩固和提升；注重学生合作竞争能力培养；注重学生自信心培养；注重自我能力评估和总结；注重学生终身体育运动兴趣培养；社区和俱乐部在学生体育课外活动中起到重要作用。

表9-11 英国学校体育课程目标

等级	年龄（岁）	学年	目标	教学细则
1	5~7	小学1~2年级	应培养学生基本的运动技能。提高学生运动能力和自信心。提高学生敏捷性、平衡性和协调性。培养竞争精神和合作精神	①基本运动能力包括：跑步、跳跃、投掷、捕捉，以及平衡、敏捷和协调，并开始将这些基本运动能力应用于一系列活动 ②参与团队游戏，开发攻击和防守的简单策略 ③使用简单的动作进行舞蹈
2	7~11	小学3~6年级	学生应该继续应用和开发基本运动能力，学习如何以不同的方式使用它们，并将它们联系起来进行更复杂的运动。学生应该享受体育给他们带来的沟通、协作和相互竞争。他们应该了解如何提升以及合理评估自身运动能力	①单独使用和组合使用跑步、跳跃、投掷和捕捉等基本运动 ②开展例如羽毛球、篮球、板球、足球、曲棍球等竞赛，运用适当的攻击和防守技能 ③可以通过田径和体操提高学生灵活性、力量、技术、控制和平衡 ④使用一系列动作进行舞蹈表演 ⑤参加单独和团队的户外活动和冒险活动 ⑥将目前表现与过去对比，尝试实现个人最佳状态
游泳			在1级或2级必须完成游泳课程	①自信和熟练的游泳至少25米 ②有效地使用各种泳姿 ③在不同的水质情况下进行安全的自救
3	11~14	中学7~9年级	学生应该在通过1级和2级课程的训练基础上对自己的体育技能更加自信，且具备将这些体育技能应用到不同体育活动中的能力。学生应该知道什么技能是有效的，并知道如何应用这些技能。学生应有自信和兴趣从事终生锻炼和体育活动，并清楚体育锻炼对长期健康的重要性	①使用一系列战术和策略击败比赛对手 ②提高学生在其他竞技运动中的表现 ③尝试各种舞蹈风格和形式 ④参加户外和冒险活动，克服智力和体力方面的挑战，并鼓励学生建立团队，彼此信任，合作解决问题 ⑤将目前表现与过去对比，尝试实现个人最佳状态 ⑥通过社区活动或体育俱乐部参与校外竞技体育和活动

续表

等级	年龄（岁）	学年	目标	教学细则
4	14～16	高中 10～11 年级	学生应该具备参与更复杂体育活动的能力，并且参与更广泛的体育活动从而提高身体健康，培养健康的生活方式	①使用一系列战术和策略击败比赛对手 ②进一步提高学生在其他竞技运动中的表现 ③继续参加户外和冒险活动，克服智力和体力方面的挑战，并鼓励学生建立团队，彼此信任，合作解决问题 ④将目前表现与过去对比，尝试实现个人最佳状态 ⑤继续通过社区活动或体育俱乐部参与规律性校外竞技体育和活动

资料来源：根据英国政府官网（https：//www. gov. uk/government/publications/national – curriculum – in – england – physical – education – programmes – of – study/national – curriculum – in – england – physical – education – programmes – of – study）内容制作而成。

四、体育受伤数据追踪和统计研究丰富

英国、美国重视收集和公开高水平的体育受伤数据，加之多年体育保险公司发展所积累的经验和体育受伤数据，进一步为商业体育保险的发展提供助力。例如，美国官方提供了权威的风险数据供保险公司参考。根据美国消费产品安全委员会（Consumer Product Safety Commission）的报告，在 2013 年，篮球、自行车和足球是发生体育运动风险最多的运动。同时，其也提供了各项运动的不同年龄段的受伤率。例如，表 9 – 12 详细总结了美国不同年龄段群体 20 项风险最高的体育活动的受伤率（以医院就诊人数为准）。这些宝贵的体育运动伤害数据是政府相关部门进行体育风险预防，体育保险公司进行体育风险度量和科学定价的重要依据。

美国也有大量学者通过持续追踪某一群体，分析体育运动受伤规律。例如，Comstock 等（2017）追踪统计了美国高中体育运动 2005/2006 学年至 2016/2017 学年学生体育运动受伤率变化。图 9 – 2 是基于 Comstock R. D. 等（2017）研究制作的 2005/2006 学年至 2016/2017 学年美国高中学生足球运动受伤率变化趋势（原始数据见附表 C1 – C7）。

表9－12　2013年美国前20项风险最高的体育活动的
受伤人数和按年龄划分的受伤率

编号	体育活动	受伤人数	按年龄划分的受伤率（%）				
			1~4岁	5~14岁	15~24岁	25~64岁	65岁及以上
1	篮球	533509	0.4	32.8	47.8	18.8	0.2
2	自行车	521578	4.6	33.4	18.3	39.0	4.7
3	美式足球	420581	0.3	51.2	39.5	8.9	0.1
4	健身	365797	1.5	10.6	20.6	56.0	11.3
5	英式足球	229088	0.8	44.6	37.8	16.4	0.3
6	游泳	184190	9.2	41.7	17.0	27.8	4.4
7	棒球	143784	2.2	50.2	26.8	19.8	0.9
8	滑板	120424	1.0	35.1	51.3	12.4	0.2
9	举重	110188	2.8	8.6	35.8	49.3	3.6
10	垒球	100010	0.3	30.5	30.9	37.1	1.2
11	垂钓	70541	3.3	16.7	16.6	50.3	13.1
12	滑旱冰	57743	0.8	53.5	12.3	32.9	0.4
13	骑马	54609	1.2	16.9	23.1	53.1	5.6
14	排球	50845	<0.1	31.9	44.0	23.1	0.9
15	摔跤	42633	<0.1	42.2	53.4	4.4	<0.1
16	滑雪	38630	0.4	23.8	51.4	24.1	0.3
17	啦啦队	36311	0.1	52.4	47.0	0.5	<0.1
18	艺术体操	36001	3.0	74.0	17.6	4.6	0.7
19	武术	34395	0.5	29.0	27.8	42.4	0.3
20	高尔夫球	33101	1.7	13.7	7.6	39.2	37.8

注：受伤人数指在医院救治的人数。

资料来源：https：//www. iii. org/table－archive/215391/file。

如图9－2所示，美国高中男性学生足球的受伤率呈逐年下降趋势，但女性的下降趋势并不明显，且在2011~2012学年有明显的上升趋势。这可能是因为女性的足球运动与男性相比，起步较晚，因此在足球运动风险控制上的效果不如男性足球运动员风险控制经验丰富。此外，不论男性还是女性，足球竞赛的受伤率明显高于足球运动总体水平和足球训练水平，且女性的总体受伤率和竞赛受伤率均明显高于男性。在训练过程中，男女的受伤率并没有太大差异。

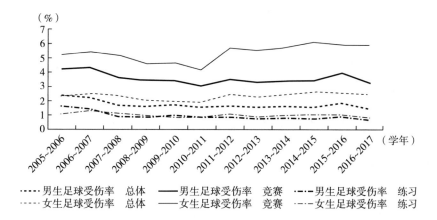

图 9 - 2 2005 ～ 2006 学年至 2016 ～ 2017 学年美国高中生足球受伤率变化趋势

资料来源：根据 National High School Sports – Related Injury Surveillance Study—2016 ～ 2017 School Year 制作而成。

Comstock R. D. 等（2017）除了追踪足球运动风险，也统计了包括足球在内的共五项体育运动风险。其通过对所有统计样本的总结，得出了 2005 ～ 2017 年美国高中生体育运动受伤情况随时间的变化趋势。

如图 9 – 3（a）所示，10 年间美国高中学生最容易发生风险的部位是头部和脸部，且呈逐年上升趋势。由图（b）可见，最常见的受伤类型是脚踝扭伤和脑震荡。脚踝扭伤发生的概率呈逐年下降趋势；脑震荡发生率却在逐年上升。由图（c）可见，发生体育事故后，高中生一般需要休息 3 ～ 6 天，休息时间在 22 天及以上也十分常见，且呈逐年上升趋势。由图（d）可见，受伤之后需要进行手术的比例也呈波动下降趋势。这些发现十分具有意义，其既可以帮助政府加强特定风险防范，也对保险公司提供专项保险、厘定保费提供数据支持。

五、商业体育保险产品十分丰富

发达国家商业体育保险保障的体育活动高达 500 多项，体育保险的保障内容不仅包括传统的意外伤害保险和第三者责任保险，设备损坏、赛事取消、旅行风险、犯罪风险、董事长及高管责任风险等多种内容也被广泛纳入到英美体育保险产品中。此外，英美的体育保险产品对单个体育运动进行了十分细致的区分。例如，潜水运动根据潜水深度、潜水设备、是否为专业人员、有无专业人员指导等

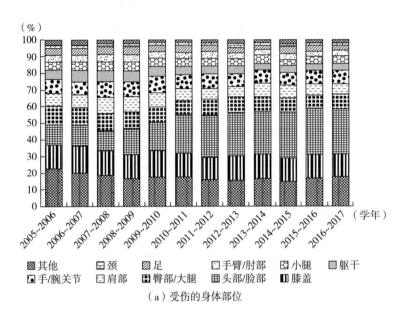

(a) 受伤的身体部位

其他　颈　足　手臂/肘部　小腿　躯干
手/腕关节　肩部　臀部/大腿　头部/脸部　膝盖

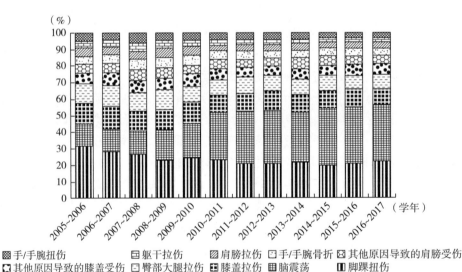

手/手腕扭伤　躯干拉伤　肩膀拉伤　手/手腕骨折　其他原因导致的肩膀受伤
其他原因导致的膝盖受伤　臀部大腿拉伤　膝盖拉伤　脑震荡　脚踝扭伤

(b) 最容易受伤类型

图 9-3　2005~2006 学年至 2016~2017 学年美国高中生五项
体育运动总受伤率变化趋势

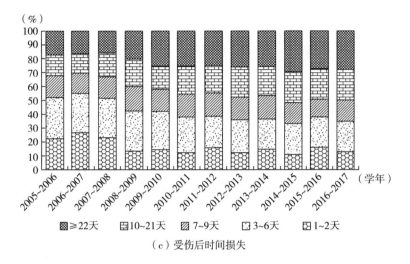

（c）受伤后时间损失

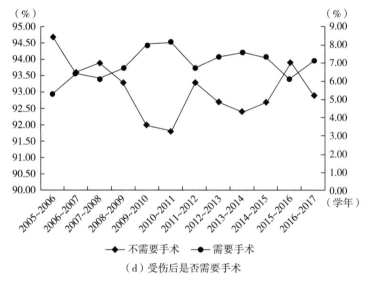

（d）受伤后是否需要手术

图 9 – 3　2005 ～ 2006 学年至 2016 ～ 2017 学年美国高中生五项
体育运动总受伤率变化趋势（续）

资料来源：根据 National High School Sports – Related Injury Surveillance Study—2016 ～ 2017 School Year 制作而成。

方面的不同而分属不同的风险等级，这表示英美的体育保险市场按照更专业的体育视角，对同一运动的体育风险进行细化，有利于体育保险科学定价和持续健康发展。

第四节　发达国家体育保险演进的经验借鉴

体育运动与人们日常生活密切相关，首先，必须通过部分强制的方式保障基本体育风险。其次，体育风险可能转为巨灾风险，给个人和社会带来巨大不确定性，需要商业保险市场提供保障更加全面、更能满足人们个性化需求的保险产品。最后，体育保险市场的快速发展得益于需求侧和供给侧的协调配合。在需求侧：典型国家运动热情和风险意识较强，公民购买体育保险产品的意愿随之增强。在供给侧：完善的体育保险立法为体育保险领航，完善的社会保险体系、专业的体育保险中介公司与体育保险公司以及完善的体育数据公开体系为体育保险发展护航。需求侧和供给侧协同并进，为发达国家体育保险市场提供了广阔的发展空间。

本章小结

本章分别介绍了英国和美国的体育社会保险、残疾人保障和体育商业保险。在社会体育保险中，医疗保险起到了至关重要的作用；在残疾人保障中，长期护理费用是重要的补助内容；在商业体育保险市场中，专业化的体育保险公司和体育保险中介公司的建立是成熟、高效体育保险市场的标志。本章还总结出了英美两国体育保险的发展趋势，即社会保险和社会福利是体育风险的基础保障方式，需要具备全面性；商业体育保险的发展有赖于更加专业的公司队伍以及中介机构；体育运动本身的发展才是促进体育保险发展的内在动力。同时，科学的体育风险管理和丰富的体育保险产品设计依赖于丰富的体育保险数据，因此在体育保险业务开展中不断积累体育风险数据十分重要。另外，典型国家的商业体育保险产品种类十分丰富。因此，总结典型国家体育保险发展经验对我国体育保险的发展具有十分重要的作用。

第十章　发展我国体育保险的
路径与相关建议

为了全方位保障我国公民体育运动风险，构建发展完善的、保障全面的体育保险发展体系，本章提出了构建我国体育保险清晰可行的发展路径。该路径的实现主要包括三个步骤（见图10-1）。

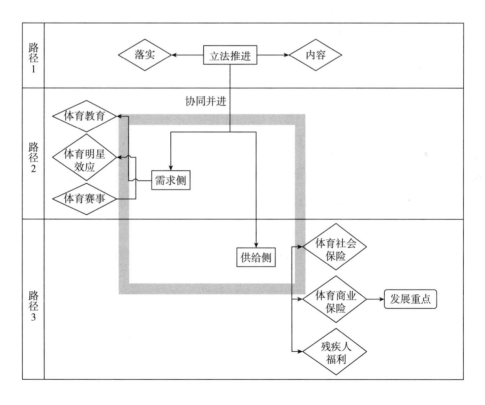

图 10-1　发展我国体育保险的路径

首先，构建我国体育保险体系需要坚持立法推进。具备完善的体育保险法律法规体系是保证我国体育保险有序落实的基础，是切实保障人们体育运动风险的根本。

其次，我国体育保险的发展问题存在于供给和需求两侧，因此体育保险需要需求侧和供给侧协同并进发展。但是现阶段，我们应该抓住体育保险发展的主要矛盾：需求侧。根据前文介绍可知，我国体育保险市场上已经存在了较为丰富的体育保险产品，然而由于人们对保险产品的认识水平，尤其是对投保体育保险的必要性认识有限，导致体育保险的发展受到需求不足的掣肘。因此，发展路径的第二步应采取措施切实提高我国公民参与体育运动的热情和开展体育活动的质量。体育运动不是简单的、临时的、短暂性的心血来潮，而应该是系统的、高质量的、持续的时间和精力投入。让每位公民或者是大部分公民具备体育运动兴趣爱好并养成基本的运动习惯是促进我国体育保险发展的根本。

最后，体育保险路径实现的第三步为体育保险的供给侧改革。现阶段，我国体育保险发展的供给侧问题主要体现在社会体育保险、商业体育保险以及残疾人福利三个方面。其中，社会体育保险和残疾人福利与社会发展水平息息相关，且涉及的群体庞大，而商业体育保险市场更加遵循商业市场发展规律，其发展具有较强的可塑性和巨大的潜力。因此，商业体育保险市场应该是我国体育保险供给侧改革中重点关注的领域。

通过遵循以上发展路径，我国将最终形成保障全面、发展完善、成熟的体育保险体系。当然，这一设想的实现并非一蹴而就，需要遵循循序渐进的发展计划。本章进一步站在全局视角，提出构建我国体育保险三步走计划，并提出了通过借助全社会个人和组织力量以及与体育保险相关的社会保障力量，最终建立我国成熟体育保险体系的设想。

第一节　制定并落实体育保险相关法律法规

体育保险的发展离不开法律法规体系的完善，因此政府需要在立法层面上确定体育保险的重要地位，以消除体育保险缺位可能造成的社会影响。体育保险的立法需要遵循科学的立法流程。具体环节涉及：立法预测、立法规划、立法决策、立法协调、立法解释、立法修正和立法监督各个环节，缺一不可（见图 10-2）。

首先，体育保险立法需要对立法的现实基础和发展趋势及未来状况进行考察。1995 年 6 月 30 日，第八届全国人民代表大会常务委员会第十四次会议通过《保险法》，在此之前，中央政府已经颁布了包括《铁路车辆强制保险条例》《船舶强制保险条例》《财产强制保险条例》等六个条例。2009 年 2 月，《保险法》

第二次修订完成，2009 年版《保险法》出台。截至 2016 年，我国保险业有上百个法律法规①，遗憾的是并没有一个与体育保险相关。事实上，体育保险法律法规的制定并非无法可依，《社会保险法》《保险法》《体育法》《合同法》等法律文件，《农业保险条例》《机动车交通事故责任强制保险条例》等行政法规都为我国体育保险立法奠定了坚实的基础。体育保险法律法规的制定将为我国体育产业和体育保险发展注入最强执行力。

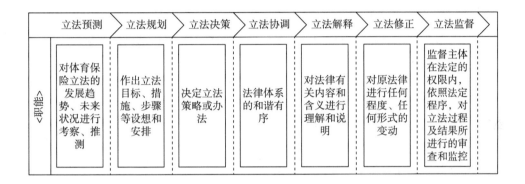

立法预测	立法规划	立法决策	立法协调		立法解释	立法修正	立法监督
对体育保险立法的发展趋势、未来状况进行考察、推测	作出立法目标、措施、步骤等设想和安排	决定立法策略或办法	法律体系的和谐有序		对法律有关内容和含义进行理解和说明	对原法律进行任何程度、任何形式的变动	监督主体在法定的权限内，依照法定程序，对立法过程及结果所进行的审查和监控

（职能）

图 10 - 2　中国体育保险法律体系构建步骤

资料来源：朱力宇，张曙光．立法学［M］．北京：中国人民大学出版社，2006：181 - 247．

　　其次，我们应做好体育保险立法规划，清晰体育保险立法的目标、措施和步骤安排。体育保险立法是一个复杂的体系和流程，不可一蹴而就。建议从建立基础性法规和规章制度入手。例如，可以考虑制定《体育保险条例》（以下简称《条例》）作为我国体育保险发展的纲领性文件。考虑编纂配套的《体育保险实务手册》（以下简称《实务手册》），将法律与体育风险实务案例相结合，为市场提供更多可供参考的案例模板，提高处理体育风险实务的执行能力。此外，体育保险法律制度应该明确保险主要承担最后风险损失财务保障的功能，鼓励通过制定落实《体育风险预防制度》（以下简称《预防制度》）从根源上降低体育风险事故的发生。此外，制定《体育伤害监测数据登记规章制度》（以下简称《登记制度》），保证体育风险数据的及时统计，这对丰富我国体育保险数据库、开展体育风险防范和管理具有重要意义。上述这些为最终建立《中华人民共和国体育保险法》奠定基础。在做出相应立法决策后，需要通过不断协调整个体育保险制

---

　　① 根据 2016 保监会官网显示，我国保险业有行政法规 5 个，部门规章 99 个，规范性文件 189 个，以及百余个其他法规与政策解读文件。

度立法体系，保障其和谐有序。

体育保险法律体系的立法解释涉及对相关法律法规内容的解释和说明，这也是本章的重点内容之一。此外，体育保险法律体制建设需要与时俱进，不断完善，还需要引入监督主体，且在法定的立法权限内，依照法定程序，对立法过程和结果进行审查和监控。

一、体育保险法律法规的主要内容

本节详细介绍《体育保险条例》《实务手册》《预防制度》和《登记制度》的主要内容和立法解释，为我国体育保险法律体系构建提供清晰的思路。

（一）《体育保险条例》的主要内容

我国体育保险是保险下的一个分支，满足保险的基本属性和功能。建议参照《保险法》《体育法》等法律法规的内容，制定《体育保险条例》（简称《条例》）。通过对比两部法律的框架结构以及其他保险条例的主要内容，本章提出了《条例》的思路框架，具体如图 10-3 所示 。

由图 10-1 可知，《条例》可以基本根据《保险法》的框架进行设定，同时进一步根据《体育法》中涉及的体育活动主体加以细分。《条例》可以分为八章，具体包括：第一章总则。第二章针对《体育法》中提及的不同主体分别设计体育保险合同。例如：为社会团体体育和学校体育分别制定团体体育保险合同，下分团体体育人身保险合同、团体体育财产保险合同、团体体育责任保险合同；为正常人、残疾人、老年人分别设计个人体育保险合同，下分个人体育人身保险合同、个人体育财产保险、个人体育财产责任合同。这样可以使法规涵盖对象全面无遗漏，更有利于保障公民体育活动权利。第三章保险公司中应对专业体育保险公司设立应具备的条件、申请流程、高管人员要求、专业人员要求、材料报表要求等方面进行细致全面的规定。第四至八章进一步对综合性保险公司设计或经营体育保险产品的资格要求进行全面的说明。在保险经营规则中，应该针对不同的体育活动参与主体，细化不同的保险经营规则。具体包括提取保证金比例、巨灾体育风险安排方案、信息披露制度等内容。体育保险经纪人和代理人较其他保险中介而言，需要具备更多专业的体育风险管理知识，这对体育保险中介提出了更高的要求。因此，《条例》中应该更加细致地表述体育保险中介机构或个人应该具备的资格条件以及违反相应规定需要受到的处罚。体育保险的监督管理服从于整个保险业。

《条例》应制定细则增强法规的可操作性，才能避免立法沦为一纸空文的尴尬境地。法规应该少一些原则性、提倡性规定和行政机关自由裁量权，多一些具

《保险法》	《体育保险法》	《体育法》
第一章	**第一条** 为了规范保险活动，保护保险活动当事人的合法权益，加强对保险业的监督管理，维护社会经济秩序和社会公共利益，促进保险事业健康发展，制定本法	**第一条** 为了规范体育保险活动，保护体育保险活动当事人的合法权益，加强对体育保险业的监督管理，发展体育事业，增强人民体质，提高体育运动水平，促进社会主义物质文明和精神文明建设，根据宪法，制定本法	**第一条** 为了发展体育事业，增强人民体质，提高体育运动水平，促进社会主义物质文明和精神文明建设，根据宪法，制定本法
第二章	**保险合同** 第一节 一般规定 第二节 人身保险合同 第三节 财产保险合同	**体育保险合同** 1. 一般规定 2. 团体体育保险合同（分别考虑社会团体体育和学校体育） 2.1 团体体育人身保险合同 2.2 团体体育财产保险合同 3. 个人体育保险合同（分别考虑正常人、残疾人、老年人） 3.1 个人体育人身保险合同 3.2 个人体育财产保险合同	**社会体育** 全民健身计划； 农村体育； 民间传统体育； 老年人、残疾人体育等
第三章	保险公司	专门的体育保险公司 综合的体育保险公司	**学校体育** 体育课 课外体育活动； 体育教师； 体育场地、设施和器材；
第四章	保险经营规则	体育保险经营规则	**竞技体育** 就业或者升学方面给予优待； 体育竞赛
第五章	保险代理人和 保险经纪人	体育保险代理人和 体育保险经纪人	**体育社会团体** 各级体育总会； 中国奥林匹克委员会； 体育科学社会团体； 全国性的单项体育协会
第六章	保险业监督管理	体育保险业监督管理	保障条件
第七/八章	法律责任 附则	法律责任 附则	法律责任 附则

图 10 - 3 《体育保险条例》撰写框架

资料来源：作者根据《中华人民共和国保险法》《中华人民共和国体育法》相关内容制作而成。

体的、刚性的和程序性的规定。

（二）《体育保险实务手册》的主要内容

《实务手册》的主要内容可以借鉴由 Dickstein Shapiro Insurance Coverage Group 律师团队编写的《新阿普尔曼体育娱乐保险法与实务手册》（《*New Appleman*

Sports and Entertainment Insurance Law & Practice Guide》)①。手册从美国保险法律和保险实务两个层面，详细剖析律师应如何处理由于个人或企业参与体育活动而引起的纠纷。通过引用现实发生的法律诉讼案件为美国体育保险实务提供了细致的操作参考（Pasich et al., 2013；Pasich et al., 2018）。我国也应该借鉴这一发展思路，建立由法律人士、体育人士和保险人士组成的专家团队，以现实案例为模板，编纂我国的体育保险实物手册。

《实务手册》应包括以下内容：体育保险政策的相关规定，针对不同主体体育保险选择类型指导，对应体育保险条款、承保范围和除外责任，案例分析发生体育风险后的法律判决、索赔诉讼费用，修理或重建体育相关设施、财产费用，由于取消、延误、更改体育活动造成的相关损失等。以上方面均涉及八类群体：（残疾）个人职业体育、（残疾）职业体育组织、（残疾）个人业余体育、（残疾）业余体育组织，从而保证实务手册的全面性。

（三）《体育风险预防制度》的主要内容——以校园足球运动为例

《体育风险预防制度》（简称《预防制度》）的建立可以从源头上降低体育风险事故的发生概率，是最为有效的预防体育风险事故发生的手段。不同的体育运动可能面临的风险不同，对此，我们以校园足球为例，简述校园足球《预防制度》应该包括的主要内容。

关于校园足球《预防制度》，应该主要落实校园足球运动的热身体系和风险预防体系。对此，可以参考国际足球协会（The Federation Internationale de Football Association，FIFA）推出的足球伤害预防体系"超十一项目"（the 11 + ）②。"超十一项目"是一项应用在足球运动训练前的全套热身系统与足球风险预防系统。它操作简单、用时短（约20分钟）且效果明显。"超十一项目"具体分为三个部分：第一个部分是跑步练习；第二个部分包括难度递增的三个等级六项训练，分别用来提高力量、平衡感、肌肉控制和核心稳定性；第三个部分是跑步练习。"超十一项目"还包括公平竞争原则指导，这也是预防足球运动风险的有效手段（Soligard et al., 2008）。已有研究表明，"超十一项目"可以显著降低瑞典14岁以上业余足球运动员11.5%的比赛受伤率和25.3%的训练受伤率（Junge et al., 2011），保障学生运动员、教练、队友和对手的安全（Soligard et al., 2008）。

对此，我国可以借鉴典型国家的发展经验，在全国校园推广类似于"超十一项目"的校园足球《预防制度》。我国校园足球《预防制度》应该在"超十一项目"基础上略作调整。允许校园教练和体育老师可以在时间、场地允许范围内，

---

① 该手册目前已经出版了两个版本，分别为2013版和2018版。
② "超十一项目"是基于"十一项目"的一次改进。

根据本组织成员自身情况适度调节训练内容。值得注意的是，如果全部引入时长约 20 分钟的"超十一项目"，一般 40～45 分钟的体育课时可能偏短，这需要任课教师或教练根据本校情况适当调整。此外，对于年龄较小的小球员，可以适当降低热身强度，但是绝不能忽视热身的重要性，这也是青少年良好运动习惯的养成。此外，应严格落实"超十一项目"中的公平竞争原则。无论是比赛还是训练，学生或运动员都应严格遵循足球运动规则，裁判、教练或者任课教师应对此严格把关。同时，教育部门和学校应该严格推行文明足球，严禁校园欺凌现象，并让学生家长承担教育子女文明运动的责任。例如，学生家长应了解文明运动内容，在学生文明运动保证书上签字。对于严重违反公平竞争原则，发生情况恶劣的欺凌行为，学校应将其记录在学生个人档案，甚至移交警方处理。为了保证《预防制度》在学校顺利推广，建议对全国学校体育老师进行相应培训。

（四）《体育伤害监测数据登记规章制度》主要内容——以校园足球运动为例

《体育伤害监测数据登记规章制度》（简称《登记制度》）需要具备四个方面的特征：标准性、连续性、专业性和即时性。标准性是指在《登记制度》中必须统一风险定义和风险统计工具；连续性是指尽可能地对同一体育运动和单位持续追踪；专业性是指不同的体育运动可能有不同的风险特征，应该针对不同的体育运动调整登记制度细节；即时性是指在《登记制度》中应明确规定，在发生体育风险事故时，应该定期及时录入登记系统，避免由于时间延误而导致的登记偏差。综上所述，《登记制度》应该包括：体育伤害概念界定及分类、伤害数据统计工作管理和伤害数据统计分析等三个方面的内容。由于不同体育运动的风险特征可能不同，不同运动《登记制度》细节可能略有不同。下面以校园足球运动为例，简述《校园足球运动登记制度》应该关注的重点内容。

1. 校园足球运动伤害概念界定及分类

校园足球运动风险管理体系的开展依赖于全国标准统一、持续、科学的足球受伤统计标准。为此，构建全国统一的校园足球运动伤害概念界定是《校园足球运动登记制度》的基础。对此，我们可以参考国际足球联合会医学评估与研究中心（Federation Internationale de Football Association Medical Assessment and Research Centre，F‐MARC）提出的足球伤害的定义，进而总结我国校园足球运动伤害的定义。F‐MARC 提出足球运动伤害是指任何足球运动员遭受的由于参加足球比赛或者足球训练所造成的任何身体伤害，不论足球运动员是否进行医疗救助或者是否因受伤影响后续足球活动，所发生的身体伤害都被定义为足球伤害。接受医疗救助的伤害称为"医疗救助伤害"（Medical Attention Injury）；影响后续足球比赛或足球活动的伤害为"时间损失伤害"（Time Loss Injury）。

对此，本章总结出校园足球运动伤害的定义：即校园足球运动伤害是指任何学生、教练、教师和其他负责人遭受的由于参加校园足球比赛或者足球训练所造成的任何身体伤害，不论个人是否前往医疗机构接受治疗，也不论是否影响个人后续参加足球训练、课程和比赛，均被称为校园足球伤害。接受医疗救助的伤害称为"医疗救助伤害"；影响后续足球课程、比赛和活动的伤害为"时间损失伤害"[①]。除了足球运动伤害，我们进一步界定了"二次校园足球运动伤害"（又称："校园足球运动旧伤复发"）的概念，即学生、教练、教师和其他负责人痊愈后，重新参与校园足球活动，在这个过程中再次发生的与原足球伤害同部位，同类型的伤害。旧伤复发也分为"医疗救助伤害"和"时间损失伤害"。旧伤复发可以分为三类：早期、晚期和延期复发。个人返回运动2个月内复发的情况称为早期复发；2个月至1年间复发称为晚期复发；1年之后复发的称为延期复发（Fuller et al.，2006）。

校园足球运动伤害按照不同的标准，可以分为不同的种类。较为常用的衡量标准有严重程度、身体部位、类型和诊断标准。首先，按照严重程度划分，校园足球运动伤害根据缺席正常足球训练或者比赛的天数，可以分为轻度伤害（1周之内）、中度伤害（1周至1个月）、重度伤害（1个月以上）和"职业终止伤害"（Faude et al.，2013）。"职业终止伤害"是指极端的足球意外导致校园足球运动参与者无法继续从事足球运动。其次，按照身体部位分类，校园足球运动伤害可以分为头颈、上肢、躯干和下肢四大类。按照伤害类型划分，校园足球运动伤害可以分为骨折/骨骼损伤、骨骼连接处（非骨骼）/韧带损伤、肌肉/肌腱损伤、挫伤/划伤/皮肤损伤、中枢/周围神经系统损伤和其他损伤（见表10-1）。按照身体部位和伤害类型划分的标准较为简单，具有较强的可操作性。相比来看，按照诊断标准分类则一般需要专业医师诊断后方可确认。对此，可以参考Orchard运动伤害分类标准（Orchard Sports Injury Classification System，OSICS）（Orchard，1993）。OSICS是世界运动损伤监测系统中最常用的损伤诊断编码系统，它的主要优势在于它应用广泛，具有针对运动医学的特定代码，并且可以免费使用。但是由于OSICS分类标准专业性强，一般需要专业医师诊断后，判断所属的损伤编码。对于未就医的伤害统计以及临时性伤害统计并不适用，因此我们根据OSICS的标准并辅之身体部位和伤害类型设计出我国校园足球运动伤害的分类标准，以兼顾多种分类标准（见表10-1）。

2. 校园足球运动数据统计工作管理

开展我国校园足球运动的统计工作依赖于科学设计意外伤害统计表、规范统计表填报和系统录入工作。

---

① 发生医疗救助和时间损失之间是相互独立的，发生医疗救助并不一定会影响个人未来参与足球运动。

表 10 –1　我国校园足球运动伤害的分类标准

身体部位			伤害类型		
主要分组	具体内容	OSICS	主要分组	具体内容	OSICS
头颈	头/脸	H	骨折/骨骼损伤	骨折	F
	颈部/颈椎	N		其他骨骼损伤	G，Q，S
上肢	肩膀/锁骨	S	骨骼连接处（非骨骼）/韧带损伤	错位/半脱位	D，U
	上臂	U		扭伤/韧带损伤	J，L
	肘部	E		半月板或软骨损伤	C
	前臂	R	肌肉/肌腱损伤	肌肉破裂/撕裂/拉伤/痉挛	M，Y
	手腕	W		肌腱损伤/破裂/病变/滑囊炎	T，R
	手掌/手指	P	挫伤/划伤/皮肤损伤	血肿/挫伤/滑囊	H
躯干	胸骨/肋骨/上背部	C，D		磨损、划伤	K
	腹部	O	中枢/周围神经系统损伤	脑震荡	N
	下背部/骨盆/骶骨	B，L		神经损伤	N
下肢	臀部/腹股沟	G	其他损伤	牙齿损伤	G
	大腿部	T			
	膝盖	K			
	小腿/跟腱	Q，A			
	脚踝	A			
	脚/脚趾	F			

资料来源：Fuller C. W. , Ekstrand J. , Junge A. , et al. Consensus Statement on Injury Definitions and Data Collection Procedures in Studies of Football （soccer） Injuries ［J］. British Journal of Sports Medicine, 2006, 40 (3)：195 – 196.

　　我国校园足球运动数据的统计可以结合《学生基本信息表》与《校园足球伤害统计表》。《学生基本信息表》可以借鉴或拓展学校现有的《学生体检表》与《体测表》。因此，《学生基本信息表》中应包括但不限于以下信息：年龄、性别、身高、体重、眼耳口鼻喉基本情况、内科等体检基本信息以及学生肺活量、50 米跑、体前屈、仰卧起坐等内容。此外，为了更好地服务于校园足球基本信息统计，建议《学生基本信息表》应比《学生体检表》和《体测表》更加详细具体，突出足球体育运动特征，如引入耐力、平衡力、肌肉等更多细节的测量。

关于《校园足球运动伤害统计表》，可以部分参考英国学校足球协会（English Schools' Football Association）提供的《意外事故汇报表》（Accident Report Form）。英国学校足球协会要求即刻汇报任何学生足球意外事故并填写《意外事故汇报表》，该表具体包括：运动员姓名、家庭地址、受伤日期、受伤地点、受伤情况、受伤原因、已采取的救助措施与其他情况补充。我们可以对其进行适当补充，设计《校园足球运动伤害统计表》。补充思路为前文提到的伤害分类标准。因此《校园足球运动伤害统计表》中还应包括：伤害发生在训练还是比赛期间；受伤时周围环境的描述；受伤情况描述：受伤部位和类型（见表 10 - 1）、新伤还是旧伤复发；是否是由于违反足球运动公平竞争规则导致的伤害等。此外，应注意伤害统计表的更新。例如，运动参与者受伤休养的总时长需要后续上报，如果去医院就医，医生的诊断结果（OSICS 分类编码）也建议更新到受伤统计表中。

《校园足球运动伤害统计表》的统计工作应采取专人负责制，如指定任课体育教师或者教练为填表上报人员，并汇报给学校体育部门的指定工作人员负责进一步统计整理①。同时，体育老师还应该记录本节课程教学内容和教学场地（室内/外）。如果是室内球场，应记录室内足球场规格；若是室外足球，应介绍球场地面情况（例如：自然草场或人造草地）②。《校园足球运动伤害统计表》应以班级为基本单位统计追踪伤害情况，以课节为时间单位进行统计，以月份为单位进行课上与课外风险事件统计汇报，如发生学生中途转学情况，应该将本校该学生的数据转入到新学校，持续跟踪。对于学生辍学情况可停止追踪，对于学生休学的情况可暂停追踪，待其返校后继续追踪。尽量保证个人在校时期可以被持续追踪，如不能，应最少持续追踪一个学期。

3. 伤害数据统计分析

通过上述操作，我们可以获得海量的校园足球运动数据，因此数据的整理和分析就显得尤为重要。对此，本章建议政府和相关技术部门通力合作，开发学校足球运动伤害统计系统，免费向各个学校开放，并由各省市教育局或者相关部门

---

① 英国学校足球协会指定的报告人员为首席执行官。

② Aoki H. 等（2010）提出，人造草场使青少年感到背部疼痛的可能性高于自然草场。Gerald L. 等（1986）发现青年运动员室内足球风险发生率是室外的 4.5 倍。值得注意的是 Gerald L. 的研究时间较久远，随着室内足球场升级，室内、外足球风险的差异正在逐渐缩小（Emery et al.，2006）。这是国际上的研究，这种结论在我国是否完全适用，则需要在实践中验证并优化。

安排线上或线下培训，保证各个学校都熟识系统包含内容和操作要领，从而促进统计标准在全国落实。

系统内应该统计学校基本信息、所在省市基本信息、本校校园足球运动开展基本情况、学校足球师资情况、学生基本信息、学生伤害情况统计以及负责这一领域的专职人员信息。专职人员信息具体细化到每个班级体育老师信息、体育部负责人信息等。此外，注重实时录入系统，避免纸质文件造成的信息丢失与不便。

在拥有数据收集平台的基础上，合理分析、整合数据报告是非常有意义的。Comstock 等（2017）总结了美国高中体育运动风险，其基本思路就是按照不同分类标准统计运动伤害发生率（见图 10－4）。对此，参考 Comstock 等（2017）的统计报告格式，并结合我国校园实际情况，本章提出了《我国校园足球运动研究报告》撰写思路。具体来说，伤害发生率的分类标准应该包括：性别、赛事/训练、受伤部位、受伤类型、时间损失、是否需要手术、是否是旧伤、训练时间、球员位置、导致受伤的活动、校内/校外等方面。报告呈现方式可以选择图表形式，并通过持续性数据统计，总结运动伤害率发生特点和变化趋势。

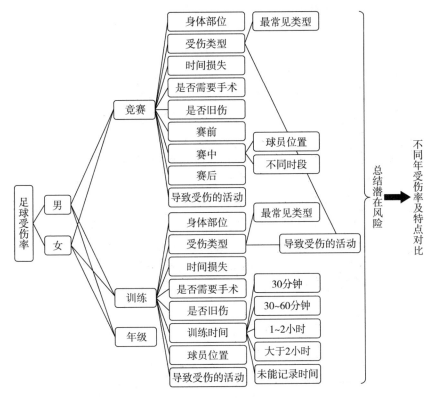

图 10－4 体育受伤数据报告框架

这种细致和可操作的规范一旦落实，我国将会拥有标准统一、可持续的高水平海量数据。如果在初期统计全部学校难以落实，可以采用试点学校、试点年级和试点班级的方式。例如，《规章制度》优先在青少年校园足球特色学校和试点县（区）推广，获得小范围数据，分析数据质量，再在全国范围内推广。可同时尝试 5 年或者 10 年校园足球运动数据统计计划。这样庞杂的统计系统在初期可能是复杂且进展缓慢的，但是一旦相关人员培养成统计习惯，这将是我国开展校园足球运动风险保障工作的重要基础和宝贵资源。在获得相关数据的基础上，政府也需要跟进相关法律法规，确保数据的安全和保密。因为健康问题涉及个人隐私，应确保数据只能用于研究及政府部门决策，严格避免由于数据泄露所导致的学生、学生家庭、教师和学校的困扰。

二、推动体育保险法律法规落实

体育保险相关法律法规的落实离不开不同部门之间的密切合作。体育保险法律法规体系不应该是一个封闭的体系，而应该充分借助社会团体力量与其他部门考核标准融合，保证体育保险在职业体育、校园体育、业余体育等不同群体中的落实。

（一）探索多部门协调合作机制——以高校体育运动为例

2015 年，中国保险行业协会牵头成立了"运动保险联盟"工作机制，通过调动体育、教育、医疗、保险等行业的力量，深入探索我国青少年运动健康保障体系的发展模式。这是一个很好的契机和发展模式，可以进一步探索多行业合作机制。

例如，体育保险在校园中的推动可以借助教育部门的密切配合。现以此为例，说明体育保险法律法规在高等学校落实的建议和思路。在分析体育保险法律法规多部门合作推行过程中，首先应该分析其必要性和可行性。例如，法规在业余体育中的落实可能涉及众多政府部门，而在高校中的推广则主要与教育部门有关。体育保险在高等学校落实具有必要性和可行性，因为体育教育质量评估是《普通高等学校本科教学工作水平评估方案（试行）》（以下简称《方案》；教高厅〔2004〕21 号）中的二级指标，涉及体育设施、专业培养方案、学生体质合格率以及群众体育、竞技体育开展情况等几个方面[1]。虽然《方案》将体育类指

---

① 2004 年，教育部办公厅关于印发《普通高等学校本科教学工作水平评估方案（试行）》（教高厅〔2004〕21 号），为我国高校教育质量评估提供了基础和方法。高校教学工作水平评估方案从办学指导思想、师资队伍、教学条件与利用、专业建设与教学改革、教学管理、学风和教学效果等方面对高校提出了相应要求，体育教育质量评估指标则作为部分二级指标存在。

标列入教育质量评估体系，但是这些评估指标执行力较弱、标准模糊、落实难①、主观因素过强②、监督力不强③。

国务院办公厅印发《关于强化学校体育促进学生身心健康全面发展的意见》（国办发〔2016〕27号）提出学校应把体育工作列入政府政绩考核指标、教育行政部门与学校负责人业绩考核评价指标。借此，可以将体育保险法律法规在校园的落实情况以及体育保险保障情况作为高校教学质量考核的指标。相比"学生身体素质检测"等真实性存在争议的指标以及"学生全面发展""符合高校特色"等难定性与定量的指标，学校是否落实《预防制度》《规章制度》以及是否参保体育保险可观测、易监督。随着我国高校体育事业的不断发展以及国内体育保险雏形的建立，纳入高校"体育保险建设落实情况"考核指标的补充《方案》亟待出台。此外，政府相关部门、学校、保险公司等方面也需协调配合，落实补充《方案》。

针对补充《方案》的落实，我们进一步提供了监管思路，即开展政府、学校、专门机构和社会多元评价相结合的教学评估制度与监管机制。对于未满足监管条件的情况，应该建立完善的违规惩罚体系，明确责任归属（见表10-2）。

表10-2　纳入"体育保险建设落实情况"的高等教育质量
评估多元评估主体目标比较

评估主体	角色	目标	引入新目标
政府部门	监督者、协调者、决策者	提高教育质量，促进高校教育治理现代化	发挥体育的社会功能，提高民族素质
高校	被评估对象	对外维护社会声誉对内提高教育质量	对外服务社区大众体育发展，对内提高学生身体素质、竞技能力和综合素质，保障学生运动安全
第三方评估机构	独立评估者	客观公正评价高等教育质量	客观公正评价高等学生身体素质、体育教学质量、体育保险落实情况

---

①　虽然将运动场及体育设施作为考核主要观测点，但是评估体系中却将考核标准定义为"有符合学校特点的专项训练场地和体育设施"，这一标准过于模糊，在评估中难以落实。

②　在专业培养方案中，提及高校要培养德、智、体、美全面发展的学生，这一指标在评价过程中主观因素过强，也无法定量评估。

③　《方案》对"大学生体质健康标准合格率"做出了要求，然而体质合格率的真实性有较大出入。例如，2014年教育部对全国各级各类学校《国家学生体质健康标准（2014年修订）》测试上报数据进行抽查复核，抽查数据与上报数据的一致性比例，小学为38.6%，初中为23%，高中为20.2%，大学更是低至14.1%。这意味着，国内学生体质健康水平的上报数据造假严重。

评估主体	角色	目标	引入新目标
教师	教育者、高校雇员	培养人才、知识创新维护自身权益	培养学生体育兴趣
学生	受教育者	获取所需知识技能全面发展	增强自己体魄,完善健全人格
行业企业	终极评估者	人才技能符合市场需求	人才符合身心全面发展市场新需求

资料来源:龙献忠,龚汪洋.治理现代化背景下高等教育质量评估体系建构〔J〕.中国高教研究,2016(5):55.

(二) 建立健全的社团组织制度

充分发挥政府和市场两种资源配置手段的作用是保证我国体育保险法律法规落实、推动我国体育事业发展的必然选择。比如,积极建立职业体育俱乐部、学校体育俱乐部、社区体育俱乐部等多层次体育俱乐部制度。《体育发展"十三五"规划》提出:积极构建学校、家庭、社区相结合的青少年体育活动网络,打造青少年体育活动和赛事活动品牌。创建国家示范性青少年体育俱乐部300个,国家级青少年体育俱乐部6000个(国家体育总局,2016)。这是发展校园体育组织的重要契机。对此,可以要求俱乐部对其成员进行统一管理,督促体育保险法律法规在俱乐部及其成员内的落实。

这种体育运动俱乐部形式为监督体育保险法律法规制度落实提供便利,也为俱乐部与体育保险公司或者体育保险中介公司合作奠定了基础。因为与运动参与个人相比,俱乐部组织具有更多的人力、物力和财力与保险公司谈判,从而满足其会员对体育保险产品的需求。

第二节 鼓励公民积极参加体育运动

根据供求定理,体育保险得以发展的需求侧来源是人们极大丰富的体育文化生活。切实推广体育运动需要从以下几个方面入手。

一、提高学校体育教育质量

中国儿童和青少年的心肺耐力、柔韧性、灵敏协调性、力量、速度等方面相对较弱,而且我国体育课的质量和效率有待提高(薛原,2017)。隐藏在低效体育课程背后的是虚弱体质和体育风险。虽然我国提出了"小学体育兴趣化、初中体育多样化、高中体育专项化"的体育课程改革目标，但是这一目标宽泛，较难实施。与英国相比，我国校园体育课程上存在两个方面不足：体育课程设置和体育课程考核。对此，我国应该参考英国经验，按照学生身体发育水平，科学设置不同阶段体育课程目标。此外，应该充分保证各阶段学生通过体育课程训练，达到该阶段对学生体育运动能力的基本要求，即体育课程考核标准的设置十分重要。英国的体育课程对学生学业不同阶段应具备的体育素质都提出了细致的要求，如小学六年级学生都应该完成并通过游泳课程。我国也应该在强制、定性的体育课程达标规定上加大要求。体育运动兴趣爱好是一种一旦养成则较难改变的习惯。因此，通过严格要求校园体育课程标准，有利于培养学生终身运动的好习惯，进而从根本上提高学生运动能力和身体素质，降低学生的运动能力差异，避免不必要的运动伤害。

二、建立体育运动联赛制度

教育部提出从 2014 年起，我国要逐步建立健全小学、初中、高中足球联赛制度（孟祥坤，2014）。这种体育发展思路应该不断拓展到更多的体育运动中去。落实体育联赛制度，首先需要鼓励每个学校组建正规的足球队，并定期组织校内和校际不同规模的体育赛事。

针对普通公民，也应该按照类似的发展思路，定期组织以所在单位或社区为单位的体育赛事。让参与体育运动不再是一时兴起，而是有体系的、循序渐进的能让个人找到自我认同感的终身参与项目。

三、树立体育偶像明星效应

不论是校园联赛还是社区比赛，建议媒体在赛前、中、后期追踪宣传报道相关体育赛事。因为媒体的力量可以激发个人参与体育运动的使命感，提高运动参与度。通过媒体报道、转播大众体育赛事可能会获得社会关注。近年来，各种以往被视为小众的文化开始大放异彩。例如：古诗词大赛和文字大赛等。对此，可以尝试推广定期举办的青少年足球赛事，培养青少年足球明星。这样可以让更多的人认识自己身边的"偶像"或运动"明星"，树立身边榜样作用有助于鼓励更多的个人参加到体育运动中去。

第三节　提高商业体育保险市场水平

根据资源配置效率理论可知，只有商业体育保险公司不断提高行业效率，才能不断积累社会资源。对此，商业体育保险公司的发展应主要关注：设立专业的体育保险公司与中介公司、培养多层次复合型人才、开发高质量的体育保险产品、提高体育保险产品的科学定价水平、开展科学服务外包工作、加大体育保险的科学宣传和提高保险业服务水平。

一、设立专业的体育保险公司与中介公司

体育风险的发生率随体育活动的普及不断提高，而体育活动的多样复杂更需要专业的团队提供体育风险管理服务。因此，需要专业的体育保险公司为体育活动保驾护航。我国仅有少数的体育保险产品，赛事体育保险又多以赞助形式为主，至今仍然没有专业的体育保险公司，而体育保险中介公司仅有 1 家，这与体育保险发展成熟的国家普遍存在的体育保险公司和中介机构形成了鲜明的对比。我国保险公司普遍对体育领域探索不足，因此体育公司和保险公司可以强强联手，由体育公司为体育保险提供专业支持，从而保险公司为体育保险提供技术支持，从而促进专业体育保险公司的产生，同时也可以加强体育保险产品设计的科学性。建议保险监管部门优先批筹批建专业化的体育保险公司。

在建立专业体育保险公司的基础上，也应着手成立专业性强、市场分工细致的体育保险经纪公司。对此，可以参考英美等国家的体育保险经纪公司经验。细化我国体育运动参与者群体，由不同的体育保险经纪公司分别负责不同的群体，强化专业性。

二、培养多层次复合型人才

体育保险与一般保险产品相比具有更强的专业性，需要更为细致的责任划分以及保险设计。体育保险人才的建设是推广我国体育保险、保障体育保险健康发展的重要基石。具体来说，体育保险人才包括体育保险营销人员、体育保险专业技术人员和体育保险经营管理人员。体育保险营销人员与其他传统保险销售人员相比，除了应该掌握保险专业知识和营销技能外，还应该具备必要的体育知识。体育知识不仅针对某一项体育运动，营销员也需要了解更为全面的体育基础知识。这首先对体育保险的营销团队提出了十分高的要求，需要保险公司或者高等院校以及其他保险销售人员培训机构提供更为专业细致的培训。在培养体育保险营销人员过程中，对于相关知识不可泛泛而谈，而要细化落实。体育保险专业技术人员负责设计体育保险产品，这个工作可能是一般体育保险销售人员无法胜任的。因为他们需要更为专业的统计和精算知识，这更依赖于高等院校输出的专业人才。体育保险经营管理人员则需要具备战略眼光，对公司发展具有前瞻性策略。他们不仅需要相关的专业知识，更需要具备一定的从业经验和国际视野。

三、开发高质量的体育保险产品

体育保险的发展依赖于整个保险市场。我国的保险市场发展尚不完善，目前还不具备提供多样化体育保险产品的能力。对此，可以分两步走，分阶段推进我国体育保险产品的丰富度。第一步是鼓励保险公司将意外伤害险、财产保险、责任保险等相对成熟的保险产品拓展到体育产业。第二步是同时丰富保险产品和体育保险产品的保障内容。

体育保险产品的设计是在原有人身保险产品、责任保险产品和财产保险产品上的创新，也是对我国市场上尚未成熟的董责险等险种的开发。在体育保险产品的创新和开发过程中，险种开发商应遵循市场化原则，在险种的设计、开发和销售中遵循市场需求的运作规律。同时，必须遵循一定的科学程序（见图10－5）。

图 10－5　体育保险产品开发流程

资料来源：许谨良．保险产品创新 ［M］．上海：上海财经大学出版社，2016：25．

根据图10－5可知，体育保险新产品开发的第一步为制定新产品方案。险种开发商应该先通过市场调查等方法搜集体育保险产品的概念和想法，随后审查筛选出值得进一步研究的体育保险产品方案。值得一提的是，中西方体育文化存在差异，如欧美人民热爱极限运动，保险公司推出了多种极限运动保险，而我国体育运动理念讲究"中庸之道"，在制定体育保险产品方案时，不能生搬硬套其他国家的体育保险产品，而应该根据国情，考虑我国公民身体情况、运动特点、运动需求，从覆盖面广的体育运动入手，制定更加全面的体育保险产品。在确定了若干个保险方案后，应对每款体育保险产品的可行性、合规性等进行综合商业分析。体育活动本身的复杂性和多样性使体育保险产品具有一定的特点，如大型体育赛事的计划性和大型性与业余体育的临时性和小型性并存要求体育保险产品应该突出差异化、个性化和灵活化。在产品的技术设计阶段，险种开发商需要设计出体育保险保单、确定精算技术、确定人力物力的配备情况。在新产品的制作和推广阶段，保险公司应该有相应营销计划和营销人员培训体系。最后根据保险公司的预期目标，及时评价新的体育保险产品，从而推进产品的更新换代。

四、提高体育保险产品的科学定价水平

综观发达国家的体育保险市场，对各项体育运动风险要有较为精准的测量数

据。提高数据统计水平与数据透明度，进一步提高风险度量的准确性，探索合理定价机制，促进保费厘定的科学性，才能吸引保险公司参与到体育保险中来①。对此，建立科学的体育保险精算基础十分重要。

保险定价主要是利用统计学知识以及大数定理，基于对过去风险事故发生的分析，预测未来可能发生的风险，确定出风险的决定因素，并制定出不同风险组被保险人所应缴纳的保费。因此，突破我国体育保险精算技术的关键在于运动受伤数据的获得。在我国落实《登记制度》后，将会有海量的体育数据为保险精算技术提供支持，在现阶段《登记制度》尚未起步时，保险公司的理赔数据库可以是体育风险数据的重要来源。因为体育保险理赔时所收集的数据涵盖国际运动受伤数据搜集和分类的标准：《澳大利亚运动受伤数据手册》（*Australia Sports Injury Data Dictionary*，ASIDD）92% 的内容（Finch，2003）②。如表 10 - 3 所示，将 ASIDD 的指标与我国保险公司理赔数据对比，得出这一结论同样适用于我国保险公司的情况（关晶等，2017）。对此，本章建议鼓励保险公司共享保险理赔数据，建立"保险理赔数据库"，不断充实基础数据，为我国初期体育保险产品设计提供精算基础与技术支持。随着《登记制度》的不断完善，国家可以向必要机构公开《登记制度》中所统计的数据。

**表 10 - 3　《澳大利亚运动受伤数据手册》（ASIDD）指标与
保险公司理赔数据指标对比一览**

核心指标	理赔指标	强建议指标	理赔指标
年龄	是	常住地址	是
性别	是	运动娱乐地点	部分
受伤日期	是	受伤地点名字	部分
受伤活动概括	是	受伤部位	部分
受伤机制	部分	受伤体育运动	是
受伤属性	部分	受伤因素	部分
受伤地点	是	预防受伤设施	无

---

①　保险产品定价需要同时满足商业目标和监管目标，商业目标主要是指保险公司应满足其营利性目标，而监管目标是从两个方面着手：一方面，保险公司不能将保险费率定价过高而有损投保人利益；另一方面，保险公司也不能将费率定得过低，从而影响其偿付能力。

②　1997 年澳大利亚制定的《澳大利亚运动受伤数据手册》，该手册是运动受伤数据搜集和分类的标准。

续表

强建议指标	理赔指标	建议指标	理赔指标
描述受伤机制	是	记录受伤日期	是
治疗日期	是	特定结构损伤	部分
治疗措施	是	陈述理由	是
给患者建议	部分	部分受伤部位	部分
转诊信息	无	运动等级	是
医生	是	受伤次数	是

注：ASIDD 将受伤收集指标分为三大类，分别是核心指标（应该包含在所有的运动受伤数据的搜集中）、强建议指标（应该包含在运动受伤数据的搜集中，为受伤信息提供具体的信息）、建议指标（提供其他的关于受伤环境的指标）。这为组织统计体育运动伤害提供细致的参考内容。

资料来源：Finch C. How Useful Are Insurance Claim Data for Sports Injury Prevention Purposes?〔J〕. Injury Control and Safety Promotion, 2003, 10（3）: 181 - 183.

　　保险的科学定价决定保险公司是否能够同时满足商业目标和监管目标，是保险公司长期健康发展的重要基础。但是，保险代理人在体育保险产品科学定价环节的作用也十分巨大。因为只有保险代理人充分识别出被保险人所处在的风险等级，才能确保相应风险定价的有效落实。如果代理人将被保险人错误分组，就会面临被保险人缴纳保费与其实际体育风险不对应的问题，进而影响保险公司的偿付能力。这进一步说明了加强体育保险代理人培训、提高其专业素质和业务能力的重要性。

五、开展科学服务外包工作

　　现阶段，我国保险公司已经开展外包的业务有保险产品销售、保险代理人培训、公司员工继续教育、保单派送、保单管理、理赔、客户回访、车辆道路救援以及人力资源管理。然而，保险公司的核保业务尚未开展外包（郭超群等，2016）。值得注意的是，体育伤害的鉴定具有极大的专业性，尤其是对于从事极限运动的运动员，除了伤情认定，还有救援工作，这些工作保险公司可以考虑将其外包给更加专业的公司。

六、加大体育保险的科学宣传

　　体育保险作为一种新兴的保险产品，其宣传应该把握当代新媒体时代的契机。新媒体时代的主要特征之一就是多媒体，即包括处理多种媒体信息的能力①和海量传播能力②，具备及时性、互动性和促进无纸化办公等优势。

虽然我国现阶段已有保险公司利用网络和手机媒体宣传其产品，如在网络上投放广告（作为抽奖后的"获奖产品"）、发送短信和电话销售等，但其宣传形式单一且容易给消费者带来消极影响。因此，在体育保险产品销售中，应该吸取相关经验教训。对此，建议政府或保险公司不要直接以销售体育保险为目的进行宣传，应站在消费者需求角度，结合情感需求，宣传体育风险的现实存在意义以及参保体育保险的必要性和重要性。新时期的"80后"和"90后"厌倦了文字阅读，更加习惯图片和动画的感官刺激。对此，可以结合知识性和趣味性，如可以通过新媒体宣传保单内容，利用微课解释难懂的体育保险条款、利用动画介绍保单内容等。在宣传过程中，应多与消费者互动，认真对待消费者的回应。例如，可以在介绍相应产品时，考虑引入表情评价体系，了解大众对该体育保险宣传过程和体育保险产品本身的看法。可以参考的表情评价包括：高兴、感动、同情、愤怒、搞笑、难过、新奇和流汗等（郭延凯，2010）。还应该注意的是，虽然新媒体为宣传形式提供了平台，但是社会或者保险公司应该对其宣传内容负责。宣传内容既要通俗易懂，也应避免虚假夸大宣传和过度宣传导致的不良影响。提高和维护保险业形象，也是这个保险行业持续健康发展应该重点关注的内容。

七、提高保险业服务水平

决定体育保险产品好坏的关键除产品本身设计之外，还有服务环节。现在我国保险市场上普遍存在保险产品理赔率和赔偿金额低的问题。理赔率和赔偿金额低由多种原因导致：第一，保险公司成本高，盈利能力差；第二，保险公司营销队伍素质有限，营销观念有偏；第三，保险条款不利于理解，不必要的纠纷时有发生；第四，公众保险意识欠缺，对保险的本质认识有限。

为避免体育保险产品重蹈覆辙，投保人、被保险人和保险人三方都应为之做出努力。首先，保险公司应该在产品设计阶段制定出简单易懂的保单，避免由于保险内容晦涩难懂而带来不必要的纠纷；增强保险代理人的个人素质和专业水平，切实履行对保单的解释义务；充分利用互联网平台，减少代理人成本，提高保障程度；提高事故取证技术，降低取证成本；引入保险偿付能力分析框架，保证充足的准备金，提高保险公司的投资水平；探索丰富附加险的内容，满足不同

---

① 包括文字、图片、声音、动画和视频，可以多角度调动潜在投保人的多种感官。

② 无论是在时间上还是在地域上，信息传播都更加方便和快捷。

投保人和被保险人的需求；提高再保险能力，防范巨灾体育风险的出现。其次，投保人和被保险人应该具备基本风险管理意识和保险知识，明确"保险姓保"，避免存在投保就要获得收益的误区；应根据个人实际风险程度购买适合自己的保单。

八、迎接科技浪潮新机遇与新挑战

科技的快速发展不仅引起客户深层次保险需求的转变，更使体育保险行业需要随之做出调整。无人驾驶技术、远程办公、可穿戴设备、大数据监测、物联网等的出现，也使保险业面临重大革命。体育保险可以很大程度上受益于保险科技的发展。例如，可穿戴设备数据可以收集客户健康和运动行为的大量数据，为识别客户风险、厘定费率提供重要的数据来源，也可以为客户实时推送运动风险防范和科学运动等健康知识，做好体育风险前端管理工作。同时，实时监测客户数据，可以很好地避免道德风险行为。该方法在国外已经较为成熟，如 Sureify 保险科技公司在 2012 年就开始开展相关业务。虚拟现实技术（VR）也可以广泛应用到体育保险中，可以利用 VR 技术模拟极端体育风险事故的发生，如美国纽约成立的 Human Condition Safety Inc. 就广泛采用此技术。人工智能技术也可以很好地服务于理赔、定损等体育保险实务环节，通过平台搭建，实现数据共享，积累包括文本、数字、图像、视频等多媒体大数据库，为全面提高体育保险发展水平提供技术支持。

第四节　建立相对完善的体育保险体系

在我国体育保险发展的初期，必须有较为清晰、全面、易于开展且符合我国国情的发展战略作为依据，才能在落实和实施过程中有据可依、稳步改革。因此，建立相对完善的体育保险体系是必要的。现阶段，我国体育保险的发展思路可以分三步走：即初期发展阶段、补充发展阶段和全面发展阶段。

一、体育保险初期发展阶段

体育保险的初期发展阶段是将现存的碎片化体育保险加以整合，建立体育保险框架的雏形。具体而言，就是针对不同群体的体育风险保障需求，梳理出已经存在的体育保险产品。我国的体育保险应该包括社会体育保险、商业体育保险和残疾人保障。

二、体育保险补充发展阶段

发展我国体育保险的第二阶段是补充完善阶段。针对不同群体没有被满足的体育风险保障需求，不断丰富和拓展初级体育保险内容，使之逐步成熟和完善。具体做法为：提高社会保险保障能力，建立社会体育保险基金，满足职业运动员、残疾人、学生和体育活动爱好者特殊的体育保障需求。单独为职业运动员建立补充医疗保险和职业年金制度，为高事故发生率和低职业寿命期并存的职业运动员创造较良好的训练、竞技乃至退役后的生活环境，提供多支柱、多层次的医疗保障和养老保障。为残疾人建立社会体育保险基金，弥补目前我国残疾人津贴保障低、地区发展不均以及无法涵盖整体残疾人群体的问题。补充完善阶段还应进一步丰富商业体育保险险种，在已有险种上积极引入收入中断险、设备损坏险和多种专项体育保险保障个人体育风险，同时探索高管责任险、旅行保险和犯罪保险在团体体育和大型赛事中的应用；针对学校这一特殊群体，应该采取适当强制的体育保险。政府部门应进一步加强校方责任险的推进，要求学校为学生购买足球、篮球等常见体育活动专项保险，以及校际比赛意外伤害险、第三者责任险、高管责任险等赛事保险。此外，商业体育保险公司应该积极开展与校园的合作，探索更多满足校园需求的体育保险产品。

三、体育保险全面推进阶段

发展我国体育保险的第三阶段是全面推进阶段。从英国和美国的体育保险体系发展来看，体育保险十分重视个人心理残疾的保障和长期护理费用的保障。我国成熟的体育保险也应该关注这两个方面。运动后伤残以及漫长的康复期可能给个人带来巨大的精神压力。但是，由于社会公众对心理疾病的认知有限，目前体育保险无法涵盖个人心理问题。运动员长期护理是必要的，这体现在，首先，运动员一旦发生失能情况，一般情况下的家庭照护是失灵的。近30年来，我国家庭结构越来越趋于核心化和小型化，子女与老人共居比例下降。家庭结构和家庭居住模式的变迁，使得传统的个人依靠家庭其他成员之间的生活照顾方式发生了根本变化，出现家庭照顾的"家庭失灵"（曹信邦，2015）。

另外，我国长期护理费用也在逐年提高。长期护理费用的绝对值每十年呈倍数增长，且占 GDP 的比重预计在未来 30 年翻四倍，增长速度十分惊人（魏华林等，2012）。高昂的护理费用以及其快速增长的趋势，无疑会给需要长期护理的运动员及其亲属带来巨大的精神和物质负担。例如，1998 年，第四届友好运动会的赛前训练中，原国家女子体操队队员桑兰从跳马上跌落，造成颈椎骨折，胸部以下高位截瘫，从此胸骨以下失去知觉，当年桑兰年仅 17 岁，至今，她已经经历了漫长的 20 年轮椅生活。可想，在未来的漫长岁月中，桑兰仍将在轮椅上度过，这 20 年以及未来很长一段时间，她也很可能将继续面临高昂的医疗护理费用。因此，为了避免类似悲剧再次重演，建立我国运动员长期护理保险制度十分必要。我国多地区也开始尝试以社会保险"第六险"的形式推广长期护理保险（搜狐网，2018）。但是在全国范围内推广长期护理保险是一个浩大的工程，对此可以考虑先从职业运动员入手①。运动员长期护理保险的筹资可以采用三个渠道：即政府出一半左右资金，再由体彩拨付一部分资金，然后运动员个人缴纳一小部分资金。

我国体育保险的全面推进阶段需要整个社会共同助力，即更多的保险公司和社会公益组织开始积极承担社会责任，政府、保险公司、科技公司、社会组织、学校、学生、运动员等多边合作的体育风险保障网基本建立，切实降低体育风险的发生。最终贯彻《国务院关于加快发展现代保险服务业的若干意见》（国发〔2014〕29 号）精神在体育保险领域的落实，实现以体育社会保险为基础，体育商业保险为有利补充，残疾人保障兜底的体育保险体系。

本章小结

推进发展体育保险首先需要落实体育保险相关法律法规，从体育保险顶层设计入手，让体育保险的落实有法可依。体育保险法律法规体系应该包括《体育保险条例》《体育保险实务手册》《体育风险预防制度》和《体育伤害检测数据登记规章制度》等几个方面的内容。具体来说，《体育保险条例》是体育保险发展的主要依据，《体育保险实务手册》是体育保险实务的重要参考手册，《体育风险预防制度》为体育风险预防提供思路，《体育伤害检测数据登记规章制度》则可以保障持续搜集高质量的体育运动相关数据。在立法基础上，体育保险法律法规的落实需要社会不同部门和体育团体组织间的协调配合。

体育保险发展需要进行需求侧和供给侧两方面的改革。一方面，从体育保险需求侧入手，应不断提高公民参与体育运动的积极性。另一方面，商业体育保险作为整个体育保险体系的重要补充，将成为我国体育保险的主要供给力量。要提

---

① 长期护理费用用来支付"失能运动员"面临的相关护理费用。"失能运动员"为丧失生活能力的运动员。按照国际通行标准，吃饭、穿衣、上下床、上厕所、室内走动、洗澡六项指标作评定，一到两项无法完成的定义为"轻度失能"；三到四项无法完成的定义为"中度失能"；五到六项无法完成的定义为"重度失能"。

高商业体育保险市场水平，需要考虑设置专业体育保险（中介）公司、培养多层次人才、开发科学的体育保险产品、合理定价、适当进行服务外包、积极宣传以及提高保险业服务水平等方面。

本章提出了我国体育保险发展三步走计划：第一，在我国体育保险发展初期，整合现有体育保险产品；第二，补充发展阶段，包括不断丰富体育保险保障内容，以满足不同组织或群体第一步尚未满足的体育风险保障需求；第三，全面发展阶段，此时应开始关注与体育风险相关的长期护理制度和心理健康保障制度，积极发挥社会不同组织和群体的作用，全民共建体育风险保障安全网。

第十一章 结论与进一步的研究方向

第一节 主要结论

体育保险的发展与完善对促进一个国家体育产业发展、提高国民身体素质和福利水平具有重要意义。但是，我国体育保险起步较晚，受到法律制度层面、社会发展水平和商业保险市场发展水平的制约较大，这使我国体育保险尚未形成体系，仍处于初级发展阶段。本书旨在构建全面的我国体育保险发展思路，以期为我国体育保险发展提供思路。

本书首先通过资料检索法梳理我国、英国和美国体育保险发展历程、主要内容和特点，总结发达国家体育保险发展经验和我国体育保险发展发展瓶颈；其次，利用对比研究法总结我国体育保险与发达国家存在的差距；再次，通过实证研究探索体育健康保险的社会经济价值，研究我国体育保险发展的必要性；最后，本书构建了我国体育保险发展路径和框架，提出了科学发展我国体育保险的建议。

（1）我国体育保险与英国、美国等典型国家相比仍存在一定差距。例如，英国、美国的商业体育保险承保体育项目和活动十分丰富，而且对保险产品保费的设计十分细致；社会保险都关注到了长期护理保险费用以及心理疾病；残疾人保障上虽然各有特点，但两国都尝试应用不同规章制度相结合的方式，使残疾人保障涵盖到全部年龄段残疾群体。英国设置了护理人津贴，保障高强度护理工作人员的福利；美国则考虑到个人伤残后家庭成员的补助问题。这些方面都是我国目前体育保险有待加强的方面。

（2）我国社会体育保险和统一标准化的商业体育保险在提高未成年人健康水平上作用有限，而个人定制化的商业体育保险对个人健康提升作用显著，因此必须积极发挥商业体育保险的补充作用。体育社会保险对未成年人群体的健康水平没有显著的提升作用，但是显著提高了未成年人群体的医疗资源利用率。这表明，政府应该积极推广社会体育保险和商业体育保险双管齐下的方式，提升公民健康水平。

（3）体育保险的发展依赖于体育保险法律法规体系的健全。此外，在体育保险供给角度需要不断完善商业体育保险市场，而在需求角度则需要不断鼓励公民参加体育运动。只有当人们物质水平提高，业余生活不断丰富的情况下，才能积极参与到体育活动中去，进而增加对体育保险产品的需求。体育保险的发展不可一蹴而就，需要分阶段推进。一个成熟的体育保险依赖于整个社会保障水平的提高，最终完善的体育保险会将长期护理和心理健康保障纳入到体系内。

第二节　进一步的研究方向

一、不同体育保险类型

本书通过实证研究探索了体育健康保险对个人健康水平的影响。但是，受限于数据，整个体育保险对个人的福利影响情况仍需进一步检测，体育保险的经济价值也有待检验。本书的政策建议部分以校园足球运动为主，对其他体育运动的涉及有限。这是由于不同体育运动所面临的风险差异较大，难以在一项研究中完全涵盖。将来的研究计划主要有三个方面：首先，积极搜集不同类型体育保险理赔数据和相关被保险人信息，分析不同种类体育保险的社会经济价值。其次，可以通过设计体育保险问卷、实地调研等方式，分析不同体育运动或者不同人群，即职业运动员、学生、普通运动参与者、活动组办方等体育风险特征和体育保险需求。最后，以体育风险管理视角出发，切实探索降低体育运动风险的机制。

二、不同健康描述指标

在关注身体健康基础上，研究多层次体育健康保险对心理健康的影响。通过对 CFPS 与 CEPS 数据库汇总发现（见图 11 - 1），两个数据库中具有丰富的描述心理健康的指标，这也是拓展当前研究的重要方向。

三、不同关注国家

进一步将研究样本扩展到其他国家，采用更多国家的数据进行跨国研究。尽可能用他国高质量的微观面板数据开展类似分析。如果面临数据受限情况，可以基于不同国家已有的研究文献进行元分析。

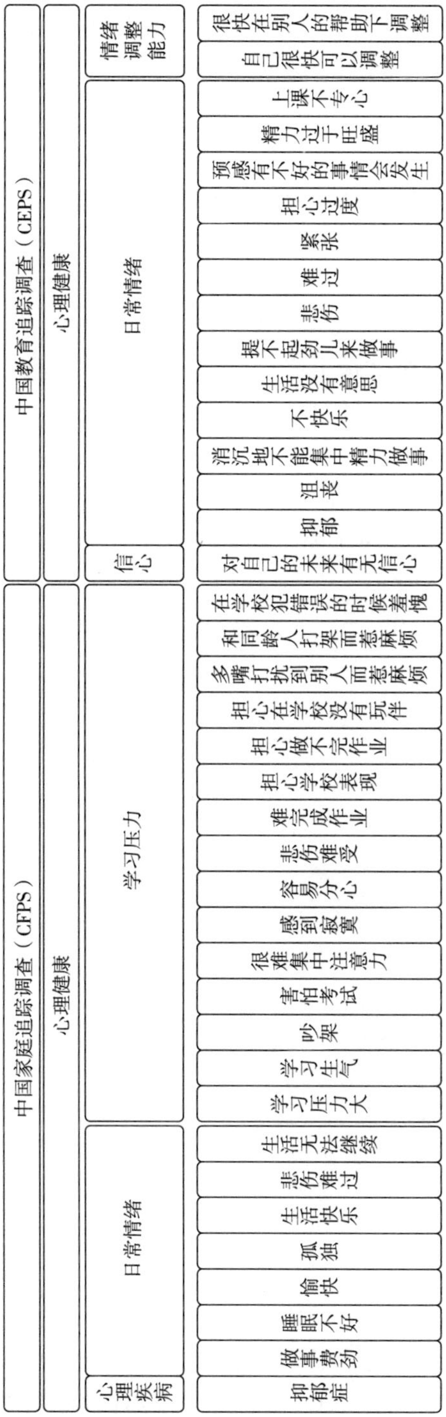

中国家庭追踪调查（CFPS）｜中国教育追踪调查（CEPS）

中国家庭追踪调查（CFPS）			中国教育追踪调查（CEPS）		
心理健康			心理健康		
心理疾病	日常情绪	学习压力	信心	日常情绪	情绪调整能力
抑郁症	做事费劲	学习压力大	对自己的未来有无信心	抑郁	很快在别人的帮助下可以调整
	睡眠不好	学习生气		消沉地不能集中精力做事	自己很快可以调整
	偷快	吵架		生活没有意思	
	孤独	害怕考试		提不起劲儿来做事	
	生活快乐	很难集中注意力		悲伤难过	
	悲伤难过	感到寂寞		紧张	
	生活无法继续	容易分心		担心过度	
		悲伤难受		预感有不好的事情会发生	
		难完成作业		精力过于旺盛	
		担心学校表现		上课不专心	
		担心做不完作业			
		担心在学校没有玩伴			
		多嘴打扰到别人而惹麻烦			
		和同龄人打架而惹麻烦			
		在学校犯错误的时候羞愧			

图 11-1 CFPS 与 CEPS 中关于心理健康的指标汇总

图 11 - 2 是开展元分析方法流程。首先，考虑文献检索与筛选工作。纳入的元分析英文文献来自电子数据库 Elsevier Science Direct、Web of Science、Springer、Psyc ARTICLES、Psyc INFO、EBSCO、Google Scholar、PubMed、PsycINFO、SCO-PUS、Ovid Medline、Sport Discus、Embase。在数据库中搜索主题中包括 "Mental Health、Depression、Sports、Sports Insurance" 等词的英文文献。中文文献来自中国知网、维普期刊数据库、万方数据库。在数据库中检索并下载主题中包含 "心理健康、抑郁、健康、体育保险" 等词语的中文文献。对于搜到的文献，先删除重复文献，再根据题目与摘要判断是否与主题相关，保存相关清单。在此基础上，查找相关清单文献的参考文献与被引文献，进一步补充清单。

其次，进一步按照更多标准对已经收集到的文献进行筛选。

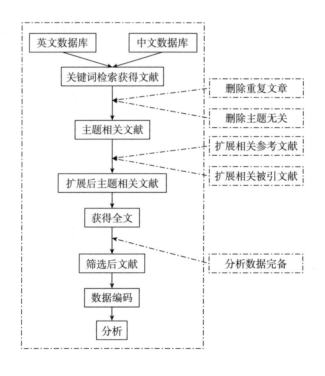

图 11 - 2　元分析方法流程

再次，在确定研究文献的基础上，对数据进行编码。一般包括五个方面的编码。①文献信息（如作者、年份、题名、期刊名等）；②样本信息（包括研究样本是否来自中国、来自城镇/农村、性别、年龄等）；③体育保险类型；④健康；

⑤效应量统计等。为了保证编码的可信度，由笔者与合作者分别独立编码，并对比检验，降低差异。

最后，在元分析过程，拟使用 Comprehensive Meta – Analysis 2.0 专业的元分析软件，辅之以 STATA、R 或者 SAS 软件进行分析。

参考文献

［1］才子. 江苏低保户标准及申请条件规定［EB/OL］.［2018 - 07 - 25］. https://www. aiyangedu. com/SheBaoZhengCe/541511. html.

［2］苍鹭. 第三套生命表生效，保险费率是涨还是降？［N］. 中国保险报，2017 - 02 - 16（005）.

［3］曹信邦. 中国失能老人公共长期护理保险制度的构建［J］. 中国行政管理，2015（7）：66 - 69.

［4］陈进良. 构建我国学校体育保险机制的研究［J］. 山东体育学院学报，2010（4）：36 - 39.

［5］丁丽萍. 对我国不同位置优秀男篮运动员运动损伤情况的调查与分析［J］. 武汉体育学院学报，2005（2）：51 - 53.

［6］董少校. 上海：设学校体育运动伤害保障基金［EB/OL］.［2016 - 01 - 22］. http://www. sus. edu. cn/info/1149/11680. htm.

［7］杜光宁，赖炳森，叶佳春，等. 大学生足球运动损伤的调查研究［J］. 广州体育学院学报，2002（2）：94 - 97.

［8］法规司. 人力资源与社会保障部关于《失业保险条例（修订草案征求意见稿）》公开征求意见的通知［EB/OL］.［2017 - 11 - 10］. http://www. mohrss. gov. cn/SYrlzyhshbzb/zcfg/SYzhengqiuyijian/zq _ fgs/201711/t2017111 0_ 281451. html.

［9］范凯斌. 我国优秀射箭运动员损伤及康复研究［J］. 中国体育科技，2009（1）：79 - 82 + 106.

［10］方志平. 我国学校体育保险的科学建构［J］. 体育学刊，2010（6）：30 - 34.

［11］高鸿业. 西方经济学（第三版）［M］. 北京：高等教育出版社，2005.

［12］高嵩，叶珏珑. 校方责任险基本实现义务教育阶段全覆盖［N］. 中国保险报，2016 - 09 - 06.

［13］关晶，王国军. 体育保险的国际进展与我国体育保险的发展路径

［J］. 西安体育学院学报，2018（1）：1 – 9.

［14］关晶，王国军. 我国体育保险的现状、瓶颈与突破［J］. 体育科学，2017（1）：81 – 89.

［15］郭超群，方有恒. 保险公司的外包业务［J］. 中国保险，2016（11）：50 – 54.

［16］郭明方，孔平. 对北京 2008 年奥运会风险及管理对策的研究［J］. 体育科学，2003（1）：36 – 38.

［17］郭延凯. 加强高校招生宣传应遵循的原则与传播技巧［J］. 山西师范大学学报（社会科学版），2010（1）：110 – 112.

［18］国家体育总局，等. 关于进一步加强运动员社会保障工作的通知（体人字〔2006〕478 号）［EB/OL］.［2013 – 05 – 03］. http：//www. sport. gov. cn/n16/n1077/n1467/n4028874/n4028934/4068384. html.

［19］国家体育总局. 体育发展"十三五"规划［EB/OL］.［2016 – 05 – 05］. http：//www. sport. gov. cn/n10503/c722960/content. html.

［20］国务院. 工伤保险条例（2010 年修订）（国务院令第 586 号）［EB/OL］.［2010 – 12 – 20］. https：//duxiaofa. baidu. com/detail？searchType = statute & from = aladdin_ 28231&originquery = % E5% B7% A5% E4% BC% A4% E4% BF% 9D% E9% 99% A9% E6% 9D% A1% E4% BE% 8B% 20% E6% 9C% 80% E6% 96% B0&count = 67&cid = ed6ebf5e34063d8c2c54af6dbe0aab4e_ law.

［21］国务院. 国务院关于全面建立困难残疾人生活补贴和重度残疾人护理补贴制度的意见（国发〔2015〕52 号）［EB/OL］.［2015 – 09 – 25］. http：//www. gov. cn/zhengce/content/2015 – 09/25/content_ 10181. htm.

［22］国务院办公厅关于将大学生纳入城镇居民基本医疗保险试点范围的指导意见［J］. 中国劳动，2009（1）：60.

［23］贺毅. 体操练习中的损伤调查及预防措施［J］. 现代预防医学，2012（5）：1188 – 1189 + 1192.

［24］李登光. 标枪运动员的运动损伤流行病学调查［J］. 中国体育科技，2003（4）：28 – 29.

［25］李鸿. 大学生医保制度到底该怎样改革［EB/OL］.［2015 – 05 – 06］. http：//wenku. baidu. com/link？url = m8DU4fpKEu434LLABDgrv8yXqQsFh m1jCzhlCUVrEmZ2Fk20pUOwjqI1_ T9VRekZLr – aZcBQdrvndzOSQyLBRgR4dC0vCe OM3kSOFgmjBtu.

［26］李娜. 上海首设"学校体育运动伤害专项保障基金"［EB/OL］.［2016 – 01 – 18］. http：//www. moe. gov. cn/s78/A17/s6356/201601/t20160119_

228353. html.

[27] 李延红，仲伟鉴，宋桂香，等. 上海市自行车伤害流行特征研究 [J]. 中华疾病控制杂志，2012 (8)：665 - 669.

[28] 刘淑华，王东风. 中国与发达国家体育保险比较研究——以美国、日本、澳大利亚为例 [J]. 北京体育大学学报，2007 (10)：1319 - 1321.

[29] 刘晓莉，张琴. 体育专业在校生运动损伤情况调查与分析 [J]. 中国体育科技，2002 (11)：47 - 48 + 65.

[30] 罗忠敏，杨玉山. 谈商业保险不正当竞争行为的监管——对一起学平险行政处罚案的质疑与思考 [J]. 财经理论与实践，2003，24 (5)：125 - 128.

[31] 马向东. 710 万：保险营销员大军向何处去 [EB/OL]. [2016 - 05 - 17]. http：//yx. sinoins. com/2016 - 05/17/content_ 194778. htm.

[32] 毛伟民. 国外体育保险制度模式及其对我国的启示 [J]. 体育学刊，2008 (7)：33 - 37.

[33] 孟祥坤. 教育部：今年起建立中小学及大学四级足球联赛机制 [EB/OL]. [2014 - 07 - 30]. http：//sports. ifeng. com/a/20140730/41370390_ 0. shtml.

[34] 潘书波. 奥运会体育风险和保障的发展走向研究 [J]. 天津体育学院学报，2006 (5)：401 - 403.

[35] 乔治斯·迪翁，斯科特·E. 哈林顿. 保险经济学 [M]. 北京：中国人民大学出版社，2005，

[36] 曲淑华，甄文华. 对投掷运动员运动损伤的调查分析与预防措施的研究 [J]. 北京体育大学学报，2006 (5)：708 - 710.

[37] 阮伟，钟秉枢. 中国体育产业发展报告 [M]. 北京：社会科学文献出版社，2014.

[38] 山东农业大学. 学生工作信息中心医疗保险部：大学生城镇居民医疗保险报销须知 [EB/OL]. http：//jdxy. sdau. cn/s/43/t/437/cd/ca/info52682. htm.

[39] 申曙光. 社会医保机构不应举办意外伤害保险 [J]. 中国医疗保险，2011 (12)：32 - 33.

[40] 搜狐网. 社保“第六险”来了，哪些人可以受益？ [EB/OL]. [2018 - 06 - 26]. http：//www. sohu. com/a/237913806_ 751400.

[41] 体育发展“十三五”规划 [N]. 中国体育报，2016 - 05 - 06 (002).

[42] 田艳. 意外伤害，医保该不该保？ [J]. 中国人力资源社会保障，2013 (8)：36 - 38.

[43] 佟刚，王晓艳. 高校体育安全风险评估指标体系的构建——评《高校体育风险管理研究》[J]. 当代教育科学，2015 (11)：9.

［44］王丹．联邦儿童医疗保险计划［J］．中国社会医学杂志，2006（1）：34－35.

［45］王国军，蔡凌飞．体育保险的国际比较及其对中国的启示［J］．中国体育科技，2012（1）：131－135＋140.

［46］王国军，关晶．体育保险的中美比较：差异与启示［J］．中国保险，2017（12）：19－24.

［47］王国军．高级保险经济学教程［M］．北京：对外经济贸易大学出版社，2014：47－48.

［48］王绪瑾．保险学（第六版）［M］．北京：高等教育出版社，2017.

［49］王艳红．从争议处理看学平险中说明与告知义务的履行［J］．金融理论与实践，2009（5）：91－93.

［50］魏华林，何玉东．中国长期护理保险市场潜力研究［J］．保险研究，2012（7）：7－15.

［51］吴双，孟超．保险代理人市场分析：美国经验与中国选择［J］．金融理论探索，2016（3）：64－69.

［52］武建平，王宪．学平险经营中的风险不容忽视［J］．经济师，2000（2）：99.

［53］相修勤．行业调查：我国800万保险业务员生存之现状［EB/OL］．［2018－10－02］．https：//www.sohu.com/a/257379569_100118736.

［54］谢沂楠．学校体育改革须对症下药［N］．中国青年报，2016－05－09（08 版）.

［55］新华社．国务院印发《关于进一步推进户籍制度改革的意见》［EB/OL］．［2014－07－30］．http：//www.gov.cn/xinwen/2014－07/30/content_2726848.htm.

［56］熊鹰．学平险：中小学生们的保护伞［J］．大众理财顾问，2005（9）：30－31.

［57］修波．人身保险［M］．北京：中国金融出版社，2014.

［58］许飞琼．商业保险与社会保障关系的演进与重构［J］．中国人民大学学报，2010（2）：95－104.

［59］许秋红．美国体育发展的特点及启示［J］．体育与科学，2012（6）：67－72.

［60］许实德．广东省射箭运动员运动损伤的调查分析［J］．韩山师范学院学报，1996（3）：119－122.

［61］薛原．让运动融入孩子成长，从高质量体育课开始［EB/OL］．

[2017 - 06 - 30]. https：//www. thepaper. cn/newsDetail_ forward_ 1721487.

[62] 颜秉峰. 奥运举办国体育保险市场制度体系发展模式及对后奥运时代我国的启示 [J]. 体育与科学, 2010, 31 (3)：42 - 46.

[63] 颜秉峰. 国际体育保险体系的比较及其对我国的启示 [J]. 武汉体育学院学报, 2009 (9)：34 - 37.

[64] 杨晓生, 梁文敏, 陆绍梅. 广州市中学体育保险发展的现状及对策 [J]. 体育学刊, 2007 (5)：100 - 103.

[65] 姚鸿恩, 荣湘江. 中国篮球运动员运动损伤分布特点及其病因学分析 [J]. 北京体育师范学院学报, 1996 (3)：28 - 32.

[66] 于长隆, 任玉衡, 田得祥, 等. 对我国优秀冰球运动员运动创伤特点的分析 [J]. 体育科学, 2000 (1)：71 - 72.

[67] 余隆武. 美国 OASDI 研究 [D]. 武汉：武汉科技大学, 2006.

[68] 岳晨. 英国残疾人社会福利制度研究 [D]. 北京：中国人民大学, 2008.

[69] 张骥, 解立军. 校方责任险的相关法律问题探析 [J]. 当代教育科学, 2011 (15)：62 - 64.

[70] 张梅, 何叶. 青少年男子田径运动员成熟度对运动损伤率影响的研究 [J]. 科技通报, 2015 (1)：78 - 81 + 115.

[71] 赵宇龙. 中国精算从业人员现状与需求预测 [EB/OL]. [2019 - 03 - 06]. http：//www. dzlcgw. com/lcsw/article. aspx? id = 1726.

[72] 郑柏香, 白风瑞, 邹红, 等. 学校体育风险管理中的几个理论问题探讨 [J]. 体育与科学, 2009 (6)：90 - 92.

[73] 中国保险会计研究中心. "解码"第三套生命表 [EB/OL]. [2017 - 01 - 04]. http：//www. sohu. com/a/123404266_ 475899.

[74] 中国保险行业协会. 平安校方责任保险条款, 中国平安财产保险股份有限公司 [EB/OL]. [2019 - 03 - 06]. http：//www. iachina. cn/col/col3570/index. html.

[75] 中国人寿. 中国人寿财产保险股份有限公司校（园）方责任保险条款 [EB/OL]. [2018 - 06 - 30]. https：//wenku. baidu. com/view/38bb5cf9f705cc1755270975. html.

[76] 中国网. 大学校医院处境尴尬 [EB/OL]. [2011 - 12 - 09]. http：//news. 163. com/11/1209/10/7KQUU8GA00012Q9L. html.

[77] 中国新闻网. 小雨伞推出体育运动保险品牌 "敢保险" [EB/OL]. [2016 - 06 - 18]. http：//tech. huanqiu. com/review/2016 - 06/9056296. html? ag

t = 46.

［78］中华全国体育基金会. 2013 - 2014 年优秀运动员伤残互助保险未赔付情况统计表［EB/OL］.［2013 - 12 - 30］. http：//tyjjh. sports. cn/xxgk/zzmd/schzbx/2015/0127/87386. html.

［79］中华全国体育基金会. 关于通报 2007 年度老运动员、老教练员医疗保健待遇执行情况暨 2008 年度申报工作的通知［EB/OL］.［2009 - 01 - 22］. http：//tyjjh. sports. cn/gyxm/ylzg/gzgg/2009/0122/69311. html.

［80］中华全国体育基金会. 国家队老运动员、老教练员关怀基金实施暂行办法（体人字〔2003〕425 号）［EB/OL］.［2003 - 12 - 10］. http：//tyjjh. sports. cn/gyxm/ghjj/zcwj/2015/0122/86702. html.

［81］中体保险经济有限公司. 公司业务介绍［EB/OL］.［2019 - 03 - 06］. http：//www. ztbx. com/ye_ tiyu. php？ id = 43.

［82］周爱光，柴红年，杨晓生，等. 中、日、美三国体育保险的比较研究［J］. 北京体育大学学报，2003（3）：297 - 299.

［83］周萍. 我国未成年人占总人口近三成［N］. 中国工商报，2015 - 06 - 04.

［84］Aman M. , M. Forssblad, K. Henriksson - Larsén. Incidence and Severity of Reported Acute Sports Injuries in 35 Sports Using Insurance Registry Data［J］. Scandinavian Journal of Medicine & Science in Sports, 2016, 26（4）：451 - 462.

［85］Aman M. , M. Forssblad, K. Henriksson - Larsén. Insurance Claims Data：A Possible Solution for a National Sports Injury Surveillance System? An Evaluation of Data Information against Asidd and Consensus Statements on Sports Injury Surveillance［J］. BMJ open, 2014, 4（6）：5 - 56.

［86］Aoki H. , T. Kohno, H. Fujiya, et al. . Incidence of Injury among Adolescent Soccer Players：A Comparative Study of Artificial and Natural Grass Turfs［J］. Clinical Journal of Sport Medicine, 2010, 20（1）：1 - 7.

［87］Arpino B. , M. Cannas. Propensity Score Matching with Clustered Data. An Application to the Estimation of the Impact of Caesarean Section on the Apgar Score［J］. Statistics in Medicine, 2016, 35（12）：2074 - 2091.

［88］ASCL. Motor Insurance for Academy Schools（Mias）［EB/OL］.［2018 - 09 - 11］. https：//www. ascl. org. uk/help - and - advice/help - and - advice. motor - insurance - for - academy - schools - mias. html.

［89］Ayanian J. Z. , B. A. Kohler, T. Abe, et al. . The Relation between Health Insurance Coverage and Clinical Outcomes among Women with Breast Cancer［J］. New England Journal of Medicine, 1993, 329（5）：326 - 331.

［90］ Baker D. W. , J. J. Sudano, J. M. Albert, et al. . Lack of Health Insurance and Decline in Overall Health in Late Middle Age ［J］ . New England Journal of Medicine, 2001, 345 (15): 1106 – 1112.

［91］ Baker D. W. , J. J. Sudano, J. M. Albert, et al. . Loss of Health Insurance and the Risk for a Decline in Self – Reported Health and Physical Functioning ［J］ . Medical Care, 2002, 40 (11): 1126 – 1131.

［92］ Bhattacharjya A. S. , P. K. Sapra. Health Insurance in China and India: Segmented Roles for Public and Private Financing ［J］ . Health Affairs, 2008, 27 (4): 1005 – 1015.

［93］ Bhattacharya J. , D. Goldman, N. Sood. The Link between Public and Private Insurance and HIV – Related Mortality ［J］ . Journal of Health Economics, 2003, 22 (6): 1105 – 1122.

［94］ Bollars P. , S. Claes, L. Vanlommel, et al. . The Effectiveness of Preventive Programs in Decreasing the Risk of Soccer Injuries in Belgium: National Trends over a Decade ［J］ . The American Journal of Sports Medicine, 2014, 42 (3): 577 – 582.

［95］ Breyer F. , M. K. Bundorf M. , V. Pauly. Health Care Spending Risk, Health Insurance, and Payment to Health Plans ［J］ . Handbook of Health Economics, 2011, 2: 691 – 762.

［96］ Brindis C. , C. Kapphahn, V. McCarter, et al. . The Impact of Health Insurance Status on Adolescents' Utilization of School – Based Clinic Services: Implications for Health Care Reform ［J］ . Journal of Adolescent Health, 1995, 16 (1): 18 – 25.

［97］ Chen Y. , G. Z. Jin. Does Health Insurance Coverage Lead to Better Health and Educational Outcomes? Evidence from Rural China ［J］ . Journal of Health Economics, 2012, 31 (1): 1 – 14.

［98］ Choi W. I. , H. Shi, Y. Bian, et al. . Development of Commercial Health Insurance in China: A Systematic Literature Review ［J］ . BioMed Research International, 2018: 1 – 18.

［99］ Colombo F. , N. Tapay. Private Health Insurance in OECD Countries ［J］. The OECD Health Working Papers, 2004 (2): 11.

［100］ Cox E. , B. C. Martin, T. Van Staa, et al. . Good Research Practices for Comparative Effectiveness Research: Approaches to Mitigate Bias and Confounding in the Design of Nonrandomized Studies of Treatment Effects Using Secondary Data Sources: The International Society for Pharmacoeconomics and Outcomes Research Good Research Practices for Retrospective Database Analysis Task Force Report – Part Ⅱ [J] . Value in Health, 2009, 12 (8): 1053 – 1061.

[101] Cumps E. , E. Verhagen, L. Annemans, et al. . Injury Rate and Socioeconomic Costs Resulting from Sports Injuries in Flanders: Data Derived from Sports Insurance Statistics 2003 [J] . British Journal of Sports Medicine, 2008, 42 (9): 767 – 772.

[102] Currie J. , J. Gruber. Health Insurance Eligibility, Utilization of Medical Care, and Child Health [J] . Quarterly Journal of Economics , 1996, 111 (2) : 431 – 466.

[103] Danzon P. Welfare Effects of Supplementary Insurance: A Comment [J]. Journal of Health Economics, 2002, 21 (5): 923 – 926.

[104] Devereaux M. , S. Lachmann. Athletes Attending a Sports Injury Clinic – a Review [J] . British Journal of Sports Medicine, 1983, 17 (4): 137 – 142.

[105] Disability Benefits 101. Working with a Disability in California [EB/OL]. [2019 – 02 – 27] . https: //ca. db101. org/ca/programs/income_ support/ssi/program 2a. htm.

[106] Doiron D. , G. Jones, E. Savage. Healthy, Wealthy and Insured? The Role of Self – Assessed Health in the Demand for Private Health Insurance [J] . Health Economics, 2008, 17 (3): 317 – 334.

[107] Dor A. , J. Sudano, D. W. Baker. The Effect of Private Insurance on the Health of Older, Working Age Adults: Evidence from the Health and Retirement Study [J] . Health Services Research, 2006, 41: 759 – 787.

[108] Dormont B. Supplementary Health Insurance and Regulation of Healthcare Systems [EB/OL] . https: //oxfordre. com/economics/view/10. 1093/acrefore/9780190625979. 001. 0001/acrefore – 9780190625979 – e – 115.

[109] Doyal L. Sex , Gender , and Health : The Need for a New Approach [J]. British Medical Journal, 2001, 323: 1061 – 1063.

[110] Drechsler D. , J. Jutting. Different Countries, Different Needs: The Role of Private Health Insurance in Developing Countries [J] . Journal of Health Politics, Policy and Law, 2007, 32 (3): 497 – 534.

[111] Emery C. A. , W. H. Meeuwisse. Risk Factors for Injury in Indoor Compared with Outdoor Adolescent Soccer [J] . The American Journal of Sports Medicine, 2006, 34 (10): 1636 – 1642.

[112] Engebretsen L. , T. Soligard, K. Steffen, et al. . Sports Injuries and Ill-

nesses during the London Summer Olympic Games 2012 [J] . British Journal of Sports Medicine, 2013, 47 (7): 407 – 414.

[113] Faude O., R. Rößler, A. Junge. Football Injuries in Children and Adolescent Players: Are There Clues for Prevention? [J] . Sports Medicine, 2013, 43 (9): 819 – 837.

[114] Finch C. How Useful Are Insurance Claim Data for Sports Injury Prevention Purposes? [J] . Injury Control and Safety Promotion, 2003, 10 (3): 181 – 183.

[115] Fuller C., S. Drawer. The Application of Risk Management in Sport [J]. Sports Medicine, 2004, 34 (6): 349 – 356.

[116] Fuller C. W., J. Ekstrand, A. Junge, et al.. Consensus Statement on Injury Definitions and Data Collection Procedures in Studies of Football (Soccer) Injuries [J] . Scandinavian Journal of Medicine & Science in Sports, 2006, 16 (2): 83 – 92.

[117] Fuller C. W., M. G. Molloy, C. Bagate, et al.. Consensus Statement on Injury Definitions and Data Collection Procedures for Studies of Injuries in Rugby Union [J] . British Journal of Sports Medicine, 2007, 41 (5): 328 – 331.

[118] Galor O. The Demographic Transition and the Emergence of Sustained Economic Growth [J] . Journal of the European Economic Association, 2005, 3 (2 – 3): 494 – 504.

[119] GOV. UK. What the Department for Work and Pensions Does [EB/OL] . [2019 – 01 – 27] . https: //www. gov. uk/government/organisations/department – for – work – pensions.

[120] Graham J. W. Missing Data Analysis: Making It Work in the Real World [J] . Annual Review of Psychology, 2009, 60: 549 – 576.

[121] Guan J., J. D. Tena Horrillo. Do Social Medical Insurance Schemes Improve Children's Health in China? [Z] . Working Paper CRENo S., 2018.

[122] Hagglund M., M. Waldén, J. Ekstrand. Previous Injury as a Risk Factor for Injury in Elite Football: A Prospective Study over Two Consecutive Seasons [J] . British Journal of Sports Medicine, 2006, 40 (9): 767 – 772.

[123] Hansen B. O., H. Keiding. Alternative Health Insurance Schemes: A Welfare Comparison [J] . Journal of Health Economics, 2002, 21 (5): 739 – 756.

[124] Hartwig R. P. International Insurance Factbook [M] . New York: Insurance Information Institution, 2016.

[125] HHS. Category: Medicare and Medicaid [EB/OL] . [2019 – 03 – 02]. https: //www. hhs. gov/answers/medicare – and – medicaid/index. html.

[126] Hoff G. L. , T. A. Martin. Outdoor and Indoor Soccer: Injuries among Youth Players [J] . The American Journal of Sports Medicine, 1986, 14 (3): 231 –233.

[127] Hullegie P. , T. J. Klein. The Effect of Private Health Insurance on Medical Care Utilization and Self – Assessed Health in Germany [J] . Health Economics, 2010, 19 (9): 1048 –1062.

[128] ISA. Isa Welcomes New Gold Supplier for School Insurance [EB/OL] . [2012 – 02 – 02] . https: //www. isaschools. org. uk/2012/02/02/isa – welcomes – new – gold – supplier – for – school – insurance/.

[129] Jones L. , M. McCabe. Sports Insurance and National Governing Bodies [J] . British Journal of Sports Medicine, 1991, 25 (1): 21 –23.

[130] Junge A. , M. Lamprecht, H. Stamm, et al. . Countrywide Campaign to Prevent Soccer Injuries in Swiss Amateur Players [J] . The American Journal of Sports Medicine, 2011 (1): 57 –63.

[131] Kaestner R. , T. Joyce, A. Racine. Medicaid Eligibility and the Incidence of Ambulatory Care Sensitive Hospitalizations for Children [J] . Social Science and Medicine, 2001, 52 (2): 305 –313.

[132] Lei X. , W. Lin. The New Cooperative Medical Scheme in Rural China: Does More Coverage Mean More Service and Better Health? [J] . Health Economics, 2009, 18 (S2): 25 –46.

[133] Leigh J. P. , J. E. Cone, R. Harrison. Costs of Occupational Injuries and Illnesses in California [J] . Preventive Medicine, 2001, 32 (5): 393 –406.

[134] Leopkey B. , M. M. Parent. Risk Management Issues in Large – Scale Sporting Events: A Stakeholder Perspective [J] . European Sport Management Quarterly, 2009, 9 (2): 187 –208.

[135] Li X. , W. Zhang. The Impacts of Health Insurance on Health Care Utilization among the Older People in China [J] . Social Science and Medicine, 2013, 85: 59 –65.

[136] Liu G. G. , Z. Zhao, R. Cai, et al. . Equity in Health Care Access to: Assessing the Urban Health Insurance Reform in China [J] . Social Science & Medicine, 2002, 55 (10): 1779 –1794.

[137] Marmot M. The Influence of Income on Health: Views of an Epidemiologist [J] . Health Affairs, 2002, 21 (2): 31 –46.

[138] Masterson L. What Is the Difference between HMO, PPO, HDHP, POS,

EPO? [EB/OL]. [2018 - 10 - 23]. https: //www. insurance. com/health - insurance/difference - between - ppo - hmo - hdhp - pos - epo. html.

[139] Medicare gov. What Drug Plans Cover [EB/OL]. [2018 - 12 - 15]. https: //www. medicare. gov/drug - coverage - part - d/what - drug - plans - cover.

[140] Mensah J. , J. R. Oppong, C. M. Schmidt. Ghana's National Health Insurance Scheme in the Context of the Health MDGs: An Empirical Evaluation Using Propensity Score Matching [J]. Health Economics, 2010, 19 (S1): 95 - 106.

[141] Middleman A. B. , I. Vazquez, R. H. Durant. Eating Patterns, Physical Activity, and Attempts to Change Weight among Adolescents [J]. Journal of Adolescent Health Official Publication of the Society for Adolescent Medicine, 1998, 22 (1): 37 - 42.

[142] Miller S. The Impact of the Massachusetts Health Care Reform on Health Care Use among Children [J]. American Economic Review, 2012, 102 (3): 502 - 507.

[143] Moav O. Cheap Children and the Persistence of Poverty [J]. Cepr Discussion Papers, 2001, 115 (500): 88 - 110.

[144] NCAA. Insurance Coverage for Student - Athlete [EB/OL]. [2019 - 03 - 06]. http: //www. ncaa. org/health - and - safety/sport - science - institute/insurance - coverage - student - athletes.

[145] NFLPA. Official Website [EB/OL]. [2019 - 01 - 14]. https: //www. nflpa. com/former - players/former - players - benefits.

[146] Nguyen H. , J. Knowles. Demand for Voluntary Health Insurance in Developing Countries: The Case of Vietnam's School - Age Children and Adolescent Student Health Insurance Program [J]. Social Science and Medicine, 2010, 71 (12): 2074 - 2082.

[147] Nilsen P. , D. Hudson, K. Lindqvist. Economic Analysis of Injury Prevention - Applying Results and Methodologies from Cost - of - Injury Studies [J]. International Journal of Injury Control and Safety Promotion, 2006, 13 (1): 7 - 13.

[148] Office for National Statistics. Annual Survey of Hours and Earnings: 2017 Provisional and 2016 Revised Results [EB/OL]. [2017 - 10 - 26]. https: //www. ons. gov. uk/employmentandlabourmarket/peopleinwork/earningsandworkinghours/bulletins/annualsurveyofhoursandearnings/2017provisionaland2016revisedresults.

[149] Orchard J. Orchard Sports Injury Classification System (OSICS) [J]. Sport Health, 1993: 39.

[150] Palmer – Green D. , N. Elliott. Sports Injury and Illness Epidemiology: Great Britain Olympic Team (TeamGB) Surveillance during the Sochi 2014 Winter Olympic Games [J]. British Journal of Sports Medicine, 2015, 49 (1): 25 –29.

[151] Pasich K. A. , C. S. Franklin, S. S. Thayer, et al.. New Appleman Sports and Entertainment Insurance Law & Practice Guide [M]. Lexis Nexis, 2013.

[152] Popkin B. , P. Gordon – Larsen. The Nutrition Transition: Worldwide Obesity Dynamics and Their Determinants [J]. International Journal of Obesity, 2004, 28 (3): S2 – S9.

[153] Rae K. , H. Britt, J. Orchard, et al.. Classifying Sports Medicine Diagnoses: A Comparison of the International Classification of Diseases 10 – Australian Modification (ICD – 10 – AM) and the Orchard Sports Injury Classification System (OSICS – 8) [J]. British Journal of Sports Medicine, 2005, 39 (12): 907.

[154] Rasciute S. , P. Downward. Health or Happiness? What Is the Impact of Physical Activity on the Individual? [J]. Kyklos, 2010, 63 (2): 256 –270.

[155] Reed W. R. On the Practice of Lagging Variables to Avoid Simultaneity [J]. Oxford Bulletin of Economics and Statistics, 2015, 77 (6): 897 –905.

[156] Rosenbaum P. R. , D. B. Rubin. Constructing a Control Group Using Multivariate Matched Sampling Methods That Incorporate the Propensity Score [J]. The American Statistician, 2012, 39 (1): 33 –38.

[157] Rosenbaum P. R. , D. B. Rubin. The Central Role of the Propensity Score in Observational Studies for Causal Effects [J]. Biometrika, 1983, 70 (1): 41 –55.

[158] Ruedl G. , M. Schnitzer, W. Kirschner, et al.. Sports Injuries and Illnesses during the 2015 Winter European Youth Olympic Festival [J]. British Journal of Sports Medicine, 2016, 50 (10): 631 –636.

[159] Ruedl G. , W. Schobersberger, E. Pocecco, et al.. Sport Injuries and Illnesses during the First Winter Youth Olympic Games 2012 in Innsbruck, Austria [J]. British Journal of Sports Medicine, 2012, 46 (15): 1030 –1037.

[160] Rutten F. , H. Bleichrodt, W. Brouwer, et al.. Handbook of Health Economics [J]. Journal of Health Economics, 2001, 20: 855 –879.

[161] Sandelin J. , O. Kiviluoto, S. Santavirta, et al.. Outcome of Sports Injuries Treated in a Casualty Department [J]. British Journal of Sports Medicine, 1985, 19 (2): 103 –106.

[162] Schuster M. , B. B. Cohen, C. G. Rodgers, et al.. Overview of Causes and Costs of Injuries in Massachusetts: A Methodology for Analysis of State Data [J].

Public Health Reports, 1995, 110 (3): 246 – 250.

[163] Simon K. , A. Soni, J. Cawley. The Impact of Health Insurance on Preventive Care and Health Behaviors: Evidence from the First Two Years of the Aca Medicaid Expansions [J]. Journal of Policy Analysis and Management, 2017, 36 (2): 390 – 417.

[164] Smith J. P. , Y. Shen, J. Strauss, et al.. The Effects of Childhood Health on Adult Health and Ses in China [J]. Economic Development and Cultural Change, 2012, 61 (1): 127 – 156.

[165] Smith J. P. , Y. Shen, J. Strauss, et al.. The Effects of Childhood Health on Adult Health and Ses in China [J]. Economic Development and Cultural Change, 2012, 61 (1): 127 – 156.

[166] Social Security. SSI Federal Payment Amounts for 2019 [EB/OL]. [2019 – 03 – 06]. https: //www. ssa. gov/oact/cola/SSI. html.

[167] Social Security. Benefits Planner: Family Benefits [EB/OL]. [2019 – 03 – 06]. https: //www. ssa. gov/planners/disability/family. html.

[168] Soligard T. , K. Steffen, D. Palmer – Green, et al.. Sports Injuries and Illnesses in the Sochi 2014 Olympic Winter Games [J]. British Journal of Sports Medicine, 2015, 49 (7): 441 – 447.

[169] Special Needs Answers. Three Big Differences between Ssi and Ssdi [EB/OL]. [2015 – 01 – 24]. https: //specialneedsanswers. com/three – big – differences – between – ssi – and – ssdi – 14866.

[170] Sports Cover Direct. Sports Travel Group List [EB/OL]. [2019 – 03 – 06]. https: //www. sportscoverdirect. com/sport – groups/.

[171] Sriravindrarajah A. , S. S. Kotwal, S. Sen, et al.. Impact of Supplemental Private Health Insurance on Dialysis and Outcomes [J]. Internal Medicine Journal, 2020, 50 (5): 542 – 549.

[172] Stabile M. , M. Townsend. Supplementary Private Health Insurance in National Health Insurance Systems [J]. Encyclopedia of Health Economics, 2014, 3: 362 – 365.

[173] Terza J. V. , A. Basu, P. J. Rathouz. Two – Stage Residual Inclusion Estimation: Addressing Endogeneity in Health Econometric Modeling [J]. Journal of Health Economics, 2008, 27 (3): 531 – 543.

[174] Todd J. , C. Armon, A. Griggs, et al.. Increased Rates of Morbidity, Mortality, and Charges for Hospitalized Children with Public or No Health Insurance as

Compared with Children with Private Insurance in Colorado and the United States [J]. Pediatrics, 2006, 118 (2): 577 –585.

[175] Von Hippel P. T. Regression with Missing Ys: An Improved Strategy for Analyzing Multiply Imputed Data [J]. Sociological Methodology, 2007, 37 (1): 83 –117.

[176] Waldron I. Sex Differences in Human Mortality: The Role of Genetic Factors [J]. Social Science and Medicine, 1983, 17 (6): 321 –333.

[177] Wood K. R. NCAA Student – Athlete Health Care: Antitrust Concerns Regarding the Insurance Coverage Certification Requirement [J]. Indiana Health Law Review, 2012, 10: 562 –627.

[178] Xie Y., J. Hu. An Introduction to the China Family Panel Studies (CFPS) [J]. Chinese Sociological Review, 2014, 47 (1): 3 –29.

附　录

附录 A　残疾人两项补贴

附表 A　2018 年我国各地区残疾人两项补贴金额

单位：元/月

地区	困难残疾人生活补贴		重度残疾人护理补贴	
	补贴对象	补贴金额	补贴对象	补贴金额
黑龙江	国家标准*	≥100	国家标准**	≥100
吉林	国家标准	80	国家标准	80
辽宁	国家标准+低保边缘家庭中的一、二级残疾人	≥70	国家标准	≥55
河北	国家标准	≥55	国家标准	≥50
河南	国家标准	≥60	国家标准	≥60
山东	国家标准	80	无生活自理能力的所有重度残疾人	80

地区	困难残疾人生活补贴		重度残疾人护理补贴	
	补贴对象	补贴金额	补贴对象	补贴金额
山西	国家标准	50	国家标准	50
湖北	国家标准	50	国家标准	100
湖南	国家标准	50	国家标准	50
江西	国家标准	50	国家标准	50
安徽	低保家庭中、建档立卡贫困户中的残疾人	一/二级残疾：800；三/四级残疾：400	国家标准	60
江苏	国家标准＋低保家庭外无固定收入的智力、肢体、精神、盲视力重度残疾人，家庭人均收入在当地低保标准2倍以内的一户多残、依老养残特殊困难残疾人	低保＋重度残疾：当地低保标准[1]（简称：标准）30%～40%。低保＋非重度残疾：标准25%。低保＋无固定收入智力、肢体、精神、盲视力重度残疾人：标准100%。家庭人均收入在当地低保标准2倍以内＋一户多残、依老养残特殊困难：不低于标准60%	国家标准	城镇≥120；农村≥80
浙江	家庭人均收入在低保标准150%以下的残疾人或本人收入在低保标准150%以下的劳动年龄段残疾人	标准30%	国家标准＋非重度智力、精神残疾人	生活完全不能自理：500。基本不能自理：250。部分不能自理：125。符合在机构集中托养的残疾人，上述补贴基础上，上浮50%
福建	国家标准＋家庭年人均收入在当地城乡低保标准100%～130%的重度残疾人，60周岁及以上无固定收入的重度残疾人	50	国家标准	一级：100。二级：50

续表

地区	困难残疾人生活补贴		重度残疾人护理补贴	
	补贴对象	补贴金额	补贴对象	补贴金额
广东	国家标准+残疾军人	150	国家标准+一、二、三、四级重度残疾军人	200
海南	国家标准	60	国家标准	一级: 150。二级: 100
云南	—	—	国家标准	一级: 70。二级: 40
贵州	国家标准	标准10%~30%	国家标准	一级: 50。二级: 40
四川	国家标准	80（2018年），2019~2020年每年提高10元	残疾等级为一级和二级的残疾人	一级: ≥80。二级: ≥50
陕西	国家标准+非最低生活保障家庭中的1~3级低收入残疾人及其他困难残疾人	18周岁以下（不含）: 100。其他: 60	国家标准	一级: 120。二级: 80
甘肃	国家标准	城镇低保及农村一、二类低保: 100。农村三、四类低保: 市县自行决定	智力、精神、肢体、视力一级（含最重），智力、精神二级（含多重）重类别为以上两种的多重需要长期照护的残疾人	城镇低保及农村一、二类低保: 100
青海	国家标准+本人无固定经济收入且残疾等级被评定为一级、二级的残疾人	一、二级: 100。三、四级: 50	一级、二级的残疾人	100
广西	—	—	国家标准	50

续表

地区	困难残疾人生活补贴		重度残疾人护理补贴	
	补贴对象	补贴金额	补贴对象	补贴金额
宁夏	国家标准	100	国家标准	80
内蒙古	国家标准	108.33	一级、二级的重度残疾人	108.33
新疆	—	—	一级、二级的所有残疾人	80
西藏	—	—	国家标准	100
北京	1. 国家标准 2. 低收入家庭未享受低保待遇 3. 非低保人家庭、年龄16~60岁、失业且无稳定性收入 4. 年满16周岁及以上的全日制在校残疾学生 5. 非低收入，男年满60周岁、女年满55周岁、个人稳定性收入低于北京市低保标准	一、二级的视力，肢体残疾和一、三级的智力，精神残疾：400。四级残疾的视力，四级的智力，四级的听力，一、二、三、四级残疾和言语残疾：320；一、二级的视力，肢体残疾和一、三级的智力，精神残疾：参照北京市低保标准按月享受生活补贴。三、四级的视力，肢体残疾，四级的智力，精神残疾和言语残疾：300；一、二级的视力，肢体残疾和一、三级的智力，精神残疾：参照北京市低保标准按月享受生活补贴。三、四级的听力，肢体残疾，四级的智力，精神残疾和言语残疾：200；一、二、三级的视力，肢体残疾和一、二级的智力，精神残疾：按月享受个人稳定性收入与北京市低保标准的差额补贴	需要长期照护的残疾人，具体是：一、二级的残疾人和三级的智力，精神残疾人	一级的视力，肢体，智力，精神残疾和二级的智力，精神残疾中的多重残疾人：300。二级的视力，肢体残疾，二级的智力，精神残疾（不含一、二级残疾人）和一、二级的听力，多重残疾，言语残疾：100

续表

地区	困难残疾人生活补贴		重度残疾人护理补贴	
	补贴对象	补贴金额	补贴对象	补贴金额
	6. 非低收入、未满16周岁	一、二级的视力、肢体残疾和一、三、四级的智力、精神残疾：300。三、四级的视力、肢体残疾和一、二、三、四级的听力、言语残疾：200		
天津	基础＋低收入家庭中的残疾人	一、二级：255 城市/145 农村。三、四级：130 城市/75 农村	一、二级的重度残疾人	100
上海	纳入最低生活保障范围的本市重残无业人员 低保家庭中的残疾人 低收入家庭中的残疾人	330 300 200	一、二级的残疾人和三级智力残疾人	一级的残疾：300。二级的残疾人和三级智力残疾力残疾：150
重庆	—	—	一、二级的残疾人	一级：60。二级：50

注：2018 年低保标准在 360 元/月至 700 元/月（才子，2018）。* 低保家庭。** 一级、二级且需要长期照护的重度残疾人。

资料来源：每日财经网．2018 年全国各省市残疾人两项补贴标准一览（全）［EB/OL］．http：//www.360doc.com/content/18/0408/19/3552844 5_743871179.shtml，2018.

附录 B　优秀运动员伤残互助保险运动相关标准

附表 B1　优秀运动员伤残互助保险运动伤残等级标准

级别	判断标准	症状
特级	死亡或者成为植物人	
一级	器官缺失或功能完全丧失，其他器官不能代偿，存在特殊医疗依赖，生活完全或大部分不能自理	①因脑部创伤而致极重度智能减退。②重度面部毁容，同时伴有二级伤残之一者。③双眼无光感或仅有光感但光定位不准者。④四肢瘫肌力3级或三肢瘫肌力2级。⑤因脑、脊髓损伤致重度运动障碍（非肢体瘫）。⑥全身重度瘢痕形成，脊柱及四肢大关节大部分功能丧失
二级	器官严重缺损或畸形，有严重功能障碍，或存在特殊医疗发症，存在特殊医疗依赖，或生活大部分不能自理	①因脑部创伤而致重度智能减退。②一眼有或无光感，另一眼矫正视力小于等于0.02或视野小于等于8%（或半径小于等于5度）。③三肢瘫肌力3级或截瘫、偏瘫肌力2级。④双侧前臂缺失或双手功能完全丧失。⑤双下肢瘫痪，功能完全丧失。⑥双下肢瘢痕形成，双踝僵直于非功能位，或双膝、双踝以上缺失，双踝置直于非功能位，肘、中四个以上关节功能完全丧失。⑦双膝、双踝僵直于非功能位，或双膝、双踝以上缺失，不能装假肢，或双膝、双踝僵直于非功能位。⑧四肢大关节（肩、髋、膝、肘）中四个以上关节功能完全丧失。⑨因脑、脊髓损伤而致截瘫及双下肢运动功能完全丧失。⑩因过度训练或其他运动性疾病而致心功能不全三级
三级	器官严重缺损或畸形，有严重功能障碍，或存在特殊医疗发症，存在特殊医疗依赖，或生活大部分不能自理	①面部重度毁容。②一眼有或无光感，另一眼矫正视力小于等于0.05或视野小于等于16%（或半径小于等于10度）。③双眼矫正视力小于0.05或视野小于等于16%（或半径小于等于10度）。④截瘫肌力3级。⑤因过度训练或其他运动性疾病而致Ⅲ度房室传导阻滞。⑥因外伤一侧肾切除，对侧肾功能不全失代偿期

续表

级别	判断标准	症状
四级	器官严重缺损或畸形，有严重功能障碍或并发症，存在特殊医疗依赖，生活可以自理者	①因脑、脊髓损伤致中度运动障碍（非肢体瘫），或中度智能减退。②因脑外伤而致外伤性癫痫重度。③面部瘢痕或植皮，全身瘢痕面积大于70%。④一眼有或无光感，另一眼矫正视力小于等于0.2或视野小于等于32%（或半径小于20度）。⑤一眼矫正视力小于0.05，另一眼矫正视力小于0.1。⑥双眼矫正视力小于0.1，或视野小于等于20度（或半径小于20度）。⑦双耳听力损失大于等于91dBHL。⑧单肢瘫肌力2级。⑨双拇指完全缺失或无功能。⑩一侧踝以下缺失，另一足畸形行走困难。⑪因过度训练或其他运动性疾病而致心功能不全二级
五级	器官大部分缺损或明显畸形，有较重功能障碍或并发症，存在一般医疗依赖，生活能自理者	①面部轻度毁容。②一眼有或无光感，另一眼矫正视力小于40%（或半径小于25度）。③一眼矫正视力小于0.05，另一眼矫正视力小于0.2。④一眼矫正视力小于25度（或半径小于25度）。⑤双眼矫视视力小于等于0.05，另眼矫正视力小于等于0.1，另一眼矫正视力小于81dBHL。⑥双耳听力损失大于等于81dBHL。⑦鼻缺损1/3以上。⑧脊柱骨折后遗30度以上侧弯或后凸畸形，伴严重根性神经痛，或有椎管狭窄者。⑨四肢瘫肌力4级，或偏瘫、截瘫肌力3级，或单肢瘫肌力无功能。⑩肩、肘、腕关节之一功能完全丧失。⑪一手除拇指外三指缺失或无功能，另一手除拇指外三指缺失或无功能。⑫髋或膝关节功能完全丧失。⑬因创伤胃切除3/4。⑭因创伤脾摘除（18岁以下）。⑮因创伤一侧肾切除，对侧肾功能不全代偿期

续表

级别	判断标准	症状
六级	器官大部分缺损或明显畸形，有中等功能障碍或并发症，存在一般医疗依赖，生活能自理者	①因脑外伤而致轻度智能减退。②因脑外伤所致外伤性癫痫中度。③一侧完全面瘫。④面部重度异物色素沉着或脱失。⑤一眼矫正视力小于等于0.05，另眼矫正视力小于等于0.3。⑥一眼矫正视力小于等于0.1，另一眼矫正视力小于等于0.2。⑦双眼矫正视力小于等于0.2或视野小于48%（半径小于等于30度）。⑧双眼耳听力损失大于等于71dBHL。⑨双侧前庭功能丧失，睁眼行走困难，不能并足站立。⑩鼻缺损小于1/3，大于1/5。⑪脊柱骨折后遗小于30度畸形伴神经根性神经痛（神经电生理检查不正常）。⑫双足全肌瘫肌力2级，或单足全肌瘫肌力2级。⑬一拇指功能丧失，另一手除拇指外有二指功能完全丧失。⑭一手三指（含拇指）缺失，或一手大部分功能丧失。⑮一侧踝以下缺失，或一侧踝关节畸形，功能完全丧失。⑯除拇指外其余四指缺失或功能完全丧失，并有肢体短缩4厘米以上者。⑰一足仅残留拇趾。⑱前足缺失，另一足部分功能丧失。⑲一足功能丧失，另一足部分功能丧失。⑳髋或膝关节功能不全。㉑因创伤后膝关节切除2/3。㉒因睾丸创伤所致萎缩所致血睾酮低于正常值，生精能降低。㉓一侧肾切除。㉔因创伤或因骨头坏死而致髋关节功能不全。㉕一侧股骨头缺血性坏死，股骨头无塌陷，髋关节无功能障碍
七级	器官大部分缺损或畸形，有轻度功能障碍或并发症，存在一般医疗依赖，生活能自理者	①全身瘢痕面积50%～59%。②一眼有或无光感，另眼矫正视力小于等于0.8。③一眼矫正视力小于等于0.1，另一眼矫正视力大于等于0.4。④一眼矫正视力大于等于0.6，另一眼矫正视力小于等于0.1，另一眼矫正视力小于等于0.05（或半径小于等于40度）。⑤双眼矫正视力小于等于0.3或视野小于64%（半径小于等于40度）。⑥双耳听力损失大于等于56dBHL。⑦截瘫或偏瘫肌力4级。⑧单手部分肌瘫肌力3级。⑨双足部分肌瘫肌力3级。⑩单足全肌瘫肌力3级。⑪双手拇指间关节离断。⑫一拇指指间关节离断，功能完全丧失。⑬一手除拇指外，其他2～3指（含食指）近侧指间关节离断，或功能丧失。⑭一足除拇趾外，其他4指缺损。⑮肩、肘、腕、踝关节之一功能丧失。⑯一足除拇趾外，其他4趾瘢痕畸形，功能丧失。⑰一足1～3趾（含食指）缺失。⑱前足缺失，其他（肩、肘、腕、髋、膝、踝、下同）之一人工关节术后功能好。⑲四肢大关节之一人工关节置换术。⑳下肢伤后短缩小于3厘米。㉑因创伤性肺叶切除。㉒因创伤成人脾摘除。㉓因创伤胃切除1/2。㉔一侧股骨头缺血性坏死，股骨头无塌陷，髋关节无功能障碍

级别	判断标准	症状
八级	器官部分缺损，形态异常，轻度功能障碍，有医疗依赖，生活能自理者	①因脑损伤造成边缘智能。②全身瘢痕面积40%~49%。③一眼矫正视力小于等于0.2，另眼矫正视力大于等于0.5。④双眼矫正视力等于0.4。⑤双眼视野小于等于80%（或半径小于等于50度（或半径小于等于青光眼。⑥外伤性青光眼。⑦双耳听力损失大于等于41dBHL。⑧一耳或双耳听力损失大于1/3，小于等于91dBHL。或一耳听力损失大于等于41dBHL。⑨脊椎压缩骨折，前缘高度减少1/2以上者。⑩双侧峡部裂合并滑椎Ⅱ度以上，有中度功能障碍。⑪单肢瘫或单手全肌瘫肌力4级。⑫双足全肌瘫肌力3级。⑬单足部分肌瘫肌力3级。⑭一手除拇指、食指外，有两指近侧指间关节离断，或无功能。⑮一足非拇趾、一趾缺失，另一足非拇趾一趾缺失。⑯其他三趾畸形，功能丧失。⑰一足非拇趾，其他三趾缺失。⑱足瘢痕畸形，功能完全丧失。⑲因过度训练或其他运动性疾病而致心功能不全一级。⑳因创伤胛部分切除。㉑因创伤而致一侧睾丸、附睾丸切除。㉒皮肤切割或穿入伤并发脏器伤，术后有轻度功能障碍。㉓因创伤而致一侧睾丸、附睾丸切除，术后阴囊值正常者
九级	器官部分缺损，形态异常，轻度功能障碍，无医疗依赖，生活能自理者	①因脑外伤而致外伤性癫痫轻度。②一眼矫正视力小于等于0.3，另一眼矫正正视力大于0.6，或双眼矫正正视力0.5。③双耳听力损失大于等于31dBHL，或一耳听力损失大于等于71dBHL。④一耳或双耳听力损失大于等于71dBHL。⑤牙槽骨损伤长大于4厘米，牙脱落4个以上。⑥二个以上牙折后遗腰痛。力1/5，小于1/3。⑦三个节段脊柱内固定术后。⑧脊柱压缩骨折前缘高度小于1/2。⑨四肢大关节之一外伤性脱位，整复治疗后仍有功能障碍。⑩肌肉、肌腱、韧带之一完全断裂，有部分功能障碍。⑪双侧峡部裂合并滑椎Ⅱ度（不含）以下，有轻度功能障碍。⑫一拇指末节部分1/2缺失。⑬一手食指两节缺失，或瘢痕畸形，功能不全。⑭一手拇指关节功能不全。⑮一足拇趾末节缺失。⑯除拇趾外其他两趾缺失，或无功能障碍，并发肌肉、肌腱、韧带伤，术后功能好，术后内固定术后。⑰重要部位骨折内固定术后。⑱皮肤切割术后，治疗后无后遗症。⑲修补，或其伤口长度大于20厘米。⑳四肢各大关节外伤后，行软骨（包括半月板、韧带）切除、修补后，胸部挫伤引起咯血，治疗后无后遗症

续表

级别	判断标准	症状
十级	器官部分缺损，形态异常，无功能障碍，无医疗依赖，生活能自理者	①面部轻度异物色素沉着或脱失。②全身瘢痕面积10%～30%。③一眼矫正视力小于等于0.5，另一眼矫正视力大于0.8。④双眼矫正视力小于等于0.8。⑤双耳听力损失大于等于26dBHL，或一耳大于等于56dBHL。⑥双侧前庭功能丧失，闭眼不能并足站立。⑦一耳或双耳缺损大于2平方厘米。⑧一耳或双耳再造术后。⑨牙齿除智齿以外，切牙脱落1个以上或其他牙脱落2个以上。⑩一侧颞下颌关节强直，张口困难I度。⑪四肢大关节之一脱位，复位后无功能障碍。⑫四肢大关节之一或脊柱创伤性骨关节炎，无功能障碍。⑬四肢大关节之一骨骺损伤，不合并瘫痪。⑭肌肉、肌腱、韧带之一完全断裂，治疗后无功能障碍。⑮一手除拇指外，其余3～4指末节缺失。⑯除拇趾外，任何一趾末节缺失。⑰身体重要部位骨折或明确诊断为半月板损伤，无功能障碍。⑱四肢大关节外伤后，无功能障碍。⑲身体重要部位骨折或明确诊断为半月板损伤，无功能障碍。⑳四肢大关节外伤后，无功能障碍，胸膜粘连增厚，在运动训练过程中发生自发性气胸，治疗后无功能障碍。㉑血、气胸行单纯闭式引流术后，无功能障碍。㉒椎间盘突出症（包括椎间盘切除术后）或双侧峡裂未合并滑椎，无功能障碍。㉓头部受伤造成脑震荡，无功能障碍。㉔皮肤切割伤，其伤口长度大于10厘米。㉕因从事摔跤、柔道项目致使发生单侧或双侧睾丸胶，影响容貌外观，无听力致聋穿孔，㉖脏器（肾、脾、肝、睾丸等）挫裂伤，治疗后无功能障碍。㉗创伤性耳鼓膜穿孔。㉘视网膜脱落

注：①本标准主要依据（GB/T 16180－2014）《职工工伤与职业病致残程度鉴定》，并结合国家优秀运动队的实际情况制定。②本标准未列载的个别伤病情况可参照本标准中的相应等级进行评定。

资料来源：中华全国体育基金会. 关于印发《优秀运动员伤残互助保险办法（试行）》的通知 [EB/OL]. [2018－01－03]. http://tyjih.sports.cn/gyxm/schzbx/zcwj/2018/0103/226587.html.

附表 B2　优秀运动员伤残互助保险致残分级判定基准

致残分级		
一、智能减退分级	A. 极度智能减退	1. IQ 低于 25 2. 语言功能缺失 3. 生活完全不能自理
	B. 重度智能减退	1. IQ 25～39 2. 语言功能严重受损，不能进行有效的语言交流 3. 生活不能自理
	C. 中度智能减退	1. IQ 40～54 2. 能掌握日常生活用语但词汇贫乏，对周围环境辨别能力差，只能以简单的方式与人交往 3. 生活能部分自理，能做简单劳动
	D. 轻度智能减退	1. IQ 55～69 2. 无明显语言障碍，对周围环境有较好的辨别能力，能比较恰当的与人交往；生活能自理，能做一般非技术性工作
	E. 边缘智能	1. IQ 70～84 2. 抽象思维能力或思维的广度、深度、机敏性不良 3. 不能完成高级复杂的脑力劳动
二、外伤性癫痫	1. 重度	频繁的癫痫大发作，每次发作时间特别长，一个月内发作两次以上
	2. 中度	频繁的癫痫大发作，发作时间可特别长，半年之内发作两次以上或频繁的癫痫小发作，发作次数每月可达三次以上
	3. 轻度	癫痫小发作，长期服抗癫痫药能控制不发作或每月发作在二次以下者

续表

致残分级		
三、运动障碍	A. 肢体瘫：以肌力作为分级标准	0级：肌肉完全瘫痪，毫无收缩 1级：可看到或触及肌肉轻微收缩，但不能产生动作 2级：肌肉在不受重力影响下，可进行运动，即肢体能在床面上移动，但不能产生动作 3级：在和地心引力相反的方向中尚能完成其动作，但不能对抗外界阻力 4级：能对抗一定的阻力，但较正常人为低 5级：正常肌力
	B. 非肢体瘫的运动障碍：包括肌张力增高、共济失调、不自主运动或震颤等	1. 重度：不能自行进食，大小便、洗漱、翻身和穿衣，需由他人护理 2. 中度：上述动作困难，但在他人帮助下可以完成 3. 轻度：完成上述运动虽有一些困难，但基本可以完成
四、关节功能	1. 关节无功能（功能完全丧失）	是指关节僵硬（或挛缩）固定于非功能位，或关节周围肌肉韧带缺失或麻痹松弛，致关节呈连枷状或严重不稳，无法完成其功能
	2. 关节功能不全（功能部分丧失）	是指残留功能，不能完成原有专业劳动，并影响日常生活

五、关节骨骺损伤（包括半月板损伤）

六、骨关节病

七、关节脱位

八、肌肉、肌腱、韧带断裂

致残分级		
九、脊柱损伤		1. 椎间盘突出，峡部裂及滑椎症 2. 椎管狭窄 3. 神经根性疼痛 4. 脊柱骨折合并神经系统症状
十、脊椎峡部裂、滑椎、椎间盘突出功能障碍程度	A. 明显功能障碍	1. 脊椎生理曲线明显异常，脊椎活动明显受限 2. 肢体肌肉萎缩，肌力明显下降，出现垂足或下蹲困难或跛行者 3. 括约肌功能障碍，出现排尿或排便功能障碍 4. 滑椎二度以上 5. 生理反射异常，并出现病理反射
	B. 中度功能障碍	1. 脊椎生理曲线异常，脊椎活动中度受限 2. 肢体肌肉萎缩，肌肉僵硬疼痛，肌力下降 3. 滑椎Ⅱ度 4. 生理反射异常，有或无病理反射出现
	C. 轻度功能障碍	1. 脊柱生理曲线有改变，脊柱活动轻度受限 2. 肢体肌肉僵硬，有轻度压痛，肌力稍下降 3. 生理反射存在或异常，无病理反射现象

续表

致残分级		
十一、面部毁容	A. 重度：面部瘢痕畸形，并有六项中之四项者	1. 眉毛缺失 2. 双睑外翻或缺失 3. 外耳缺失 4. 鼻缺失 5. 上下唇外翻或小口畸形 6. 颈颌粘连
	B. 中度：具有六项中之三项者	1. 眉毛部分缺失 2. 眼睑外翻或部分缺失 3. 耳廓部分缺失 4. 鼻翼部分缺失 5. 唇外翻或小口畸形 6. 颈部瘢痕畸形
	C. 轻度：含中度畸形六项中之两项者	
十二、面部异物色素沉着或脱失	1. 轻度	超过颜面总面积的1/4
	2. 重度	超过颜面总面积的1/2
十三、肾损伤性高血压	肾损伤	
	高血压	确认高血压的发生与肾损伤确有因果关系血压的两项指标（收缩压大于等于21.3Kpa，舒张压大于等于12.7Kpa）只具备一项即可成立

致残分级		
十四、血睾酮正常值及生殖功能损害		血浆测定计量单位为 14.4~41.5nmol/L（小于 360ng/dL） 1. 重度：精液中精子缺如 2. 轻度：精液中精子数小于 500 万/ml 或异常精子大于 30% 或死精子大于 30% 或精子运动能力很弱的精子大于 30%
十五、肾功能不全	1. 肾功能不全尿毒症期	血尿素氮大于 21.4mmol/L（60mg/dL），常伴有酸中毒，出现严重的尿毒症临床现象
	2. 肾功能不全失代偿期	内生肌酐廓清值低于正常的 50%，血肌酐水平大于 177μmol/L（2mg/dL），血尿素氮增高，其他项肾功能损害而出现一些临床症状，包括疲乏、不安、胃肠道症状、瘙痒等
	3. 肾功能不全代偿期	内生肌酐廓清值低于正常的 50%，血肌酐水平正常，血尿氮水平正常，其他肾功能出现减退
十六、心功能不全	1. 一级心功能不全	能胜任一般日常劳动，但稍重体力劳动即有心悸、气急等症状，心电图或其他检查异常
	2. 二级心功能不全	普通日常活动即有心悸、气急等症状，休息时消失，心电图或其他检查异常
	3. 三级心功能不全	任何活动均可引起明显心悸、气急等症状，甚至卧床休息仍有症状，心电图或其他检查异常
十七、急性腰扭伤，严重腰背肌筋膜炎	需具备以下体征及症状	1. 有明确的外伤史，腰背部有明显疼痛，或有向臀部、大腿部或颈后上肢串痛 2. 背部伸展或旋转活动明显受限，不能完成训练动作 3. 局部有明显压痛或有硬结存在 4. 影像检查无骨质及椎间盘突出病变存在

续表

致残分级	
十八、骨折部位分类，为了操作方便，将全身骨骼分为一般部位和重要部位	1. 一般部位包括：指、掌、腕、趾及鼻骨、尾骨等短小扁平之骨骼 2. 其他部位及手足之舟状骨皆为重要部位骨骼 3. 脊柱骨折按《标准》中相关条款评定 4. 疲劳性骨折按其受伤骨骼同等分类
十九、捧跤耳的诊断依据	1. 必须提供正面及双侧位的5寸彩色照片 2. 具有以下体征：耳郭外缘变形；耳郭软骨增厚隆起；外耳道封闭
二十、股骨头缺血性坏死	
二十一、听力损失	
二十二、张口度	1. 正常张口度：以伤者本人的食指、中指及无名指并列垂直置入上下切牙切缘测量；张口时，上述三指可垂直置入上下切牙切缘间（相当于4.5cm左右） 2. 张口困难Ⅰ度：大张口时，只能垂直置入食指和中指（相当于3cm左右） 3. 张口困难Ⅱ度：大张口时，只能垂直置入食指（相当于1.7cm） 4. 张口困难Ⅲ度：大张口时，上下切牙间距小于食指之横径

资料来源：中华全国体育基金会. 关于印发《优秀运动员伤残互助保险办法（试行）》的通知［EB/OL］.［2018-01-03］. http://tyjjh. sports. cn/gyxm/schzbx/zcwj/2018/0103/226587. html.

附录 C 美国高中足球受伤率统计

附表 C1 2016~2017 学年美国高中足球总体受伤率统计

	性别	受伤率（‰）
竞赛	男	3.25
	女	5.91
练习	男	0.67
	女	0.85

资料来源：根据 National High School Sports – Related Injury Surveillance Study—2016~2017 School Year 制作而成。

附表 C2 2016~2017 学年美国高中足球按照受伤类型划分的受伤率统计

	受伤类型	性别	受伤率（%）
竞赛	拉伤扭伤	男	41
		女	36
	挫伤	男	15
		女	8
	骨折	男	10
		女	7
	脑震荡	男	25
		女	38
	其他	男	9
		女	11
训练	拉伤扭伤	男	57
		女	55
	挫伤	男	10
		女	7
	骨折	男	11
		女	13

续表

受伤类型	性别	受伤率（％）
脑震荡	男	4
	女	15
其他	男	18
	女	10

（训练）

资料来源：根据 National High School Sports – Related Injury Surveillance Study—2016～2017 School Year 制作而成。

附表 C3　2005～2006 学年至 2016～2017 学年学生受伤率变化趋势统计

年份	男生足球受伤率（％）			女生足球受伤率（％）		
	总体	竞赛	练习	总体	竞赛	练习
2005～2006	2.43	4.22	1.58	2.36	5.21	1.1
2006～2007	2.27	4.31	1.45	2.51	5.43	1.31
2007～2008	1.75	3.63	0.96	2.35	5.15	1.16
2008～2009	1.62	3.43	0.87	2.07	4.59	1
2009～2010	1.75	3.39	1.04	2	4.67	0.85
2010～2011	1.56	3.08	0.9	1.93	4.13	0.93
2011～2012	1.64	3.47	0.9	2.42	5.68	1.09
2012～2013	1.52	3.28	0.78	2.29	5.54	0.92
2013～2014	1.62	3.4	0.82	2.47	5.72	1.04
2014～2015	1.6	3.43	0.78	2.64	6.11	1.09
2015～2016	1.87	3.95	0.91	2.59	5.93	1.09
2016～2017	1.47	3.25	0.67	2.46	5.91	0.85
P 值	0.02*	0.1	0.002*	0.2	0.04*	0.16

注：*表示具有显著的时间趋势。

资料来源：根据 National High School Sports – Related Injury Surveillance Study—2016～2017 School Year 制作而成。

附表 C4 2005~2006 学年至 2016~2017 学年学生受伤率变化趋势统计——按照受伤的身体部位划分　　单位：%

年份	踝关节	膝盖	头部/脸部	臀部/大腿	肩部	手/腕关节	躯干	小腿	手臂/肘部	足	颈	其他
2005~2006	22.70	14.20	12.30	10.80	7.90	8.00	6.20	4.60	4.10	4.00	2.20	3.20
2006~2007	19.80	16.60	12.40	10.50	8.00	7.50	6.70	5.20	3.90	4.00	1.90	3.60
2007~2008	18.50	14.60	12.40	10.20	10.10	9.10	6.50	5.70	4.60	4.20	1.80	2.40
2008~2009	16.40	14.80	15.30	10.30	9.30	8.50	6.60	5.80	4.10	5.00	1.90	2.10
2009~2010	17.50	15.70	17.20	9.20	8.40	10.30	5.80	4.70	4.00	4.10	1.90	1.20
2010~2011	17.70	14.20	23.30	8.30	7.00	8.90	4.70	5.00	3.10	4.00	1.80	2.10
2011~2012	16.10	13.40	25.10	9.80	6.60	8.50	4.90	4.50	4.00	3.40	1.70	2.00
2012~2013	15.50	14.80	25.70	9.50	6.50	7.40	5.20	3.90	3.50	3.20	2.30	2.50
2013~2014	16.90	14.40	25.30	8.70	8.50	7.80	4.10	4.90	3.10	2.80	1.20	2.40
2014~2015	15.10	13.70	27.40	9.00	7.20	7.40	4.30	4.00	3.70	3.90	1.90	2.50
2015~2016	16.60	14.90	27.30	8.00	6.80	7.80	4.00	4.30	3.40	3.60	1.30	2.10
2016~2017	17.80	13.40	27.20	9.00	6.40	7.70	4.30	4.40	3.70	2.50	1.40	2.30

资料来源：根据 National High School Sports – Related Injury Surveillance Study—2016~2017 School Year 制作而成。

附表 C5　2005～2006 学年至 2016～2017 学年学生受伤率变化趋势统计——按照最容易受伤类型划分

单位：%

年份	脚踝扭伤	脑震荡	膝盖拉伤	臀部大腿拉伤	其他原因导致的膝盖受伤	其他原因导致的肩膀受伤	手/手腕骨折	肩膀拉伤	躯干拉伤	手/手腕扭伤
2005～2006	20.60	9.00	7.60	7.90	4.30	3.10	3.20	3.40	2.80	3.10
2006～2007	17.80	8.40	8.80	7.70	4.90	3.70	3.30	2.90	2.70	2.50
2007～2008	17.30	9.20	7.80	7.30	4.70	4.10	4.00	3.40	3.20	3.80
2008～2009	15.00	11.70	7.90	7.70	4.50	4.00	4.00	3.70	2.80	2.90
2009～2010	16.00	13.90	8.00	6.50	5.20	3.30	4.20	3.30	2.50	2.80
2010～2011	16.30	20.00	7.70	6.40	4.80	3.70	4.00	2.20	2.40	2.80
2011～2012	14.70	22.20	7.60	6.90	3.90	3.10	3.70	2.90	1.90	3.00
2012～2013	14.50	23.10	8.20	6.70	4.10	3.40	3.20	2.60	2.30	2.50
2013～2014	15.60	21.90	7.80	6.60	4.70	4.60	3.30	3.30	1.70	2.80
2014～2015	14.20	24.50	7.30	6.90	4.50	4.00	3.50	2.60	1.90	1.90
2015～2016	15.70	24.60	8.10	5.70	5.20	3.30	3.60	2.90	1.50	2.50
2016～2017	16.50	24.80	6.90	6.40	4.90	3.40	3.50	2.70	1.90	2.00

资料来源：根据 National High School Sports – Related Injury Surveillance Study—2016～2017 School Year 制作而成。

附表 C6　2005~2006 学年至 2016~2017 学年学生受伤率变化
趋势统计——按照受伤后时间损失划分　　　单位：%

年份	1~2 天	3~6 天	7~9 天	10~21 天	≥22 天
2005~2006	22.50	30.00	15.30	14.90	17.20
2006~2007	26.60	28.50	14.70	14.10	16.10
2007~2008	22.80	28.80	15.80	16.70	15.90
2008~2009	13.70	28.50	17.70	19.70	20.30
2009~2010	14.70	27.30	16.10	16.90	25.00
2010~2011	12.80	25.20	16.70	19.20	26.10
2011~2012	15.90	23.30	16.10	19.60	25.00
2012~2013	12.60	23.60	16.30	21.30	26.20
2013~2014	14.90	21.80	16.70	21.10	25.50
2014~2015	11.00	22.00	15.60	22.10	29.30
2015~2016	16.30	21.90	12.90	21.10	27.80
2016~2017	12.60	22.00	16.10	21.60	27.80

资料来源：根据 National High School Sports – Related Injury Surveillance Study—2016~2017 School Year 制作而成。

附表 C7　2005~2006 学年至 2016~2017 学年学生受伤率变化
趋势统计——按照受伤后是否需要手术划分　　　单位：%

年份	需要手术	不需要手术
2005~2006	5.30	94.70
2006~2007	6.40	93.60
2007~2008	6.10	93.90
2008~2009	6.70	93.30
2009~2010	8.00	92.00
2010~2011	8.20	91.80
2011~2012	6.70	93.30
2012~2013	7.30	92.70
2013~2014	7.60	92.40
2014~2015	7.30	92.70
2015~2016	6.10	93.90
2016~2017	7.10	92.90

资料来源：根据 National High School Sports – Related Injury Surveillance Study—2016~2017 School Year 制作而成。

后　记

　　2015 年 9 月，在王国军教授的指导下，我开始从事体育保险相关课题的研究。随着研究的深入，我越发感受到我国体育产业的蓬勃发展，以及体育保险发展的广阔前景。2015 ~ 2018 年，我用了近 3 年的时间，系统收集整理了国内外体育保险实务的相关材料，也对体育保险涵盖范围的广泛性有了更深一步的理解。体育保险不仅包含商业保险，也包含社会保险、残疾人福利保障等多种政策在内的系统的体育风险保障。对体育保险概念深入的理解，进一步拓展了我的研究思路。2018 年 9 月，我有幸在"国家建设高水平大学公派研究生项目"的资助下，前往英国利物浦大学管理学院访学一年。在利物浦大学 Dr. J. D. Tena 的指导下，我开始对体育保险的相关问题展开系统的实证研究分析。随着研究内容的不断充实和完善，最终以本书的形式和大家见面，期待本书从理论和实务上为我国体育保险制度的发展提供一些可供借鉴的资料。

　　本书得以顺利出版，要感谢经济管理出版社工作人员的鼎力支持和协助。同时也要特别感谢恩师——对外经济贸易大学王国军教授和利物浦大学 Dr. J. D. Tena 在学术研究上的启迪与教诲，他们为本书的写作提供了很多有价值的建议。由于笔者所学有限，虽已反复琢磨、再三校对，仍难免有疏漏之处，请各位专家学者不吝指正。

北京工商大学经济学院风险管理与保险学系

关　晶

2021 年 2 月 23 日